논어를 축구로 풀다

논어를 축구로 풀다

장원재 지음

북앤피플

contents

| 추천사 |

논어로 축구를 밝히자, 그 빛이 반사되어 논어를 새롭게 밝힌다

놀이는 자연스럽다. 하도 자연스러워서, 우리가 놀 때 우리는 논다는 것을 거의 의식하지 않는다. 놀지 않아서 심심해질 때에야, 우리는 놀이를 찾는다. 그래서 놀이의 본질에 대해 깊이 생각하는 적이 드물다.

찬찬히 들여다보면, 그러나 놀이는 중요하다는 것이 드러난다. 들여다볼수록 중요해져서, '노는 사람(homo ludens)'이란 말이 절실해진다. 실제로 우리가 문화라 부르는 것의 작지 않는 부분이 놀이에서 나왔다. 예술은 대표적이다. 예술은 아직도 놀이의 성격을 짙게 지녀서, 예술이 놀이에서 멀어질 때, 사람들은 부정적으로 반응한다. 그래서 '전문가들을 위한 예술'은 흔히 대중의 외면을 받고 생명력을 빠르게 잃는다.

놀이는 어떻게 나왔나? 사소하고 한가로워 보이는 이 물음은 사람의 본성과 문화의 본질을 이해하는 데 긴요하다. 물론 우리가 맞다고 확신할 수 있는 답은 나오기 어렵다. 그래도 몇 가지 단서들이 우리의 이해를 돕는다.

먼저, 놀이는 아득한 시절에, 인류가 태어나기 훨씬 전에, 시작되었다. 많은 포유류 종들이 놀이를 즐긴다. 적어도 태반포유류들은 그렇다. (아쉽게도, 나는 캥거루와 같은 유대포유류에 대해선 제대로 알지 못한다.) 놀이를 하는 것처럼 보이는 새들도 있다. 따라서 놀이는 적어도 태반포유류 종들의 공통 조상이 즐겼던 것으로 보인다. 이 공통 조상은 1억년 전에 살았던 것으로 여겨지니, 놀이도 그만큼 오래 되었다고 볼 수 있다. 자연히, 놀이는 사람의 천성에서 아주 깊은 곳에 자리 잡은 셈이고, 우연히 생긴 것이 아니라, 생존에 필요한 기능을 지녔다고 추론할 수 있다.

다음엔, 놀이는 분명히 뇌의 산물이다. 뇌가 발달한 종들만이 놀이를 즐기고, 뇌의 발달과 놀이의 수준 사이엔 깊은 상관관계가 있다. 뇌의 발달이 사회생활과 관련이 있다는 학설과 놀이가 본질적으로 사회적 현상이라는 사실은 뇌와 놀이 사이에 긴밀한 관계가 있다는 생각을 떠받친다.

이런 단서들에 바탕을 두고서, 어떤 학자들은 놀이가 뇌를 적절한 대기 상태에 두기 위해 진화했다고 주장한다. 뇌는 급작스러운 상황의 변화에 반응하기 위한 기구이므로, 늘 최고의 활동 상태에 있어야 한다. 그런 목적엔 놀이가 잘 어울린다는 얘기다. 동물의 뇌는 무척 복잡하고 정교한 체계라는 사실을 고려하면, 이런 학설은 그럴 듯하게 들린다. 놀이가 사회적 필요에 의해 생겼다는 주장도 있다. 무리를 이루어 사는 동물들의 경우, 개체들의 사회화 과정이 필수적이다. 개체들은 놀이를 통해서, 다른 구성원들과의 관계를 맺고 자신의 사회적 역할을 연습한다는 얘기다. 이 두 학설들은 배타적이 아니다. 아마도 뇌를 최고의 활동 상태에 두어야 할 필요와 개체들의 사회화 과정이 겹쳐서 놀이의 진화를 불렀을 것이다.

어쨌든, 놀이는 아득한 시절에 진화했고 그 뒤로 점점 중요해졌다. 뇌가 점점 커지고 다양한 기능들을 갖추게 되자, 문화가 발전했고 놀이도 따라서 발전했다. 생존에 필요한 수준을 훌쩍 넘을 만큼 큰 뇌를 가진 사람이 빠르게 문화와 놀이를 발전시킨 것에서 이 점이 잘 드러난다. (유인원은 원숭이보다 3배가량 큰 뇌를 지녔고, 사람은 다른 유인원들보다 3배가량 큰 뇌를 지녔다. 즉 사람은 생존에 필요한 뇌보다 9배가량 큰 뇌를 지녔다고 볼 수 있다.)

사정이 그러하므로, 인류 역사에서 놀이가 차지하는 몫은 빠르게 커졌다. 원시 시대에도 사람들이 놀이를 즐긴 자취들은 많다.

고대 문명들에선 잘 발전된 놀이들이 나왔고 춤, 노래, 이야기, 연기(演技)와 같은 놀이를 직업으로 삼는 사람들이 나타났다. 마침내 현대 사회들에선 직업적 놀이들이 인기가 높고 놀이와 관련된 산업들이 중요해졌다. 이런 산업들 가운데 운동과 관련된 산업은 특히 두드러진다. 그리고 운동 가운데 축구가 차지하는 비중은 압도적이다.

국제축구연맹(FIFA) 회원국 숫자는 200개국 이상으로, UN 가입국보다도 규모가 크다. 전 세계에서 활동하는 직업 운동선수 가운데 70% 이상이 축구선수라는 통계도 있다. 축구선수들이나 전문 기자들, 그 외 축구와 관련된 일을 하는 사람들 수까지 모두 합하면 축구는 영화나 보험산업보다도 규모가 더 큰 거대한 산업이다.

[제1장 '논어와 스포츠'에서]

운동 산업이 규모만 큰 것도 아니다. 사람들이 운동에 대해 품은 애착과 열정도 크다.

유럽 사람들은 축구와 더불어 평생을 지내기에, '국적은 바꿔도 응원팀은 안 바꾼다'는 사람들이 많다. 따라서, 응원팀이 어디인지를 알면 그 사람의 고향, 종교, 사회적 성향들을 어느 정도 파악할 수 있다는 말이 있을 정도다. [제1장 '논어와 스포츠'에서]

이처럼 축구는 우리 삶에서 중요한 부분이 되었고 진지한 성찰의 대상이 되었다. 아쉽게도, 우리 사회에서 축구에 관한 이야기들을 잘 들려주는 사람들은 그리 많지 않다. 장원재 박사는 그동안 축구 해설가로 활약해서 명성을 쌓았고 축구에 관한 책들을 여러 권 펴냈다. 그 책들엔 축구에 관한 저자의 애착과 열정이 배어서, 소개된 기록들과 일화들이 생생하게 살아나 읽는 이의 마음속으로 성큼 걸어 들어온다. 〈논어를 축구로 풀다〉에서도 그 점을 다시 확인할 수 있다.

저자는 "아는 사람은 좋아하는 사람만 못하고, 좋아하는 사람은 즐기는 사람만 못하다"는 공자의 말씀을 인용해서, 지금 우리 축구 선수들 가운데 가장 큰 기대를 받는 손흥민의 모습을 그린다.

> 공을 넣고, 연습장에서, 대표팀 소집 때 파주훈련장 정문에서, 손흥민은 이제 자주 웃음을 보인다. 어떤 경우든, 여유를 잃지 않는 모습이다. 경기만 즐기는 것이 아니라 손흥민은 축구 자체를 즐기는 듯하다. [제4장 '홍명보를 지켜라'에서]

우리는 저자에 대해서도 같은 얘기를 할 수 있다 - 그는 축구 얘기를 알고 좋아하는 단계를 지나 즐긴다.

이 책은 축구의 원리를 〈논어〉의 가르침들로 설명한 책이다.

〈논어〉는 경전들 가운데 가장 현실적인 책이다. 그래서 옛적부터 마음을 닦는 일에서부터 나라를 경영하는 일에 이르기까지 사람들을 인도해 왔다. 축구를 진지하게 다루려는 사람이 〈논어〉의 가르침을 되새기는 일은 자연스럽다. 그리고 저자는 그 일을 멋지게 수행했다. 축구의 진화 과정과 원리를 새로운 관점에서 살피고 설득력 있게 제시한 것은 결코 작지 않은 성취다.

놀랍게도, 축구를 얘기하는 이 책은 〈논어〉에 관해서도 얘기한다. 〈논어〉의 말씀들로 축구를 밝히자, 그 빛이 반사되어 〈논어〉를 새롭게 밝힌다. 우리가 무심히 읽었던 구절들이 문득 새로운 빛깔을 지니고서 우리의 눈길을 끌어당긴다.

이 책은 〈논어〉의 말씀들로 운동의 성격과 원리를 밝히고, 이어 한국 축구의 역사를 살피고, 2014년 브라질 월드컵에 대한 전망을 내놓는다. 월드컵 본선 경기를 바로 앞둔 시점에 나온 터라, 시의도 얻었다. 본선이 시작되기 전에 읽고 실제로 우리 선수들이 펼치는 경기들을 보면서 책에 담긴 얘기들을 떠올리면, 즐거움이 더욱 클 터이다.

소설가 복거일

| 추천사 |

축구를 논어로 푸는 것이 아니라 논어를 축구로 풀다

참으로 특이하고 또 특별한 책이다. 어떻게 스포츠, 그 중에서도 축구를 '논어'와 나란히 세울 생각을 했을까? 그런 발상은 참으로 특이하다. 그러나 어떤 책이건 발상만으로 완성되는 것은 아니다. 그 발상을 제대로 책에 구현해야 한다. 이 책은 한 마디로 제대로 구현했다는 점에서 참으로 특별한 책이다.

이미 팔방미인이라는 평을 듣는 저자는 포괄적인 의미에서 후배다. 학연 등이 아니라 잘 따르려 애쓴다는 점에서 후배라는 말이다. 그래서 그에게는 많은 말을 할 필요가 없다. 한 두 마디면 모든 게 통하는 그런 선후배 사이이다.

특히 평자가 쓴 '논어로 논어를 풀다'라는 1400쪽 짜리 책을 가장 제대로 숙독한 인물을 꼽으라면 주저 없이 장원재 후배를 첫 손가락에 꼽을 수밖에 없다. 어느 하나 틀림이나 빈틈없는 그의 이해력에 경탄하고 있을 때 문득 '선배, 지금 공자와 축구를 연결하는 칼럼을 쓰고 있어요'라고 했다. 그게 1년 전쯤 된 것 같은데 이번에 '논어와 축구'라는 책을 내게 되었다고 했다. 그저 놀랄 뿐이다.

더욱 놀라운 것은 그저 논어와 축구를 평면으로 비교한 것이 아니라 논어의 구절구절에 담긴 의미를 축구를 통해 풀어내고 있다는 점이다. 축구를 논어로 푸는 것이 아니라 논어를 축구로 푸는 것이다. 이것은 우선 논어의 깊은 뜻을 정확히 이해해야 함과 동시에 축구에 대한 전방위적인 풍부한 정보와 감식안이 없으면 사상누각이 되기 십상이다. 그러나 훑어본바 놀랍다.

실제로 논어에는 스포츠 선수들의 부단한 노력을 통한 성장을 말로 풀어낸 구절들이 수두룩하다. 학이시습만 해도 그렇다. 그것을 그저 학교에서 배워 수시로 복습한다고 했을 때는 그다지 와서 닿지 않는다. 그러나 운동선수가 새로운 기술이나 기량을 배우려 피나는 노력을 해서 뒤에 그것을 자유자재로 구사하게 되는 것! 이처럼 감동적인 학이시습의 멋진 사례는 다른 분야에서는 쉽게 찾아보기 힘들다. 무엇보다 스포츠는 눈에 보이기 때문이다.

게다가 저자는 연극을 비롯한 동서양 문학과 철학에도 두루 정통한 학자이기도 하다. 따라서 단순한 논어풀이에 머물지 않고 동서와 장르를 자유자재로 넘나드는 글쓰기의 즐거움을 한껏 선사하고 있다. 당연히 축구에 대한 눈도 깊어진다.

이리하여 논어와 축구 모두에 생기를 불어넣으려 했던 저자의 속 깊은 의도는 어느 정도 읽어낼 수 있다. 후배 장원재를 격려하는 의미에서 논어의 한 구절을 인용하며 책 출간의 축하인사를 가름한다.

공자는 말했다. "뒤에 오는 사람은 두려워할만하다[후생가외(後生可畏)]."

조선일보 문화부장
이한우

| 서문 |

논어를 읽는 이유, 논어를 스포츠로 풀어보는 까닭

〈논어(論語)〉는 동양 최고의 고전이다. 공자(孔子 : B.C. 551~479)와 그의 제자들이 나눈 대화를 기록 · 편집한 이 책은 2천 년이 넘도록 인류사에 막대한 영향을 끼쳤다. 이 영향력은 현대라고 예외가 아닐 터이다. 이 놀라운 생명력의 원천은 무엇일까. 다산(茶山) 정약용(丁若鏞 : 1762~1836)은 논어해설서인 〈논어고금주(論語古今注)〉를 짓고 서문에서 이렇게 말했다. "논어는 읽으면 읽을수록 새로운 바가 있습니다. 흡사 어렸을 적에 새벽에 밤나무 동산에 가서 홀연히 붉은 밤알이 난만히 땅에 흩어져 있는 것을 만나 그것을 다 줍기가 벅찼던 것과 같으니 이를 장차 어쩌면 좋단 말입니까?"

조선(朝鮮)에선 〈논어〉 자체가 관직으로 나가기 위한 가장 중요한 시험과목이었다. 논어 외우기는 사대부의 필수교양이었다. 그런 시대가 400년 이상 흘렀는데도, 논어에 관한 더 이상의 논의나 해석이 가능할 법하지 않은데도, 이 조선후기 최고의 천재는 논어의 새로운 면모를 발견하고 희열에 찬 목소리를 내고 있다.

삼성그룹의 창업자 이병철(李秉喆 : 1910~1987)의 회고록 〈호암자전(湖巖自傳)〉에는 이런 대목이 보인다. "가장 감명 받은 책 혹은 좌우에 두는 책을 들라면 서슴지 않고 〈논어〉라고 말할 수밖에 없다. 나라는 인간을 형성하는 데 가장 큰 영향을 미친 책은 바로 〈논어〉다. 나의 생각이나 생활이 〈논어〉의 세계에서 벗어나지 못한다 하더라도 오히려 만족한다."

대한민국 최고의 기업을 일구어낸 영웅적 경영자에게도 〈논어〉는 일생을 관통하는 감화력을 행사하고 있다. 이 말은 무슨 뜻인가. 그렇다. 〈논어〉는 시대의 흐름에 따라 이해도가 누적되어 해석의 깊이를 더하는 문헌이 아니다. 오히려, 모든 시대에 걸맞는 새로운 해석과 접근을 통해 매번 새롭게 재탄생해야 하는 인류문명사의 보고(寶庫)인 것이다.

사실, 소생이 처음부터 논어에 호의적이었던 것은 아니다. 40대 이전엔 논어를 제대로 읽은 적이 없었다. 묘한 반발심, '읽어봐야 뻔한 이야기일 것'이라는 선입견 때문이었다. 공자님 말씀이 맞는 말씀 같기는 한데, 왠지 고루하고 강압적이라는 생각이 마음 한 켠을 떠나지 않았다. 이 불일치(不一致)를 해결해 주신 분은 동양철학의 대가 고(故) 김충렬(金忠烈 : 1931~2008)교수님이다. 소생이 초임교수 시절이던 2001년, 숭실대학교(崇實大學校)로 특강을 나오셨던 선생님을 찾아뵙고 이 말씀을 여쭈었다.

돌아온 답은 정말 의외였다.

"공자님 말씀을 포함, 모든 중국경전(中國經典)은 '농경사회(農耕社會) 왕정국가(王政國家)'라는 전제를 깔고 있다. 그러므로, 현대사회와는 적합하지 않은 면이 많이 있다. 다만, 사람들이 서로 관계를 맺는 속성은 그때와 지금사이에 비슷한 점이 없지 않으므로, 읽는 사람이 가려서 습득하고 정리하면 공자님 말씀은 현대인들에게도 인생지침서로서 유용한 참고서 노릇을 하기에 부족함이 없을 것이다."

동양철학의 세계적인 대가께서 '공자님 말씀은 시대와 문화권을 뛰어넘는 절대선(絕對善)이 결코 아니다'라고, 이렇듯 딱 부러지게 말씀하실 줄은 미처 몰랐다. 소생에게 이 말씀은, 김충렬 교수님 당신께서 평생을 바쳐 천착하신 무언가가 절대적 진리가 아닐 수도 있다는, 실로 대가가 아니고서는 하시기 어려운 이야기로 들렸다. 마음이 탁 트이고 신세계가 열리는 느낌이었다. 교수님의 말씀을 소생 나름대로는 이렇게 새겼다.

'공자님 말씀을 절대적인 진리라고 생각하면, 우리는 〈논어〉라는 덫에 갇힌다. 〈논어〉를 인생을 경영하는데 필요한 일종의 참고서라 생각하면, 우리는 〈논어〉라는 열쇠를 사용해 광대한 지혜의 세계로 나아가는 비밀의 문을 열어젖힐 수 있을 터이다. 적어도, 인생(人生)이라는 사막을 건너는 데 〈논어〉는 성능 좋은 나침반 노릇을 해줄 수 있을 것이다.'

이 책은 김충렬 교수님 이외에도 다른 두 분의 저작에 많은 부분을 빚지고 있다. 1999년에 〈논어의 발견〉을, 2009년에 〈새 번역 논어〉를 펴낸 이수태(李洙泰 : 1951~) 선생과 2012년에 〈이론해론(以論解論)-논어로 논어를 풀다〉를 펴낸 이한우(李翰雨 : 1961~) 선배다. 경주(慶州)에 살고 계시다는 이수태 선생을 소생은 아직 한 번도 뵌 적이 없다. 외우(畏友) 심준보(沈俊輔)의 권유로 선생의 책을 처음 접한 이래, 고전(古典)을 종횡으로 관통한 선생의 탁견(卓見)에 무릎을 친 적이 한 두 번이 아니었음을 이 자리를 빌려 고백하고 싶다. 책 곳곳에 보이는 이수태 선생의 '새로운 해석'이, 수많은 역사적 해석을 뛰어넘어 오히려 〈논어〉의 본뜻을 밝히고 있다고 생각한다.

현재 조선일보 문화부장으로 재직 중인 이한우 선배와는 자주 만나는 사이다. 〈논어〉의 자구(字句)를 해석하는 일은 많은 학자들이 이룩한 일이다. 하지만, 글자를 뛰어넘어 '왜 그 문장이, 개념이, 단어가 그 대목에서 쓰여졌는가'를 논하고 나아가 그 표현이 현대사회에서 어떤 의미를 지니는지를 역사적 사회적 맥락에서 풀어간 글은, 적어도 소생에게는, 물론 소생의 과문함이 문제이겠지만, 이한우 선배의 저술이 유일한 듯하다. 예컨대 공자께서 말씀하신 시(詩), 예(禮), 악(樂)이란 무엇인가, 왜 그것이 그토록 중요한 개념인가, 그 개념이 현대를 살아가는 우리들에게 어떤 의미를 지니는지를 명료하게 설명하는 과정을 거쳐야 〈논어〉가 새롭게 현대인에게 보다 친밀한 텍스트로 거듭날 것이라는 선배의 의견에 100% 공감한다. 이한우 선배는 공자 제자 중 본인과 비슷한 성격의 누군가를 찾아 가상대입(假想代入)을 하며 글을 읽는 것도 좋은 독법(讀法)의 하나라고 말했다. 선배가 가탁(假託)한 인물은 자공(子貢)이며 소생이 의탁한 인물은 자장(子張)이다. 이수태, 이한우 두 분께 이 자리를 빌려 다시 한 번 감사를 표한다. 사실은, 앞서 언급한 다산(茶山)과 호암(湖巖)의 이야기도 이수태, 이한우 두 분의 서문에서 거의 그대로 빌려온 것이다.

수많은 현대의 학자들이 경영학적 관점에서, 사회학적 관점에서, 심리학적 관점에서 기타 여러 측면에서 〈논어〉를 해석하고 다양한 말과 숱한 글을 남겼다. 그렇다면, 현대 사회의 중요제도 가운데 하나인 스포츠의 관점에서 〈논어〉를 해석하고 의미를 되새기는 작업도 한 번 쯤은 시도해 볼 필요가 있는 것이 아닐까. 스포츠가 인생의 축소판이며 인간 드라마를 보여주는 생생극장(生生劇場) 이라면, 인간사(人間事)의 많은 부분을 다루고 있는 〈논어〉를 통해 스포츠를 조망해 보는 일도 역시 의미가 적지 않을 터이다. 이 소박한 희망과 2014 월드컵이 만나 〈논어로 축구를 풀다〉라는 책으로 발전했다. 이 책은 인터넷 매체 엑스포츠에 연재했던 '논어와 스포츠' 칼럼 중 축구와 관련된 글들을 중심으로 하고, 그 밖에 여러 매체에 기고했던 글들을 모은 것이다. 엑스포츠 관계자들과 소생의 무리한 요구를 거절하지 못하는 북앤피플의 김진술 선배께 고개 숙인다.

자식의 글이라면 아무리 짧은 토막이라도 어떻게든 찾아 읽으시는 부모님과, 보경(輔瓊) 현준(玹準) 보현(輔玹) 삼남매 그리고 아내 오윤실(吳允實)에게도 고마움의 뜻을 전해 올린다. 의연하게 투병하시는 복거일(卜鉅一) 선생님은 소생이 스승처럼 생각하는 어른이다. 부디 오래 사시기를 간절하게 소망한다.

2014년 월드컵 전야에,

장원재

1

논어(論語)와 스포츠

'학습'이란 무엇인가
– 스포츠 스타들의 학습

子曰 學而時習之 不亦說乎.(學而/1)

자왈 학이시습지 불역열호

해석) 배우고 시간이 날 때마다 쉬지 않고 반복해서 몸에 익히면 또한 기쁘지 아니한가.

〈논어〉의 첫 문장이다. 당연히, 〈논어〉의 가장 중요한 문장이라고 말할 수 있다. 〈논어〉는 공자(孔子)의 사후 제자들이 정치(精緻)한 편집(編輯)과정을 거쳐 완성한 텍스트다. 경우에 따라서는, 공자보다 '〈논어〉 최종 편찬자'의 의도를 파악하고 추적하는 일이 훨씬 더 중요한 작업이라고 믿는 학자도 있을 정도다. 이런 관점을 바탕에 깔고서, 이 문장이 체육인들에게 어떤 가르침을 줄 수 있는가를 탐구해 보자. '자왈'은 공자께서 직접 말씀하셨다는 뜻이다. 학(學)

이라는 글자는 아이가 양 손으로 책을 펴들고 있는 모양이다. 운동 선수와 지도자에게는 새로운 이론과 기술을 배우는 것이 학(學)이다. 특정이론이나 실기를 영상자료나 강의를 통해 배우거나 혹은 누군가의 시범을 통해 몸으로 배우거나를 가리지 않고, 새로운 테크닉과 정보를 접하는 것이 모두 학(學)이다. 근본적인 기술만이 아니고, 호흡법, 주법(走法), 팔과 다리의 각도 등 세밀한 부분을 배우는 것도 역시 학(學)이다. 선수나 지도자나 공히 배움이 깊어지면 어떤 경지에 다다르는가. 역시 공자님 말씀에서 답을 찾아보자. 학즉불고(學則不固)다. '배운 사람은 고정관념에 빠지지 않는다'라는 뜻이다. 내가 배운 테크닉과 이론이 최고가 아니라 얼마든지 더 나은 무언가가 있다는 것을 인정하고, 유연하고 열린 태도로 다른 사람의 이론이나 기술을 받아들이는 사람이 배운 사람이라는 이야기다. 학(學)은 또 과즉물탄개(過則勿憚改)이기도 하다. 이한우는 이를 '자기 자신에게 허물(過)이 있으면(則) 그것을 바로 잡는 것(改)을 꺼려서는 안 된다(勿憚), 남보다 자기 자신에게서 문제해결의 단서를 찾으라고 권하는 것'으로 풀이한다.

정말 중요한 과제는 그 다음이다. 습(習)을 해야 학(學)을 통해 배운 기술이 비로소 온전하게 내 것이 된다. 주자(朱子)는 습(習)을 새가 자주 날갯짓을 하는 모양을 형상화한 글자로 보았는데, 이는 배운 것을 온 몸으로 익혀 체화(體化)하는 것을 말한다. 학(學)이 머리로 무언가를 받아들이는 과정이라면, 습(習)은 반복을 통해 배운 것을 온 몸으로 체화(體化)하는 것이다. 몸으로 익힌다는 것은 필요할 때 필요한 지식이나 동작이 무의식적으로 튀어나온다는 것을 의미한다. 생각의 과정을 거쳐서 한참 후에 행하는 말이나 동작은 충분한 습(習)의 과정을 거치지 않은 것이다. 그렇다면, 스포츠에서 말하는 습(習)이란 어떤 것일까.

1967년 체코에서 벌어졌던 제5회 세계여자농구선수권대회 MVP 박신자(朴信子: 1941~)는 현역 시절 '어떻게 눈으로 보지도 않고 등 뒤로 패스를 줄 수 있느냐'는 질문에 이렇게 답했다. "연습을 거듭하다 보면 농구코트의 모든 부분이 내 피부처럼 느껴진다. 피부의 어디가 가렵고 어디가 뜨거운 지를 바로 느낄 수 있는 것처럼, 우리 팀 선수들과 상대 팀 선수들이 코트 어디로 어떻게 움직이고 있는지를 바로 아는 것이다. 아니까, 패스를 할 수 있다."

9살 입단이라는 세계최연소 입단기록 보유자이자 한국바둑 전관왕 3회, 통산타이틀 획득 158회, 세계최초의 국제기전인 잉창지배(應昌期盃) 초대챔피언(1989) 등 혁혁한 전과를 올린 바둑황제 조훈현(曺薰鉉: 1953~)도 습(習)의 경지에 다다른 인물이다. 20대 초중반이 전성기인 바둑계에서, 조훈현은 40을 훌쩍 넘어서까지 세계 정상권에서 내려오지 않았다. 그 비결은 무엇일까? "일본 유학시절(1963~1972), 나는 나이도 어린데다 외로움을 많이 타는 소년이었다. 바둑책 공부하는 것 말고는 할 일이 없었다. 반복해서 읽다보니, 수 천 페이지 정석대백과가 다 외워졌다. 나중에 한국에 와서 오늘은 794번 정석을 써보자, 내일은 1204번을 쓰자 생각하면 머릿속에 형광등 켜지듯이 기보가 그려졌다. 나이가 드니, 예전처럼 선명하게 기보를 그릴 수 없게 되었다. 그런데, 이 수가 맞나 저 수가 맞나 머리가 망설이는 사이 손이 혼자 나가서 돌을 집더라. 그리고 자기 혼자 제자리에 착점을 하고 오는 것이었다."

어깨를 다쳐 실직하고 주정뱅이가 되었던 아버지가 근육단련용 특수기구를 제작해 아들을 야구선수로 키운다는 일본의 야구만화 〈거인의 별(巨人の星)〉(1968: 한국어 번역본 제목은 〈태풍을 쳐라〉)에도 습(習)과 관련한 내용이 있다. 방안에서 변화구 그립을 연습하던 아들이 공을 놓친다. 공은 술에 취해 잠자던 아버지 쪽으로 튕겨간다. 잠결에 공을 잡은 아버지는 반사적으로 벌떡 일어나 왼쪽으로 몸을 틀고 송구동작을 취한다. 아들은 '아버지는 역시 타고난 3루수야'라며 감탄한다. 부자지간의 불화가 야구를 통해 해소되는 명장면이다. 바람의 아들 이종범도 외야수로 전향하면서 습(習)과 관련된 이야기를 했다. '포지션을 옮겨서 수비력이 떨어졌다는 말을 듣기는 죽기보다 싫었다. 그건 내 자존심에 관한 문제였으니까. 하지만, 평생을 내야수로만 뛰던 나에게 외야로 날아오는 타구의 크기와 방향을 가늠하는 건 쉬운 일이 아니었다. 낙하지점을 빨리 찾는 것이 내가 파악한 외야수비의 핵심이었는데, 그 기본을 못하겠더라. 그래서, 소리로 타구방향을 가늠하는 연습을 했다. 공

을 보지 않고, 배트에 공이 맞는 소리에 집중하고 그 소리를 따라 이동하는 훈련을 반복했다. 매일 지쳐 쓰러질 때까지 2년을 반복했더니, 나중에는 타격소리만 듣고도 타구방향과 빠르기를 판단할 수 있었다.'

박지성 일기에 나오는, 초중고 시절의 맨발 훈련 이야기도 같은 맥락이다. 발등의 모든 부분에 적어도 공이 일 만 번은 닿아야 발과 공이 한 몸처럼 움직일 수 있다는 코치선생님의 가르침을 수도자처럼 묵묵히 반복실천해서 끝내 자기 것으로 만들어간 인고(忍苦)의 기록. 발등을 손톱 크기의 부분부분으로 나누고, 그 모든 부분에 공을 10,000번 이상 닿도록 연습하는 일은 어지간한 의지력의 동반 없이는 불가능한 과업이었을 것이다.

그렇다. 무언가를 배우는 일은 단기간 내에 가능할는지도 모르지만, 배운 것을 내 것으로 만드는 데는 적지 않은 시간이 필요하다. 틈이 날 때마다 연습하고, 끊임없는 반복을 통해 몸을 길들여야만 한다. 그래야만 필요한 순간에 필요한 플레이를 펼칠 수 있다. 이것이 공자가 말하는 배우고 익힘, 즉 학습(學習)의 진정한 의미다.

그런데 이것이 왜 기쁨의 원천인가. 인간은 학습하는 동물이라는 것이 공자의 믿음이었다. 공자에 따르면, '학습'은 인간을 인간답게 만드는 가장 핵심적인 활동이다. 학습은 인간이 자기를 발전시키는 가장 확실한 길이며, 학습을 통해 자기발전을 도모하지 않는 사람은 짐승과 다를 것이 없다는 것이 공자의 견해였다. 그런데, 과연 '학습'만으로 사람이 그토록 기쁠 수 있는 것일까. '기쁘지 아니한가(不亦說乎)'라는 역설적 표현에 또 미묘한 가르침이 숨어있다. '기쁠 것이다'가 아니라 '기쁘지 아니한가'라는 대목을 이수태는 이렇게 해석한다. "(이 대목은 학습이라는) 삶의 모습이 일반적인 가치관에 있어서는 도무지 기쁨으로 받아들여지지 못하는 속된 현실을 배경으로 하고 있다. 세상의 기쁨은 입신양명 등 세속적 욕망의 성취에 있다고 받아들여지고 있는 현실 속에서 공자는 실로 역설적인 한 유형을 제시하고 있는 것이다."

역설적 문장은 읽는 이로 하여금 생각의 여유를 갖도록 만든다. 필자의 강요라는 느낌을 받는 것이 아니라, 스스로의 자율적 판단에 의해 가치관을 되돌아보는 틈새를 만들어 주는 것이다. 여기에 〈논어〉의 위대함이 있다.

자, 이제 이야기를 정리하자. 학습은, 자기혁신과 진취를 이루는 가장 확실한 길이다. 그래서 학습이다. 끊임없는 연습이 사람을 사람답게, 선수를 선수답게 만든다. 공자에게든 체육인에게든, 자기발전만큼 사람을 기쁘게 하는 일은 없을 것이다.

사족(蛇足): 하나, 박신자는 1964년 제4회 페루 세계여자농구선수권대회 때 이미 베스트 5에 뽑혔던 세계적인 선수였다. 이때 이미 은퇴를 고려했으나, 협회의 만류로 선수생활을 연장했다. 1967년 대회 때 한국팀의 최장신은 176cm의 박신자. 다른 팀은 평균 신장이 180cm 언저리였다. 한국은 체코, 동독, 유고를 연파했고 결승리그에 올라 이탈리아(75-56), 유고슬라비아(78-71)를 연파한 뒤 최종전에서 소련에게 졌다. 예선 마지막 경기, 종료 7초 전 김추자의 가로채기에 이은 레이업 슛으로 홈팀 체코슬로바키아에게 67-66으로 역전승한 경기가 가장 극적이었다. 30초 룰이 없어 리드를 잡은 팀이 얼마든지 공을 돌리며 상대팀을 약 올리던 시절이다. 준우승팀에서 최우수선수가 나온 것은 이례적인 '사건'이었는데, 오히려 소련팀 코칭스텝이 '박신자의 수상은 당연한 일'이라는 코멘트를 남겼다. 박신자는 1999년 동양인 최초로 세계여자농구 명예의 전당에 헌액되었다.

둘, 지금이야 아무 일도 아니지만, 1967년엔 공산국가를 방문한다는 것 자체가 엄청난 뉴스였다. 1986년 서울 아시안게임 당시 중국 신화사(新華社)통신 기자가 외환은행에 통장을 개설했는데, '이것이 중화인민공화국 국적(國籍)을 지닌 사람이 대한민국에서 사상 최초로 개설한 은행구좌'라는 신문기사가 나올 정도였다. 외환은행은 '신화사통신' 이름으로 구좌를 개설, 중국 기관과 거래했다는 기록을 남기고 싶어 했지만, 기자는 '별도의 서류를 받아와야 하는 등 절차가 복잡하다'며 개인명의로 구좌를 열었다. 그만큼 공산권 국가들은 먼 나라였다. '적성국(敵性國)'이라는 말이 쓰이고, 백과사전에 공산권 국가들의 국기는 아예 게재하지 않던 시절이다.

1967년 당시 우리 대표팀은 유사시 비상탈출 계획을 세우고 도상훈련까지 마친 뒤 체코슬로바키아로 입국했다. 선수단은 무사히 돌아왔으나, 취재 중이던 조선일보 이기양(李基陽) 기자는 실종되어 오늘날까지 소식을 모른다. 프라하는 중세의 아름다움을 가장 많이 간직한 도시로, 도심 자체가 모차르트의 일생을 그린 영화 〈아마데우스〉(1985)의 촬영장소였다. 프라하를 배경으로 한 영화로는 나치에 대항한 레지스탕스의 이야기인 〈새벽의 7인〉(1975)이 있다. 실제 사건을 극화한 영화인데, 성당 지하에 숨어든 일곱 명의 요원을 나치가 수돗물을 집어넣어 수장(水葬)시킨 현장이 프라하에 있다.

체코 작가 밀란 쿤데라의 동명 소설을 영화화한 〈참을 수 없는 존재의 가벼움(번안 제목은 프라하의 봄)〉(1989)에는 소련의 압제에 맞선 1968년 프라하 거리시위 장면이 나오는데, 로케이션 장소는 체코가 아니었다.

셋, 한국 여자농구는 1979년 제8회 선수권대회에서 다시 한 번 준우승을 차지했으나, 이 대회는 소련, 중국, 쿠바 등 공산권이 불참한 반쪽짜리 대회였다. 우승팀은 미국. 한국은 미국에게 승리했으나 첫 경기에서 캐나다에게 패한 탓에 득실차에 밀려 준우승에 머물렀다. 중국을 꺾고 결승에 올라 은메달을 목에 건 1984년 LA 올림픽 역시 소련 및 동유럽 국가가 참가하지 않은 대회였다. 두 대회의 주역이 190cm의 장신 센터 박찬숙(朴贊淑)이다. 1967년 세계선수권 준우승이 역사적으로 높은 평가를 받는 이유가 여기에 있다. 1979년 대회의 개최지는 서울. 이 대회에 맞춰 개관한 잠실체육관이 주경기장이었고, 장충체육관이 보조경기장이었다. 장충체육관은 1963년 2월에 개장한 우리나라 최초의 실내경기장이다. 대한민국엔 이 건물을 지을만한 기술이 없었기에 완공을 위해선 '선진국' 필리핀의 기술진의 도움을 빌려야 했다. 장충체육관 건립 이전엔, 이 자리에 있던 육군체육관이 노천이나마 내국인들이 유일하게 사용 가능한 '마룻바닥'이 깔린 시설이었다. 이것이 '아시안 선수권 우승'으로 세계대회 출전권을 확보한 1967년 당시의 한국 여자농구 대표팀이 마주한 현실이었다. 사정이 이래서야 세계대회를 앞두고 훈련성과를 거두기가 쉽지 않았을 터. 협회가 고육지책으로 짜낸 묘안이 용산 미군부대 안의 군 체육관을 빌리는 일이었고, 그 결과 박신자의 경우처럼 여자 농구선수–미군 장교 커플이 탄생했다.

넷, 조훈현이 차지한 잉창지배는 엄밀한 의미에서 보자면 세계 최초의 국제기전은 아니다. 응씨배 창설 움직임이 가시화되자, 일본 기원은 '첫' 국제기전의 상징성을 감안하여 서둘러 후지쯔배 바둑대회를 입안하고 개최했다. 잉창지배는 4년에 한 번 열리는데, 가장 최근의 대회였던 2013년 3월의 제7회 대회에서는 중국의 신예기사 판팅위가 한국의 소년기사 박정환 9단을 3-1로 꺾고 우승했다. 한국은 이전의 여섯 번 대회 가운데 다섯 번을 우승했다. 조훈현(1회), 서봉수(2회), 유창혁(3회), 이창호(4회), 최철한(6회)이 역대 우승자의 면면이다.

할리우드에는 좌파가 많고 스포츠계에는 우파가 많다

문화계에는 좌파가 많고 체육계에는 우파가 많다는 말이 있다. 미국도 예외가 아니다. 할리우드에는 좌파가 많고 메이저리그에는 우파가 많다. 사실인가? 사실이다. 왜? 예술과 스포츠가 갖는 속성 때문이다. 이 둘은 어떤 의미에서는 사회적 쌍생아(雙生兒)다. 둘 다, 인간이 먹고 사는 문제와는 직접적 관련이 없는 영역에서 벌어지는 활동이지만 현대사회의 주요한 제도 가운데 하나로 산업화에 성공했다. 재능이 뛰어난 개인이 부와 명예를 독점하는 승자독식구조(winner takes almost all)라는 점도 같다. 궁극적으로는 대중들이 판관 역할을 수행하는 대중의사결정 시장이라는 점도 동일하다. '뛰어난 개인'이라는 것도, 바로 아랫단계의 재능과 비교하면 아주 미세한 차이를 보일 뿐이지만, 이 '아주 미세한 차이'에 거액을 지불하는 고객이 존재한다는 점에서도 예술과 스포츠는 서로 닮았다. 하지만 승자가 되는 방식에 차이가 있다는 점이 이 둘의 속성을 좌우로 가른다.

예술도 스포츠와 마찬가지로, 예술가로서의 재능이나 자질, 그리고 작품으로 드러나는 결과에서 일류들과 그렇지 않은 사람들 사이에 분명한 차이가 존재한다. 하지만, 일류들 사이에서 승자를 결정하는 제1요인은 '대중의 취향'이다. '비운의 천재', '저주받은 걸작', '시대를 앞서간 예술가' 같은 표현은 예술적 완성도를 극한으로 끌어 올렸으되 당대의 취향과 어긋나 부당하게 잊혀진 작품들에 바치는 후대의 찬사다. 시대의 흐름 자체를 인위적으로 조절하여 본인의 예술적 기호와 대중의 취향을 일치시킬 수 있는 작가는 없다. 예술은 시대의 흐름이 바뀌었다고 단기간에 U턴 할 수도 없는 분야다. 조각가가 어느 날 갑자기 영화감독이 되거나 시인이 건축가가 되는 일은, 농구선수가 야구로 전향하고 마라토너가 유도선수로 종목을 바꾸는 일만큼이나 쉽지 않을 터이다. 따라서 예술가들은, 당대의 예술적 승자를 결정하는 궁극적 기준으로 '행운'을 꼽는다. '취향'이나 '행운'은 객관적 측정과 예측이 불가능한 잣대다. 바로 여기가 예술가들의 좌파적 성향이 태동하는 지점이다. 승자는 승자대로, 자기의 뛰어난 재능을 한참이 지나서야 '뒤늦게' 발견해 준 대중과 사회를 원망한다. 어쩌면, 대중의 취향이 끊임없이 변한다는 걸 모르지 않기에, 언제 어느 순간 하루아침에 잊혀진 존재가 될는지도 모른다는 불안감이 그들을 더욱더 왼편으로 몰아가는지도 모른다. 패자는 패자대로, 승자를 결정하는 방식에 문제가 많다고 느낀다. 왜 하필이면 내가 아니고 저 친구인가. 내가 저 친구보다 못한 점이 무엇인가. 세계에서 단 하나 뿐인, 독특한 무언가를 만들어내는 존재에게 사회는 이 정도 대우밖에 하지 못 하는가….

기실, 예술은, 보는 각도에 따라서는 삐딱하게 비칠 수도 있는, 유연하고 기발한 사람들이 재능을 발휘할 수밖에 없는 분야다. 예술(art)의 반대가 자연(nature)라고 한다면, 예술의 정의(定義)는 무엇이 될까. 예술은, 인공적인 요소가 가미된 모든 것의 총칭이 혹시 아닐는지. 이 기준을 적용하면, 농업, 길닦기, 뜀박질 등 인류의 모든 행위가 바로 '아트'다. 이토록 무수히 많은 '아트' 가운데서 주목을 받으려면, 다시 말해 직업적 예술가의 경지로 뛰어 오르려면, 자기의 아이디어와 재능을 그동안 존재하지 않았던 극한지점까지 밀고 나가지 않으면 안된다. 이제껏 존재한 적이 없던 무언가를 만들어 내는 것이 직업적 예술가들의 존재이유라는 뜻이다. 파괴 없이는 혁신이 일어나지 않는다. 위대한 예술작품은 따라서, '생산비용'이라는 요소를 고려하지 않고, 인류가 만들어낸 모든 생각과 행위와 아이디어의 극한점에서 한걸음 더 나아간 결과물이라고 말할 수 있다. 투입(in-put)없이 산출(out-put)이 있을 수 없다는 원리에 따르면, 예술품 제작에 들어간 생산비용은 무엇일까. 예술가의 생애 자체다. 평생을 걸고 매진한 결과가 우연적 요소에 의해 판가름 난다는 것. 여기에 예술가들이 구조적으로 좌편향일 수밖에 없는 이유가 있다.

그렇다면 스포츠는? 스포츠의 기본 뼈대는 '경쟁'과 '객관'이다. 재능 있는 개인이 생애를 걸고 노력하면 그에 상응한 보상이 따른다는 구조는 예술과 스포츠 사이에 차이가 없다. 오심도 경기의 일부이고, 부상이나 사고가 재능 있는 선수의 앞길을 막는 경우가 없는 것은 아니지만, 예술에 비하면 스포츠는 승자를 결정하는 방식에 우연적 요소가 개입될 가능성이 거의 없다. 이것이 핵심이다. 수영, 양궁, 사격, 육상 등은 선수 개개인의 능력을 '기록'으로 평가한다. '기록'은 선수 본인은 물론, 코치 관중 기타 모든 사람들이 곧바로 납득할 수밖에 없는 객관적 데이터다. 무시무시할 만큼 엄정하고 누구도 시비를 걸 수 없는 확고부동한 기준인 셈이다. 구기 종목의 경우, 스코어가 기록을 대신한다. 오죽하면 프로야구단은 거의 매일 주주총회를 여는 기업과 같다는 이야기가 나왔겠는가. 프로구단의 가장 중요한 자산은 경기력이다. 매일 경기를 치르다보면 관중들과 미디어에게 각 구단의 실력이 속속들이 드러난다. '있는 그대로의 현실'을 감추거나 피해갈래야 도저히 그렇게 할 수 있는 방법이 없는 것이다. 스코어 이외에도, 구기종목 역시 수많은 '기록'을 챙긴다. 야구의 경우, 관중들을 매혹시키는 건 개인 타율, 시즌 최다승, 역대 홈런 순위 같은 '기록'이다. 선수들의 플레이 하나 하나가 모두 역사적 자료가 되어 흔적을 남긴다. 이 말은 무슨 뜻인가? 등위가 아니라 기록에 초점을 맞추는 순간, 모든 스포츠 선수들의 경쟁 상대는 종횡으로 늘어난다는 이야기다. '기록'은 역사다. 물리적으로 실재하는 눈앞의 상대만이 아니라, 역대 모든 선수들의 업적, 즉 '역사'가 선수들의 경쟁상대로 화한다는 뜻이다. 이렇게 되면, 선수들이 마주하는 것은 '눈앞의 상대'만이 아니라 '경기에 참여했던 모든 선수들, 즉 전체 역사'가 된다. 업적을 평가하는 '객관적 잣대'가 이러한 무한 경쟁의 진정성을 보증한다. 예술사를 관통하는 객관적 혹은 객관적이라고 인정할 수 있는 기준은 유감스럽게도 존재하지 않는다. 앞으로도 존재할 가능성이 전혀 없다. 일류의 지위로 나아가지 못한 사람이 발생하는 건 예술이나 스포츠에 차이가 없지만, U턴이 어렵다는 것도 공통이지만, 스포츠의 세계에서 패자들이 품는 억울한 감정의 총량은 예술계의 그것에 비해 극소량에 지나지 않을 수 없는 이유다.

많은 분들이 한국 사회의 좌경화를 걱정한다. 그리고, 한국 사회가 좌경화한 이면에 예술을 통한 프로파간다가 막대한 역할을 수행했다고 개탄한다. 좌경화의 부정적 측면, 다시 말해 모든 것을 남의 탓으로 돌리고 자조자구(自助自救) 보다는 사회적 부조에 기대며 공적 질서를 무시하는 풍조가 만연한 것이 예술적 선동의 결과라고 보는 것이다. 이 같은 견해가 부분적으로는 진실일 수도 있다. 예술은 인류 생활에 직접적인 영향을 끼치지 않는다. 그러나 인간의 내면에 정서적 영향을 끼쳐 내면의 본질을 바꾸는 힘이 있다.

공자(孔子)도 일찍이 감성의 중요성을 간파했다.

興於詩 立於禮 成於樂(자왈 흥어시 입어례 성어악)이라는 〈논어(論語)〉의 구절을 파고들어 보자.(泰伯/8)

해석) 시를 통해 일어나고 예를 통해 서며 음악을 통해 이룬다.

이 구절을 보면, 시(詩)와 악(樂) 그리고 예(禮)가 묶여 있다. 시(詩)와 악(樂)은 오늘날의 기준으로 '예술(藝術)'이라는 공통점이 있지만, 예(禮)는 어떤 판단잣대로 한 범주에 들어있는 것일까. 어쩌면, 공자가 생각한 시, 예, 악의 기능이 우리가 생각하는 그것과는 다르다는 이야기가 아닐까.

먼저 시(詩)를 살펴보자. 공자는 당대의 구전가요 300여 수를 모아 〈시경(詩經)〉을 편찬했다. 공자가 말하는 '시'란, 인간이 느낄 수 있는 다양한 감정상태를 채집한 '느낌의 표본'이다. 한 개인이 체험할 수 있는 감정상태의 폭은 무변광대(無邊廣大)가 아니다. 그렇다고, 미지의 영역을 넓게 남겨두고서는 군자(君子)의 도를 행하기 어려우니, 공자는 시를 통해 다양한 감정상태를 간접체험하라고 말씀하시는 것이다. 이수태의 풀이를 보자. "공자는 시를 인정(人情)과 물정(物情)에 통하게 되는 기초적·필수적인 관문으로 이해하고 있다. 시는 언어로서 노래하는 것이고 언어가 가진 표현 및 전달

기능을 극대화한 것이기 때문에 시를 배우는 것은 곧 언어를 배우는 것이고, 언어를 배우는 것은 곧 그것을 통하여 표현하고 전달하려는 인간세계를 배우는 것이 된다. 다시 말해서 시는 인간의 상정(常情)에 이르는 가장 보편적인 기제가 되는 것이다. 따라서 언어가 인간의 생활에 필수적이듯이 시는 인간의 정신에 필수적이다."

흥(興)은 '일어난다'는 뜻이다. 예와 음악의 서거나(立) 이루는(成) 것과 어떤 차이가 있는 것일까. 공자는 시를 인간 본성의 가장 기초적인 밑바탕에서 일어나는 감정의 흐름, 혹은 그러한 감정의 흐름을 일으킬 수 있는 무엇인가로 본 듯하다. 〈논어〉에는 공자께서 시에 대해 '생각에 사악함이 없다(思無邪)'라고 말씀한 구절도 있다. 시는 사악하고 뒤틀린 감정이 아니라, 자연스럽고 다른 사람과 공유가 가능하며 안전하고 신뢰할만한 감정, 즉 학습의 출발선으로 사람들을 인도하는 기본도구라는 이야기다.

기초가 마련된 뒤 발전을 위해 택하는 수단이 바로 '예(禮)'다. '예'란 감성을 다잡는 절차다. 예는 삶의 형식적 요소다. 인간이 무리(群)를 이뤄 살 수 밖에 없는 이상, 타인과의 관계를 맺는 수단으로서의 예는 인류문명의 필수요소다. 흥이 올랐다 해도 타인에게 피해를 주지 말라는 가르침이다. 그렇게 하기 위해 필요한 '어떤 절차'가 바로 '예'다. 공자는 예의 뼈대를 '어울리는 것(和)'이라고 했다. 선다(立)는 것은 스스로를 다잡아 다른 사람들과의 관계 속에서 근본을 세우라는 이야기다.

흥겨움과 예절의 정반합(正反合)적 결과물이 바로 '음악'이다. 음악은 음계(音階)를 바탕으로 성립한다. 음계 사이의 간격이 바로 예술적 질서를 만든다. 음악은 질서와 절차, 즉 '예'를 통해 '흥'으로 나아가는 방법론이다. 흥겨움에 일어나고 예로서 이를 다잡고 음악으로 이를 완성하라는 이야기는 그러므로 '정서적' 반응이 인간 문명의 근간을 이룬다는 통찰은 혹시 아닐는지.

그렇다. 어떤 느낌에 감화되어 감성적으로 돌아선 사람을 이성적으로 설득한다는 건 불가능에 가까운 일이다. 인간은 이성(理性)보다는 감성으로 소통하기를 원한다. 그것이 인간 본능에 내장된 DNA의 본질이다. 이성은 훈련과 교육을 통해 다다르는 인위적 경지지만, 감성은 그 자체로 타고나는 본디상태다. 감성에 호소하는 예술은 그래서 무섭다. 예술의 작동원리는 휴머니즘과 동정심(pity)이다. 문제는, 이러한 감정상태가 국가나 사회의 기본 작동원리가 될 수는 없다는 사실이다. 일부 극소수 예술가들은 예술적 작동원리와 정치적 사회적 작동원리를 고의로 뒤섞는다. 다른 사회의 가장 좋은 점과 우리 사회의 가장 나쁜 점만을 귀신같이 찾아내서 비교하는 놀라운 선별력을 보이기도 한다. 데모꾼 중에도 주동자, 적극가담자, 단순가담자가 있듯 정치적 견해를 표출하는 예술가들도 여러 층위가 있다. 문제는, 이들이 지닌 동기의 농도와 상관없이 예술이 때로는 공동체를 파괴하는 자양분으로 작동하기도 한다는 점이다. 게다가, 현대사회의 미디어 환경이 정치적 의도를 가진 예술가들에게 이로운 환경을 제공한다는 사실도 고려의 대상이다. 인터넷은 예술적 결과물을 싼 값에 널리 퍼뜨리는 유통망으로 기능한다. 우리나라의 경우, 특정 정치세력은 예술가-인터넷 사용자-인터넷 매체-오프라인 매체-예술가…로 이어지는 순환고리를 연결하려고 노력한다는 이야기가 있다. 한 가지 생산품을 다양한 각도에서 선전하여 활용도를 극대화하는 사회적 구조를 완성하려고 애쓴다는 뜻이다. 인터넷은 젊은 세대와 기계친화적 사용자들에게 압도적으로 유리한 환경이며, 따라서 인터넷 상의 여론은 그만큼 왜곡된(bias) 의견일 가능성이 있다는 것이 실체적 진실이지만, '첨단'이며 '목소리가 크고' '실시간으로 반응'한다는 역동성이 인터넷 신화를 증폭시킨다. 물론, 인터넷 자체가 다른 의사소통 방식에 비해 '민주적 요소'가 많은 것은 부인할 수 없다. 본질적으로 좌편향일 수밖에 없는 예술에 이어 인터넷 공간까지 점령당하면, 이 둘 사이의 시너지가 극대화하면, 대중들의 감성이 어느 한 편으로 기우는 건 순식간일 터이다. 다양한 가치와 의견이 다양한 방법으로 표출되는 것이 그렇지 않은 사회에 비해 보다 나은 사회라고 믿는다면, 현실을 개탄하기 전에 다양한 가치가 유통될 수 있는 방법을 고민해야 한다.

그래서 스포츠다. 현대사회에서 스포츠가 지닌 선기능을 활용하자는 이야기다. 건실한 사회는 롤모델, 다시 말해 영웅이 주기적으로 출현하는 사회다. 스포츠는 사회적 제도 가운데 영웅제조비용이 가장 적게 소요되는 분야다. 산업화의 여파로, 현대사회는 다가치(多價値) 다원화(多元化)사회로 빠르게 변모했다. '단 하나'의 표준화된 기준은 이미 사라졌다. 누구에게는 정말로 본받고 싶은 인생이 누구에게는 별로 의미가 없어 보이는 생애일 수 있다. 일부의 칭송을 받는 행위가 다른 사람들에게는 비난의 대상이 될 수도 있다. 누구는 정치가를 상찬하며 그의 생애를 닮고 싶어 하지만, 반대편에는 정치인을 혐오하는 그룹이 존재한다. 연예인, 과학자, 성직자에 대한 평가도 마찬가지다. 게다가, 자기 분야에서 정상에 오른 사람이라도, 언제 어디서 어떤 노력을 거듭했는지를 깔끔하게 밝혀내기는 불가능하다. 스포츠는 그런 점에서 가치중립적 객관성을 담보한다. '정해진 틀 안에서 공정하게 경쟁한 끝에 정상에 오른' 팀과 개인은 그래서 현대 사회의 영웅이자 롤모델이다. 영웅담(英雄譚)은 인간 감성에 호소하는 가장 뿌리가 깊고 파장이 큰 예술장르다. 영웅이 만들어내는 교육효과는 판이 크고 진지할수록 오래가고 길게 남는다. 프로스포츠의 승자가 추앙을 받는 건 진지함 때문이다. 최고의 재능들이 오직 그 한가지에만 매달려 빚어내는 경쟁의 순도! 프로스포츠는 질적인 면에서의 완전경쟁 시장이다. 월드컵 출전 선수들이 영웅일 수 있는 건 경쟁의 대상이 인류 전체이기 때문이다. 경쟁범위의 극한확대! 월드컵은 질적인 면에서의 완전경쟁 시장이다. 끝으로 첨언 하나. 물론, 예술이거나 스포츠이거나, 진정한 세계 최고수가 되지 않고서는 정상의 자리에 오를 수 없다. 이 점에 대해서는 재론의 여지가 없을 터이다.

‘공’은 인류문화의 상징물이다

엄지손가락이 눈에 보이는 ‘뇌의 일부’라면, 공은 우리가 일상생활에서 가장 쉽게 만날 수 있는 ‘인류문명의 상징’이다…라는 생각에 동의하시는지. 존 폭스의 〈더 볼(The Ball)-우리는 왜 공놀이에 열광하는가〉는 공과 공놀이의 역사를 찾아 떠난 인류학 탐험기다. 아직 문자를 발명하지 못한 원시시대, 인류는 생존에 필수적인 정보를 어떤 형식으로 저장했을까. 외우기 좋은 형태로 만들어 구전(口傳)하며 보존하는 시가(詩歌), 여러 동작들을 샘플링하고 부족 전체가 집단적으로 익히도록 하는 춤은 그래서 인류 문명사의 뿌리라고 불린다. 시가는 노래와 문학, 연극으로 영지를 넓혀갔고 춤은 무용과 스포츠로 분화했으리라. 그렇다면 공은? 각종 기구를 활용하면 모든 활동이 탄력을 받는다. 예컨대 가면, 의상, 신발, 문신…그리고 공.

공은, 통제할 수 없는 세계를 통제하고 싶다는 인류의 소망을 구현하는 발명품이다. 인류문명사는, 알 수 없는 것과 신비한 것과 미지의 세계를, 관찰과 실험과 탐험과 기록을 통해 질서를 부여하고 '예측 가능한' 체계로 편입시킨 역사가 아닌가. 신체동작은 우리의 의지대로 통제가 가능하지만, 공의 움직임은 통제 불가능이다. '공이 어디로 튈는지는 아무도 모른다.' 그렇지만, 우리가 가하는 힘과 방향의 크기에 따라 '어느 정도' 공의 움직임을 예측할 수는 있다.

〈논어(論語)〉와 〈주역(周易)〉을 들어 비교를 해보자. 논어의 핵심주제는 '자기수양'이다. 심신의 향상을 위해 끊임없이 자신을 갈고 닦으라는 정언(正言). 문제는, 내 밖에서 벌어지는 일을 나 개인이 통제하기가 불가능하다는 사실이다. 주역은 어쩌면 사회적 국가적 역사적 상황의 다양한 케이스를 정리해 놓고, 독자가 처해있는 상황이 책 가운데 어느 상황과 흡사한지를 비교 분석해 보라는 가이드북인 것은 혹시 아닐는지. 논어가 안(內)이라면 주역은 밖(外)이고, 논어가 개인훈련이라면 주역은 공(球)이리라.

'문명'이란 '자연'의 반대말이다. '인공적인 요소가 가미된, 비유전적(非遺傳的) 전승체계(傳乘體系)의 총합(總合).' 공은 도구가 아니다. 실생활의 향상을 위해 쓰이지 않는다는 뜻이다. 인류를 지구상의 다른 생명체들과 구분하는 행위가 있을까. 있다면 어떤 것일까.

'놀이'는 어떤가. 생존과 직접 관련이 없으며 대가를 바라지 않으면서도 규칙과 경쟁이 살아있는 체계. '공'은 오직 '놀이'를 위해서 생겨난 발명품이다. 물론, 저자가 지적한 대로 돌고래나 유인원들도 '놀이'를 즐기는 것은 사실이다. 하지만, 오직 인간만이 공을 만들었고, 공과 더불어 삶을 이어갔다.

존 폭스는 선사시대부터 고대 이집트, 검투사들이 활약했던 로마시대를 지나 궁중 실내경기였던 테니스, 인디언 민속경기에서 발아한 라크로스, 현대스포츠인 야구나 미식축구, 농구의 발생과정을 흥미진진하게 추적한다. 스코틀랜드 오지의 섬으로부터 멕시코 밀림, 중세유럽마을과 왕궁으로부터 미국 대도시의 거대 스타디움까지를 종횡무진하며 공의 탄생과 활용과 번성의 역사를 파헤친다. 그래서 이 책은 여행기다. 보고서다. 과학서적이다. 신화(神話) 모음집이다. 공은 둥글다고 했다. '완전한 구체'를 만들기 위해, 얼마나 많은 사람들이 풀과 밀랍과 두더지 가죽과 돼지의 방광과 남미 원시림의 고무수액과 코르크를 가공하는데 생애를 걸었을까. 그래서 과학이다. 사람들은 "철갑상어의 안구에 실을 감은 뒤 가죽이나 옷감으로 싸매어 이른바 '살아있는 야구공'을 만들기도 했고", "공이 너무나 부드럽고 가벼워 제아무리 철완이라도 외야에서 투수에게 직접 연결할 수가 없어" 유격수라는 새로운 포지션을 만들기도 했다.

원시시대 이래, '공'은 지상으로 내려온 태양과 별이었다. 그래서 신화다. 사람은 공을 만들었고, 공은 사람을 행복하게 만들었다. 저자가 말하듯 '공놀이는 인간의 운명, 자연과 우주의 순환을 재현하는 상징'이며 '공놀이 경기장에서 삶은 빼앗겼다가 회복된다. 경기장은 운명이 바뀌었다가 다시 뒤바뀌는 곳, 즉 변이의 궁극적인 장소'였다. '초원(草原)과의 대화'라는 골프, 중력(重力)을 뛰어넘는 인류의 꿈을 형상화한 스포츠 배구, 무엇보다도 지구 최대의 놀이이자 제전인 축구에 대한 이야기가 빠져있거나 소략한 점이 가슴 아프지만, 어떤 것이든 '공'과 관련한 추억이 있는 분이라면 일독을 권한다. 너무 재미있어서 마지막 페이지가 다가오는 것이 두려웠고, 끝의 두 챕터는 아이스크림처럼 핥아 읽었다.

사족(蛇足)- 공을 사용하지 않으면서 구기(球技)라 불리는 종목들은 어쩌나. 휴대를 간편하게 한 대신 몸에서 떨어지는 순간의 예측불가능성을 극대화한 럭비공이나 미식축구공, 빙판(氷板)이라는 전제조건을 감안한 아이스하키의 퍽, 유체공학적 디자인을 통해 플레이어의 에너지를 반감시키는 역설적 고안의 산물인 배드민턴의 셔틀콕. 이것들은 '공'인가 '공'이 아닌가.

같은 비디오 테이프를 10만 번 본 사람

– 골키퍼의 후회, 평생을 두고 이어지는

1954년 스위스 월드컵. 헝가리는 절대강자였다. 3년간 국제대회 성적 28승 4무, 32전 무패. 52년 헬싱키 올림픽 5전 5승으로 금메달. 53년 11월 25일 런던 웸블리에서 잉글랜드를 6–3으로 격파 — 이 경기는 영국 축구 100년사상 잉글랜드의 첫 홈경기 패배다. 54년 5월 23일, 피차간에 월드컵 최종 평가전으로, 설욕전에 나선 잉글랜드를 부다페스트 홈으로 불러들인 경기에서는 7–1로 대승. 월드컵 본선 첫경기 대 한국 전 9–0승리(33전 무패), 2차전 대 서독 전 8–3승리. 8강전에서 브라질을, 준결승에서 우루과이를 각각 4–2로 꺾고 결승에 올랐을 때 36전 무패인 헝가리의 우승을 의심하는 사람은 아무도 없었다. 7월 4일 베른의 왕크도프 스타디움에서 열린 결승전, 전반 8분 만에 헝가리가 두 골을 넣고 2–0으로 앞서 나갈 때까지만 해도. 서독은 18분, 27분의 연타로 2–2를 만들었고, 경기 종료 6분을 남기고 기어이 역전골을 터뜨리며 대어를 낚는다. 후반전 시작하자마자 헝가리는 골포스트와 크로스바를 한 차례씩 두드렸고, 종료 직전 푸스카스가 기록한 골은 골처럼 보였지만 오프사이드라는 판정을 받았다. 이것이 저 유명한, 영화로도 만들어진 '베른의 기적'이다.

60년 쯤 세월이 흘러, 80줄에 들어선 노인의 인터뷰를 보다 그만 울고 말았다. 헝가리의 골키퍼 그로시츠의 말이다.

"결승전 이후, 나는 하루도 빠짐없이 꿈을 꾼다. 결승골을 허용하는 장면이다. 꿈속에서 나는 생각한다. 오른손을 조금만 아래로 뻗어볼까, 다이빙을 하기 전에 한걸음을 먼저 전진하면 어떨까. 팔이 아니라 오른발로 막았다면 어땠을까… 공은 여전히 네트를 출렁이고, 우리가 졌다는 결과는 바뀌지 않는다. 매일 밤마다… 이제는 수만 번의 골을 허용하고… 늘 땀에 흠뻑 젖어서 잠에서 깬다…."

스포츠 경기에서, 한 번 지나가버린 결과는 바뀌지 않는다. 변명과 핑계를 댄다고 해서 진 경기가 이긴 경기로 바뀌는 법은 없다. 문제는, 경기 이후의 반성(反省)과 성찰(省察)이다. 경기에 진 것은 잘못이 아니다. 실수는, 인간이라면 누구나 저지르는 일이기 때문이다. 실수를 저지른 것이 문제가 아니다. 경기에 지고도, 잘못을 바로잡으려 하지 않는 것이 진정한 잘못이다. 무엇이 잘못이었는지를 반성하고, 잘못을 바로잡으려는 자기 성찰을 거듭해야 새날이 열린다. 하늘이 주신 자기혁신의 기회를 외면하거나 걷어차는 것은 스스로를 나락으로 밀어 넣는 일에 다름 아니다. 논어를 살펴보자.

君子 求諸己 小人 求諸人.(衛靈公/21)

군자 구저기 소인 구저인

해석 : 군자는 모든 책임의 소재를 자신에게서 찾고 소인은 남에게서 찾는다.

君子懷刑 小人懷惠.(里仁/11)

군자회형 소인회혜

해석: 군자는 엄히 정죄(定罪)될 것을 마음에 두고, 소인은 적당히 양해(諒解)될 것을 마음에 둔다.

이수태 선생에 따르면, '회형'은 높은 곳에 삶의 기준을 두고 스스로의 허물과 잘못, 미달을 자책하는 엄한 마음이다. 자신의 잘못을 보아 속으로 스스로와 쟁송한다(見其過而內自訟 5/27)는 것이 바로 그것이다. 이수태 선생의 자세한 풀이를 조금 더 살펴보자. "진실이란 언제나 자기 자신에게 엄한 기준을 적용할 줄 아는 사람의 마음에만 존재한다. 아무리 커다란 외형적 진실도 원천은 역시 자기 자신에 대한, 자기 자신만이 아는 이 엄정함에 근거한다. 형(刑)은 바로 공자가 이런 의미로 사용한 고도의 추상적 척도다. 군자의 엄숙함과 타인에 대한 관대함도 스스로에 대해 적용하는 이 준열한 척도, 바로 형(刑)의 발현인 것이다."

반대로 '회혜'는 잘못과 미달이 있더라도 삶의 기준을 제멋대로 낮추거나 왜곡하여 그것을 합리화 · 정당화시키는 왜소한 마음이다. "좁은 세계에 갇혀, 좁은 눈으로, 좁게 바라보는 소인의 심리적 선택은 자기 자신의 행위에 거꾸로 모든 판단기준을 부회(附會)하는 것이다. 그는 모든 경우에서 자기 합리화를 꾀한다. 어떤 절대적인 기준 없이 척도는 편리한대로 휘어지고 관점은 그때그때의 필요에 따라 이번에는 이곳에, 다음에는 저곳에 설정된다."

자기 잘못을 합리화 · 정당화하는 것은 군자의 길이 아니다. 잘못을 인정해야 반성이 가능하고, 반성을 제대로 해야 성찰이 가능하며, 성찰을 거듭한 연후에야 자기발전이 가능하다. 이 평범하고도 무서운 진리 앞에 어떤 예외가 없을 터이다.

감독의 비중과 리더의 중요성
– 전설의 명감독 알렉스 퍼거슨

2012/13 시즌을 마치고, 2013년 5월 잉글랜드 프로축구팀 맨체스터 유나이티드의 퍼거슨 감독이 은퇴했다. 오랜 감독 생활 중 맨체스터 유나이티드 한 팀에서만 27년을 보낸 '살아있는 축구의 전설'이 역사 속으로 사라진다며 전 세계 언론들이 다투어 일대기를 연재했고, 영국의 방송들은 퍼거슨 감독의 업적을 다룬 다큐멘터리를 제작하기도 했다. 심지어는 퍼거슨 감독이 마지막 경기를 지켜보며 씹었던 껌이 경매에서 우리 돈으로 무려 6억 6천만 원에 팔렸다는 뉴스도 나왔다. 축구 감독이 나라를 구한 영웅도 아닌데, 이렇게 사람들이 흥분하고 아쉬워하는 이유는 과연 무엇일까? 그가 떠난 바로 다음 시즌 맨체스터 유나이티드의 성적이 곤두박질치면서, 퍼거슨의 위대함은 현재진행형으로 다시 주목을 받기 시작했다.

우리나라에서는 축구가 그저 인기 스포츠 가운데 하나지만 유럽에서 축구를 스포츠와 문화, 산업, 종교를 겸하는 생활의 중요한 일부라고 생각하는 사람들이 많다. 대한민국 최초의 유럽 리거인 차범근 선수는 은퇴한지 25년이 지났는데도 아직도 알아보는 사람이 부지기수다. 왜 유럽에서 축구가 특별한지, 그 배경을 하나하나 살펴보기로 하자. 먼저, 축구는 지구상에서 가장 인기 있는 스포츠라는 점이 중요하다. 국제축구연맹(FIFA) 회원국 숫자는 200개국 이상으로, UN 가입국보다도 규모가 크다. 전 세계에서 활동하는 직업 운동선수 가운데 70% 이상이 축구선수라는 통계도 있다. 축구선수들이나 전문 기자들, 그 외 축구와 관련된 일을 하는 사람들 수까지 모두 합하면 축구는 영화나 보험산업보다 규모가 더 큰 거대 산업이다.

유럽 사람들은 축구와 더불어 평생을 지내기에, '국적은 바꿔도 응원팀은 안 바꾼다'는 사람들이 많다. 따라서, 응원팀이 어디인지를 알면 그 사람의 고향, 종교, 사회적 성향들을 어느 정도 파악할 수 있다는 말이 있을 정도다.

영국은 1863년 지금의 룰을 확정하고 1971년 최초의 공식대회(FA Cup)를 개최한 축구의 종주국이다. 축구가 인기를 얻으면서 누가, 어떤 팀이 최강인지를 사람들은 궁금해 했다. 취미로 가끔씩 기술을 익히는 사람보다 아예 전문적으로 축구만 하는 직업선수들을 보고 싶다는 희망, 선수와 관중을 제 시간에 먼 곳까지 날라주는 철도교통의 발달, 입장권을 구입하고 정기적으로 축구를 보러 오는 관중의 출현, 대규모의 스타디움 건축 등이 서로 상승작용을 일으켜 1885년 역시 영국에서 세계 최초의 프로팀이 만들어졌다. 잉글랜드 프로축구에는 94개의 팀이 있고, 가장 실력이 뛰어난 20팀이 모인 1부 리그의 이름이 바로 잉글랜드 프리미어 리그(EPL)다. 2014년 현재, EPL은 세계 최대의 축구 시장이자 '꿈의 리그'라고 불린다. 가장 많은 나라의 선수(67개국-2014년 시즌 기준. 현재 EPL에서 뛰는 한국 선수로는 기성용, 김보경이 있다)가 활동하고, 가장 많은 나라의 자본이 주식시장을 통해 투자되고 있으며, 경기 및 하이라이트 동영상이 가장 많은 나라에 방송되고 있기 때문이다.

당연히, 경쟁도 치열하다. 스포츠의 미덕은 구단의 실력이 한 경기, 한 경기를 통해 이기고, 비기고, 지는 것으로 정직하게 드러난다는 점이다. 실력이 떨어지면, 감추거나 피해갈 길이 없다는 뜻이다. 그런 점에서 27년 동안 잉글랜드 각종 대회 및 유럽클럽 대항전에서 38회나 우승한 퍼거슨 감독의 업적은 정말 대단한 것이다. 평생을 바쳐 세계 정상에 오르고, 젊은 선수를 찾고 키우는 한편으로 새로운 작전을 구상하며 끊임없는 자기혁신을 보여준 사람. 은퇴하는 날까지 노력과 발전을 멈추지 않으며 세계 정상에 머물렀던 사람. 유럽인들이 퍼거슨 감독의 은퇴에 뜨겁게 반응하며 아쉬워하는 이유가 바로 이것이다.

논어는 일의 마무리에 관해 다음과 같은 말씀을 전한다.

曾子 曰 愼終追遠 民德歸厚矣.(學而/9)

증자 왈 신종추원 민덕귀후의

해석: 증자께서 말씀하셨다. "일의 끝을 신중히 하고 먼 것을 추구하면 백성의 덕이 두터워질 것이다."

증자(曾子)는 공자의 제자로 이름은 증삼(曾參), 자(字)는 자여(子輿)다. 산동성 사람으로 공자보다는 46세 아래이며 스승의 지극한 총애를 받았던 인물이다. 남을 위하여 일의 도모함에 최선을 다하지 못한 점이 없지는 않은가, 벗과 사귐에 믿음을 주지 못한 것은 없는가, 스승으로부터 전수받은 것을 제대로 익히지 못한 것은 아닌가 하는 세 가지를 매일 반성했다는 저 유명한 '오일삼성(吾日三省)'이라는 말을 남긴 당사자가 바로 증자다. 하나 더 덧붙이자면, 그는 공자의 법통(法統)을 이어 공자의 손자 자사(子思)에게 넘겼고, 자사의 수제자가 바로 맹자(孟子)다. 증자가 유교사상사(儒敎思想史)의 다섯 성인 가운데 하나로 꼽히는 까닭이 여기에 있다.

이 구절을 해석하면서, 소생은 이수태 선생의 새 번역을 따랐다. 종래의 해석은 다음과 같다. "부모의 장례를 신중히 치르고 조상에 대한 제사를 정성껏 지내면 백성의 덕이 두터워 질 것이다."

상례(喪禮)와 제례(祭禮)는 인간 문명의 가장 중요한 절차의 하나이므로, 이 구절을 위와 같이 풀이한 것은 일견 자연스러운 일이다. 하지만, 한 구절의 다양한 해석이 가능하다는 것이 한문(漢文)의 특질이 아닌가. 이 구절에, 일의 시초보다는 끝을 마무리하는데 더 신경을 쓰고 눈에 보이는 것보다는 보이지 않고 잘 드러나지 않는 원대하고 근본적인 바를 지향하라는, 종래의 해석에 비해 보다 철학적인 증자의 메시지가 들어있는 것은 혹시 아닐까. 이수태 선생의 저술을 다시 옮긴다. "신종(愼終)은 끝을 신중히 한다는 말이다. 일의 처음을 삼가는 것은 누구나 하는 일이지만 끝은 대부분 소홀히 하기 쉬운 것이다. 추원(追遠)은 먼 것을 추구한다는 말이다. 가까운 것을 추구하는 것은 누구나 하는 일이지만 먼 것은 오직 사려 깊은 자만이 추구할 수 있다. 논어 위영공(衛靈公)편에 나오는 '사람이 먼 생각이 없으면 반드시 가까운 근심이 있다[(人無遠慮必有近憂(인무원려필유근우)]'는 말도 같은 차원의 이야기이다."

영웅이여, 부디 영면하시라
– 전설 에우제비오의 부음을 듣고

에우제비오(Eusebio da Silva Ferreira, 1942. 1. 25~2014. 1. 5)가 별세(別世)했다. 사인은 심장마비. 고인의 유해가 마지막으로 들른 곳은 포르투갈 리스본의 벤피카 스타디움이다.

아프리카 모잠비크 로렌수 마르케스 태생. 같은 이름의 로컬클럽에서 1957년 데뷔. 1960년까지 42경기 출전에 77골 득점. 1961년 벤피카로 이적할 당시의 이적료는 7,500파운드. 그 해 여름, 파리에서 열린 친선경기 대 산토스 전에서 해트트릭을 기록. 산토스의 주전 공격수 펠레는 이 경기 후 '유럽의 넘버원 스트라이커는 바로 에우제비오다'라고 평가했다.

'검은 표범' 에우제비오의 벤피카 소속 선수로서의 성적표는 614경기 출장 638골 득점. 1961/62 시즌부터 1974/75 시즌까지

14년 간의 기록이다. 1963/64 시즌부터 1972/73년까지 9년 연속 득점왕. 1965년 유럽최우수선수, 1968년부터 시상한, 유럽리그 최다득점자에게 수여하는 '골든슈즈' 초대수상자. 72년 두 번째로 '골든슈즈' 획득. 두 번의 유러피안컵 우승과 두 번의 준우승. 10번의 포르투갈리그 우승과 다섯 번의 포르투갈 FA컵 우승에 주역으로 기여. 1975년 무릎수술 이후 스피드와 탄력저하로 고전하다 벤피카를 떠나 멕시코, NASL(북미 사커리그), 포르투갈을 오가며 활동. 79년 현역 은퇴. 말년의 펠레, 베켄바우어, 요한 크루이프 등 세계 유명 선수들을 끌어들이며 나름대로 활발하게 움직이던 NASL는 수준급 리그였다. 주로 인조잔디 위에서 경기를 펼친 탓에 볼의 바운드가 크고, 태클 등 박진감 넘치는 플레이를 할 수 없다는 점(축구용 인조잔디가 나오기 전이다)이 문제였고, 하프라인과 페널티 에어리어 사이에 오프사이드 라인을 긋고 보다 공격적인 축구를 유도하고, 페널티킥 대신 '3초 단독드리블 슛'(아이스하키처럼)을 채택해서 FIFA와 대립하다 재정난을 못 이기고 결국은 사라진 비운의 리그다. 한국인으로는 시카고 스팅스 등 두 팀에서 세 시즌을 활약한 조영증과 한 해를 팀의 백업 골키퍼로 활약한 김황호가 있다.

에우제비오는 포르투갈 대표로는 64경기 출전, 41골을 득점했다. 1966년 월드컵 9골을 기록하며 득점왕에 등극했고 1966년 월드컵 지역예선에선 체코슬로바키아, 루마니아, 터키 등과 한 조를 이뤄 4승1무1패, 9득점 4실점으로 나라의 첫 월드컵 출전에 기여했다. 본선 두 번 째 경기 대 불가리아 전(3-0승)에서 팀의 두 번째 골을 터뜨리며 월드컵 데뷔골 기록. 펠레가 뛴 브라질을 3-1로 물리친 '충격의 경기'에서 두 골 득점. 8강전 대 북한과의 경기에서 팀의 1호~4호골 등 네 골을 혼자 몰아치며 0-3으로 뒤지던 경기를 5-3으로 역전. (두 골은 페널티킥 득점이었음.) 참고로 월드컵 역사상 3-0으로 앞서다 뒤집힌 경기는 한 경기가 더 있다. 1954년 월드컵 8강전, 전반 23분까지 3-0으로 앞서던 스위스는 오스트리아에 7-5로 역전패했다. 이 경기는 역대 월드컵 최다득점 경기이기도 하다.

준결승 잉글랜드에 1-2로 패한 경기에서도 에우제비오는 득점포를 멈추지 않았다. 3-4위전 소련과의 경기(2-1승)에서도 페널티킥으로 득점했는데, 이 경기의 소련팀 골키퍼가 바로 '전설의 골키퍼, 흑거미' 야신이다.

에우제비오는 전성기 때 한국에 온 적도 있다. 1970년 9월 3일 동대문운동장. 억수같이 퍼붓는 빗속에서 야간경기로 펼쳐진 한국 국가대표팀 2진 백호(白虎)와 벤피카의 친선경기에 출전, 당시로서는 경이적인, 35미터 프리킥을 성공시키며 5-0 승리에 기여했다. 축구화와 축구공의 무게가 지금보다 훨씬 더 무겁던 시절의 이야기다. 9월 5일, 한국대표 1진 청룡(靑龍)과의 경기는 1-1로 종료. 당시 에우제비오를 더블 마크했던 한국의 수비가 3번 김호, 5번 김정남이다. 한국팀의 득점자는 후반 23분 동점골을 기록한 11번 이회택. 벤피카의 아시아 순회경기 전적은 그래서 전승(全勝)이 아니라 4승 1무로 마무리 되었다.

2002년 한국-일본 월드컵, 에우제비오는 포르투갈 팀의 일원으로 32년만에 다시 방한했다. U-20 세계챔피언 멤버인 이른바 '황금세대'를 주축으로 우승까지 노린다던 포르투갈은 한국, 미국에 밀려 폴란드와 더불어 1회전에서 짐을 쌌다. 식민지이던 마카오에서 훈련캠프를 차렸고, 32개국 중 가장 늦게 현지에 입국했던 팀이 바로 포르투갈이다. 상대 팀들을 너무 만만하게 봤다, '16강전 이후'를 대비하고 훈련 일정을 짠 것이 실수라는 자체반성이 이어졌지만 이것은 사후약방문(死後藥方文)에 다름 아니었다. 흐느끼는 선수들을 달래고, '전설'에게 인사하는 상대팀 선수들에게 그 와중에도 일일이 따뜻한 눈인사를 보내던, '마음씨 좋은 옆 집 아저씨' 같던 불세출의 영웅의 눈빛을 잊지 못한다.

논어(論語) 옹야(雍也)편에 보인다.

伯牛有疾 子問之 自牖執其手, 曰, 亡之! 命矣夫! 斯人也而有斯疾也! 斯人也而有斯疾也!

백우유질 자문지 자유집기수, 왈, 망지! 명의부! 사인야이유사질야! 사인야이유사질야!

제자 염백우가 병을 앓자, 선생님께서 문병을 가셔서 들창을 통해 그의 손을 잡고 말씀하셨다. “이럴 수가! 운명이로구나! 이런 사람이 이런 병에 걸리다니! 이런 사람이 이런 병에 걸리다니!”

영웅의 명복을 빈다. 고이 잠드시라.

중국 축구의 한(恨)

중국의 공세가 무섭다. 10월 26일 상암경기장에서 있었던 2013년 AFC 챔스리그 결승 1차전 얘기다. 중국 선수단에게서도, 기자들에게서도 그리고 응원단에게서도 공통적으로 풍겨 나오던, 마치 이 한 경기로 한(恨)풀이를 하고 말겠다는 결연한 기운. 그 당시까지는, 중국 클럽이 AFC 정상에 오른 적이 없었다.

다른 종목에서는 세계 정상급의 경기력을 자랑하는 중국이 유독 축구에서만은 힘을 쓰지 못한다. 광적인 축구팬으로 알려진 시진핑(習近平) 국가주석의 평생소원 세 가지가 중국이 월드컵을 개최하고, 월드컵에 출전하고, 월드컵에서 우승하는 것이라고 하지 않는가. 축구를 그만큼 사랑하기는 중국 국민들도 마찬가지다. 그런데, 소망만큼 대표팀의 경기력이 출중하지 못하다. 이번 월드컵에서도 중국은 3차예선 B조에서 3승3패를 기록하며 이라크와 요르단에 밀려 최종예선에도 오르지 못했다. 2013년 여름엔 홈으로 태국을 불러들인 친선경기에서 1-5로 대패해서 국가적 홍역을 치르기도 했다.

중국 축구도 중흥과 도약의 기회가 확실하게 있었다. 약간의 운이 따라 주었더라면, 역사가 바뀌었을지도 모르는 결정적 순간. 중국의 월드컵 지역예선 데뷔는 1958년 스웨덴 대회다. 1957년 5월 12일 자카르타에서 인도네시아에 0-2패. 6월 2일 베이징에서 4-3 승리. 오직 승무패만을 셈하던 당시 룰에 따라 6월 23일 버마의 랑군에서 재대결을 펼쳤고 결과는 0-0. 재경기마저 동점이면 비로소 골득실차를 따지는 규정을 적용한 끝에 지역예선 탈락. 대만은 꾸준히 지역예선에 출전했지만, 중국이 월드컵에 돌아온 건 한참 후의 일이다. 문화대혁명의 광기(狂氣)와 기타 여러 사정이 겹쳐 국제무대를 떠났다가 모처럼 출전한 1982년 스페인 대회 예선. 본선 진출국 숫자가 16개국에서 24개국으로 불었고, FIFA는 아시아/오세아니아에 사상 처음으로 두 장의 본선티켓을 배정했다. 한국은 쿠웨이트에 밀려 1차예선 탈락. 총 6개국이 홍콩에 모여 80년 12월 21일부터 이듬해 1월 4일까지 보름 동안 다섯 경기를 펼치는 강행군 끝에 가려진 아시아 4조의 최종 승자는 중국이었다. 준결승 홍콩과의 0-0 무승부 후 승부차기 승을 빼면 중국은 나머지 네 경기를 모두 이겼다. 일본은 준결승에서 북한에 0-1로 졌고 중국은 최종전에서 북한을 4-2로 물리쳤다.

쿠웨이트, 뉴질랜드, 중국, 사우디아라비아 등 4개국이 홈앤드 어웨이로 맞붙은 최종예선. 중국은 81년 9월 24일 24년 만에 다시 열린 월드컵 지역예선 베이징 홈경기에서 뉴질랜드와 0-0으로 비긴다. 10월 3일 뉴질랜드와의 어웨이 경기는 0-1 패. 10월 18일 베이징에서 쿠웨이트를 3-0으로 잡고 외교문제로 제3국인 말레이시아 쿠알라룸푸르에서 사우디와 벌인 2연전(11월 12/19)은 4-2, 2-0으로 모두 승리. 중국 전역이 월드컵의 꿈으로 술렁이기 시작했다. 11월 30일 쿠웨이트 원정경기를 0-1로 내주고 전 일정을 소화한 중국의 성적은 3승1무2패, 승점 7점(당시는 승점이 승리 2점, 무승부 1점이던 시절이다), 9득점 4실점. 3승1패의 쿠웨이트가 2위, 1승2무1패의 뉴질랜드가 3위. 사우디는 1무3패로 탈락 확정. 12월 7일 쿠웨이트가 사우디를 2-0으로 꺾고 , 14일 뉴질랜드와 2-2로 비기며 본선행 티켓을 확보했다. 12월 19일 사우디 리야드에서 벌어진 사우디와의 최종전에서 뉴질랜드가 다섯 골을 몰아치며 2승3무1패, 11득점 6실점으로 중국과 승점 득실차 동률을 기록했다. 다득점 우선 원칙이 적용되기 전이어서 FIFA는 두 팀에게 82년 1월 10일 싱가포르에서 플레이오프를 치르라고 명한다. 이 경기는 82년 지역예선 가운데 전 세계에서 가장 마지막에 열린 경기다. 어느 팀이 이기든 월드컵 첫 출전의 설렘을 담은 일전. 불과 엿새 후가 본선 조편성 추첨일이었다. 중국은 졌다. 잉글랜드에서 뛰던 윈턴 루퍼(Wynton Rufer)에게 결승골을 얻어맞고, 한 골을 더 먹어 2-0으로 끌려가다 종료 직전 프리킥으로 한 골을 만회했다. 골을 넣고 거의 전원이 뉴질랜드 골문 쪽으로 뛰어가 얼른 공을 집어다 센터서클로 가져다 놓던 간절한 동작이 중국인들의 심금을 울렸던 전설의 승부.

요즘처럼 승리를 3점으로 계산했다면, 담합경기의 가능성을 원천봉쇄하려는 목적에서 같은 조 마지막 두 경기를 동시에 킥오프했더라면 중국의 월드컵 데뷔는 2002년 한일 월드컵이 아니라 82년 스페인 월드컵이 될 수도 있었다. 한 팀이 일정을 모두 마쳤는데, 다른 세 팀이 각각 두 경기를 남겨놓은 불합리한 일정의 피해자. 그때 중국의 경기복은 붉은색 상의, 흰색 하의였다. 86년 대회 때는 23득점 2실점의 압도적인 성적을 거두고도 1985년 5월 19일 홍콩과의 마지막 홈경기를 1-2로 역전패하며 4승1무1패로 5승1무의 홍콩에 밀려 1차 예선에서 탈락했고, 90년엔 이란을 잡고 최종예선까지 진출했지만 6개국 가운데 4위로 본선진출에 실패했다. 2002년 한국과 일본이 빠진 지역예선을 통과, 드디어 월드컵에 얼굴을 내밀었지만 터키(0-3) 브라질(0-4) 코스타리카(0-3)에 3연패하며 단 한 골도 득점하지 못한 초라한 성적표를 들고 쓸쓸히 귀국. 2002년 이후, 중국축구는 프로축구를 창설했는데도 외려 최종예선 언저리에도 가보지 못하는 역설적 결과를 보여주며 장기침체기에 접어들었다.

논어에 나온다.

子曰 人能弘道 非道弘人.(衛靈公/28)

자왈 인능홍도 비도홍인

해석) 선생님께서 말씀하셨다. 사람이 능히 도를 넓히는 것이지 도가 사람을 넓히는 것이 아니다.

중국 축구계의 전반적인 문제가 무엇인지는 다음 기회에 살펴보기로 하고 다시 AFC 결승전으로 돌아가 보자. 중국축구는 습관화된 패배감과 선수들의 안주(安住)에 방향을 잃고 방황하고 있다. 그것은 다소 구조적인 문제다. 그래서 눈을 돌린 것이 클럽 축구다. 엄청난 거금을 들여 탈아시아급 선수들을 수입하고 당장 눈앞에서 성적을 내는 방식. 비록 대표팀은 아니지만, 클럽 대항전에서라도 성적을 내고 싶다는 간절한 열망. 2013년 AFC 챔스리그 결승전이 한풀이의 한 판이었던 것이다. 중국 챔피언인 광저우 에버그란데는 중국리그 매 경기 승리 수당이 1인당 5,000만원을 넘어선다고 한다. 구단이 내건 결승전 승리수당이 선수당 1억원 이상이라는 소문도 있다. 전 세계의 도박사들이 FC서울의 열세를 예측한 데는 이런 배경이 있다. '돈'이 강력한 동기유발책인 것은 맞다. 하지만, 축구는 결국 사람이 하는 것이다. 홍(弘)은 "넓히고 크게 하는 것"이다. '사람이 능히 도를 넓히는 것이지 도가 사람을 넓히는 것이 아니다'라는 말을 이수태는 "사람에 중심점을 둔 논어적 세계관의 단적 표현"이며 "그 중심점을 떠날 경우 객체화와 우상화, 물화(物化)의 진행은 필연적"이라고 설파한다.

광저우 에버그란데는 서울 원정경기를 2-2로 마치고, 홈경기를 1-1로 마감하며 '원정경기 다득점 우선 룰'에 따라 그야말로 간발의 차로 FC서울을 따돌렸다. 중국 클럽 사상 최초의 AFC 챔스리그 우승을 축하한다. 아시아 축구의 빠른 발전을 위해서라도, 중국 축구가 균형 잡힌 성장을 거듭하기를 바란다.

끝나지 않는 논쟁
– 호날두와 메시, 누가 당대 최고수인가

그 선수가 얼마나 대단했냐면 말야, 코너킥을 차고 나서 공이 날아오는 동안에 막 뛰어와 가지고 그걸 자기가 헤딩으로 골도 넣고 그랬다니까. 아 진짜야. 이 사람아, 내가 그 경기를 직접 뛰었는데… 아 내 눈으로 직접 봤다니까 그러네… 1954년 월드컵에 참가했던 한 원로 축구인으로부터 들은 이야기다. 신생국 한국은 사상 첫 월드컵 본선 첫 경기에서 세계 최강 헝가리에게 0-9로 참패했다. '그 선수'란 50년대 당대 제일의 공격수 푸스카스를 말한다. 헝가리는 당시 자타공인 우승후보 0순위였고, 54년 월드컵 결승 대 서독전 2-3 패배가 3년 반 만에 당한 첫 번째 패전이었을 만큼 무적의 팀이었다. 결승전이 열리기 14일 전에 벌어진 예선에서는 헝가리가 서독을 8-3으로 꺾었었다.

2014년 월드컵을 앞두고, 당대 최고의 축구선수가 누구냐를 두고 전 세계 축구팬들 사이에서 논쟁이 한창이다. 메시냐 호날두냐. 어떤 이들은 이 둘이 당대를 넘어서는 역대 최고의 축구선수라고 주장하기도 한다. 과연 그럴까? 이들이 수많은 영웅들을 확실히 넘어섰을까? 올드팬들은 푸스카스와 펠레, 베켄바우어와 마라도나를 당대 최고로 기억한다. 간혹 야신이나 보비 찰튼을 말하는 사람도 있다. 연령대를 낮추면 플라티니나 로마리오, 지단의 이름이 튀어나온다. 그렇다면 진정한 황제는 과연 누구인가?

기억은 편집이다. 본인 자신이 객관적 사실이라고 믿는 주관적 선택의 결과물이다. 대부분의 사람들은 젊은 시절의 사건 혹은 자신이 직접 겪은 일에 대해 섬세하게 반응한다. 축구팬들도 마찬가지다. 각자 자신이 젊은 시절 보고 듣고 응원했던 선수들에게 후한 점수를 줄 수밖에 없는 것이다. 그래서 지금 우리가 눈앞에서 보고 있는 당대의 선수가 늘 가산점을 받는다. 평가의 왜곡이 일어난다는 이야기다. 메시와 호날두가 위대한 선수인 것은 틀림없는 사실이지만, 역대 최고라는 주장에는 선뜻 동의하기 어려운 이유다. '역대 최고 축구선수'를 선정하는 종합적 역사적 판단이 어려운 이유가 한 가지 더 있다. 60년대 이전으로 거슬러 올라가면 풍부한 영상자료를 구하기 어렵다는 현실적 제약이 사람들을 가로 막는다. 그래서 옛 선수들의 플레이는 사실의 영역에서 신화(神話)와 전설(傳說)의 영역으로 진화한다. 심지어는 카메라에 잡히지 않은 특별한 무언가를 자기 눈으로 지접 보았다며 회고담을 펼쳐놓는 팬들도 있다. 하기야 나폴리 시절의 마라도나에게 바치는 응원가 제목이 오 비스또 마라도나(나는 마라도나 봤다)가 아니었던가. 가사 내용도 '나는 봤다, 나는 봤다, 마라도나 봤다, 내 눈으로 봤다, 내 두 눈으로 봤다'였다.

메시는 2009-10 시즌에는 53경기 47골 14도움을 기록했다. (2002년 월드컵 득점왕인 호나우두의 바르셀로나 역대 한시즌 최다 골 기록과 동률. 메시가 기록한 골 가운데 페널티킥은 단 한 골이었다.) 2년 후 시즌에는 2011-12년 챔피언스 리그 8강 2차전에서 AC밀란을 상대로 2골을 넣으며 56골을 득점, 게르트 뮐러가 1972-73 시즌에 달성한 유럽축구 한 시즌 최다득점기록 55골을 돌파했다. 그 시즌에 매시는 무려 73골 29어시스트라는 경이적인 성적을 올리며 유럽 역사상 한 시즌 공격포인트 100골 이상을 기록한 최초의 축구선수로 영원히 사라지지 않을 불멸의 이름을 남겼다.

호날두도 메시와 엎치락뒤치락하며 스페인리그 프리메라 리가 득점왕 타이틀을 놓고 경쟁했다. 경기당 한 골 이상을 득점하는 경이의 결정력은 게임 속 가상현실인 위닝일레븐이나 피파 2011에서라면 몰라도 현실 세계에서는 어떤 경우에든 실현 불가능한 꿈같은 일이었다. 앞서 얘기한 에우제비오나 브라질의 호나우두가 극성기에 스페인리그에서 거두었던 근접성적을 제외하면. (1996-97 시즌 바르셀로나 소속으로 37경기 출전, 34골 득점. 유럽대항전까지 포함하면 47골 득점) 메시와 호날두의 득점왕 경쟁은 말하자면 타격왕 타이틀을 놓고 그것도 두 선수가 타율 0.450 언저리에서 경쟁을 펼치고 있는 말도 안 되는 일이 지금 우리 눈앞에서 실시간으로 펼쳐지고 있는 것과 마찬가지다.

메시의 드리블은 특별하다. 황선홍 포항 감독은 '메시는 달려가면서 스피드를 줄이지 않고 발목을 이용해 공의 방향을 바꾼다. 그래서 수시로 예측이 불가능한 움직임이 나온다. 막을래야 막을 방법이 없는 것'이라고 평했다. 뛰어가는 방향과 상관없이 공중에서 발목을 비틀어 공을 제어하기가 얼마나 어려운 동작인지는 독자 여러분들께서 직접 실험해 보시기를. 그건 마치 한 손으로는 탁구를 치고 다른 한 손으로는 배드민턴 셔틀콕을 날리는 것과 마찬가지다. 수비수들이 잔뜩 우거진 밀림, 슛은 고사하고 패스하기도 여의치 않은 지점에서 메시가 빠른 슛을 날리고 득점에 성공하는 배경이 여기에 있다. 발목과 부드러운 허벅지 근육. 아주 미세한 틈만 보이면 메시는 자기 혼자만의 힘으로 공간을 창조한다. 백스윙 없이도 공에 엄청난 힘을 실어 보내는 건 아무나 구사할 수 있는 테크닉이 아니다. 그리고 칩 슛. 골키퍼의 머리 위를 넘겨 부드럽게 날아가는 칩 슛은 축구의 역설이다. '빠르고 강한 것이 우월한 것이다'라는 일반론을 넘어 '느리게 그러나 정확하게' 들이대는 우아한 비수(匕首). 그래서 팬들은 칩 슛이 포물선을 그리며 둥실 떠오를 때마다 숨이 멎는다. 메시가 날리는 칩 슛은 그가 쏘아대는 전체 슛 가운데 일부분에 불과하지만, 어쩌면 메시는 축구 역사상 칩 슛의 구사빈도가 가장 높은 선수일는지 모른다. 그래서 골키퍼가 괴로운 것이다. 좌우 뿐 아니라 머리 위도 방어를 해야 하기 때문이다. 주의력은 분산되고 빈틈은 더 커진다. 하나가 더 있다. 메시의 칩 슛은 품질이 다르다. 일반적인 경우, 다른 선수들의 칩 슛 포물선이 그리는 정점은 골키퍼의 뒤쪽 상공이다. 골키퍼의 키를 넘은 뒤 낙하 각도를 그다지 꺾지 않고 골로 향하는 경우가 대부분이라는 뜻이다. 하지만 메시의 칩 슛은 정점을 골키퍼의 머리 위 상공에 둔다. 그래서 메시의 칩 슛은 골대 앞에서 급격하게 떨어지는 경우가 많다. 폭포수처럼 직각에 가깝게 낙하하던 전성기 시절 최동원(崔東原)의 드롭커브! 그것은 정말로 독특한 재능이다. 그래서 말한다. 극한 상황에서도 당황하지 않고 발목을 이용해 공을 감아올려 손으로 던져 넣는 듯한 구질의 칩 슛을 구사한 사람은 지구상에서 단 둘, 메시와 마라도나 뿐이라고.

호날두의 드리블은 화려하다. 빠르다. 거침이 없다. 앞을 막아선 수비수를 상대로 헛다리짚기를 할 때도 그는 오케스트라 지휘자 같은 위풍당당한 풍모를 풍긴다. 메시가 아무도 모르는 지점으로 소리 없이 다가와 골을 성공시킨다면, 호날두는 누구나 예상할 수 있는 곳에서 아무도 예측하지 못할 구질과 스피드의 슛으로 고지를 함락한다. 메시에게 발목이 있다면 호날두에겐 스피드와 순발력이 있다. 페널티 박스 바로 바깥, 수비가 공을 처리할 공간을 압박하며 들어온다. 이제는 패스할 시공간이 다 없어졌다…고 생각할 즈음 호날두는 전후좌우를 살피고 발바닥으로 공을 50cm정도 밀어 놓는다. 그리고 그렇게 스스로 만든 공간을 활용하여 슛을 날리거나 패스를 연결한다. 그 연결동작은 전광석화처럼 이루어진다. 깃털 옷을 입고 달리는 신선의 형상이 저러했을까. 그리고 그의 발명품 무회전 프리킥. 직선강타나 회전구 슛이 더 멀리 더 빨리 나간다는 정설을 배반한 축구사의 작은 혁명. 1982년 OB베어스의 박철순(朴哲淳)이 이 땅에 처음 본격적으로 선을 보였던 무회전 너클볼의 원리가 축구로 건너 간 동화 같은 실례. 빨랫줄처럼 날아가던 축구공이 골키퍼 앞에서 예측불허 무정형의 움직임을 보이며 마구 흔들리는 불가사의한 경험.

호날두가 조훈현이라면 메시는 이창호다. 메시는 김태식(金泰式)이고 호날두는 박찬희(朴贊希)다. 그러나, 이 둘이 정말 역대 최고일는지는 한 번만 숨을 고르고 찬찬히 그들의 플레이를 하나하나 따지고 살펴보아야 한다. 이 둘은 프리메라 리가(호날두의 경우는 EPL까지)에서 이미 전설이 되었지만, 유럽선수권 대회나 월드컵에서 아직 우승컵을 들어 올리지 못했다. 또 다른 지적도 있다. 스페인리그가 세계 최고 수준의 리그 가운데 하나라는 사실에는 의심의 여지가 없다. 하지만 전문가들이 이구동성으로 꼽는 구조적 취약점이 있다. 잉글랜드나 이탈리아에 비해 상위 팀들과 하위 팀들 간의 실력차가 상대적으로 크다는 점이다.

세대 간의 논쟁이 붙으면 올드팬들은 펠레와 마라도나의 신기(神技)를 극찬하면서, '거기에 비하면 메시와 호날두는 평범함을 좀 멀리 벗어난 수준이지 시대를 뛰어넘는 천재는 아니다'라고 이야기한다. 젊은 팬들은 바로 반격에 나선다. '펠레와 마라도나 시대는 공격수와 수비수들이 자신의 영역을 지키며 플레이하던 목가주의(牧歌主義) 시대이며 그만큼 선수들 간의 거리가 떨어져 있었다, 따라서 묘기에 가까운 플레이가 요즘보다 더 자주 나올 수 있었던 것이다, 현대 축구는 컴팩트 축구이며 예전에 비해 더 빠르고 격렬하고 몸싸움이 심하다'고 역공한다. 경기 스타일 상 현대 축구가 공격수들에게 보다 더 불리한 상황인 것은 맞다. 하지만 현대의 축구 선수들은 보다 나은 의료진과 장비의 도움을 받는다. 30대 중반을 넘어서도 선수 생활을 계속할 수 있다는 건 30년 전만 해도 상상하기 어려운 일이었다. 미세한 신체 기능 저하에도 즉각적으로 반응하며 가장 효율적인 방식으로 운동능력을 유지하도록 도와주는 의료기술의 발전은 축구에서 정신력의 비중을 줄이고 과학의 중요성을 증대시켰다. 50년대는(펠레는 58년 스웨덴 월드컵 우승 멤버다) 축구화 무게가 거의 1kg에 육박하던 시절이다. 지금 기준으로는 양발에 족쇄를 달고 뛰는 것이나 마찬가지다. 경기복이나 정강이 보호대까지를 포함하면, 장비가 선수들에게 가하는 물리적 제약은 지금 선수들이 상상하는 것 그 이상이었을 터이다. 그래서 말한다. 목가적 스타일의 축구는 컴팩트 축구를 구사할 능력이 떨어졌기에 출현했던 축구가 아니다. 여건과 상황에 맞춰 진화하고 성장했던 당대 최신의 스타일이었던 것이다.

규칙도 그렇다. 66년 월드컵까지는 선수교체 제도가 없었다. 다리가 부러지든 코뼈가 주저앉든, 경기장 밖으로 실려 나가거나 끝까지 뛰거나 이 둘 말고는 선택의 여지가 없었다. 당대의 관념을 기준하면, 축구 선수들은 전장(戰場)에 나간 병사(兵士)와 같았기에 어떻게든 자신의 임무를 완수하는 것이 미덕이라고 관중들도 선수 자신도 굳게 믿던 시대다. 앞서 말한 54년 결승전, 푸스카스는 발목과 종아리 부상이 심각한 상태였다. 그의 기용을 두고 헝가리 감독은 당일 아침까지 마음을 정하지 못했다. 교체선수 제도가 있어 푸스카스를 벤치에서 쉬게 하고 마지막 15분에 투입하는 작전을 짰더라면 그 날의 승부는 달라졌을 것이다. 66년 월드컵 북한이 이탈리아를 1-0으로 물리친 신화도 마찬가지다. 전반 34분 백태클을 시도하던 이탈리아 수비수 불가렐리가 무릎 골절로 실려 나가 상당시간을 11대 10으로 경기한 것이 북한 승리의 원동력이다. (물론 이 상황은 백태클을 시도한 불가렐리의 파울이다. 상대방의 무릎 위로 넘어진 북한 선수에게는 고의성이 없었다. 그리고 모든 것을 떠나 당시의 북한은 세계 정상급의 경기력을 보유하고 있었다.) 심판들도 어지간한 파울에는 휘슬을 불지 않았다. 지금이야 한 경기에 수 십 대의 카메라가 따라붙고, 심판들이 미처 잡아내지 못한 파울들도 사후(事後)에 발각되어 징계위에 회부되는 시대지만 과거의 선수들은 제도로부터도 심판으로부터도 충분한 보호를 받지 못했다. '선수보호'라는 관념이 그만큼 희박했다는 이야기다.

사람들은 흔히 디에고 마라도나와 리오넬 메시를 비교한다. 둘 다 단신이며 아르헨티나 사람이고 바르셀로나 선수로 활약한 적이 있으며 2010년 월드컵에서 감독과 선수로 한 팀을 이뤘으니까. 하지만 메시는 단언컨대 아직은 마라도나의 업적을 넘어서지 못했다. 메시는 늘 지구방위대 바르셀로나의 뛰어난 동료들로부터 도움을 받는다. 마라도나는 약간의 과장을 보태서 말하자면, '축구는 열 한 명이 하는 운동이지만 때로는 혼자서 모든 것을 다 할 수도 있다'는 것을 보여준 아직까지는 유일한 축구선수다. 마라도나는 20대 초반 보카 주니어스에서 바르셀로나로 이적했다. 그리고 요즘은 상상조차 할 수 없는 거친 태클-백태클에 두 발 당상 플라잉 태클까지를 포함한-이 난무하는 속에서도 바르셀로나의 중심으로 우뚝 섰다. 하지만 시즌의 상당 부분을 부상 때문에 벤치에서 보내야 했던 것도 사실이다. 고통으로 일그러진 표정의 마라도나가 의료진의 양 어깨에 매달려 두 발을 들어 올린 채 경기장 밖으로 실려 나가는 광경은 스페인리그의 일상적 풍경이었다. 마라도나에 대한 악의적 태클은 월드컵이라고 예외가 아니었다. 82년 스페인 월드컵 브라질과의 2차리그 두 번째 경기, 스코어는 0-3으로 뒤진 상황, 상대의 반칙성 밀착마크를 견디다 못한 마라도나는 무릎을 들어 수비수 바티스타의 허벅지를 찍어 레드카드를 받는다. 21살 떠오르는 스타의 첫 번째 월드컵은 이토록 허망하게 막을 내렸다.

4년 후 86년 멕시코 월드컵에서 마라도나는 이제껏 어느 누구도 보여주지 못했던 공전절후(空前絕後)의 공연을 선보였다. 매 순간이 그야말로 묘기 대행진이었다. 모두들 잉글랜드와의 경기에서 그가 보여준, 경기장의 절반을 가로지르며 무려 8명의 수비수를 제치고 집어넣은 환상의 단독드리블 골을 이야기 하지만, 준결승 벨기에 전 페널티 박스 안에서만 다섯 명의 수비수를 제치며 우겨넣었던 또 다른 인디비듀얼 골과 예선리그 불가리아 전에서 발다노를 향해 날린 크로스 어시스트도 잊지 못한다. 옆에서 잡은 카메라는 정상적으로 비행하다 문전으로 쇄도하는 발다노의 머리를 향해 자석처럼 정확하게 휘어지는, 마라도나 올려준 크로스의 거짓말 같은 궤적을 생생하게 보여준다. 그것은 마라도나 일인(一人)에 의한, 일인을 위한, 일인의 월드컵이었다.

월드컵이 끝나고 마라도나는 이탈리아의 남부도시 나폴리로 날아갔다. 그리고 1986/87 시즌, 그곳에서 나폴리 최초인 78년 만의 리그 우승을 견인하며 역사를 새로 썼다. 지금도 마찬가지지만, 당시 이탈리아 수비수들의 경기력은 세계 최고 수준이었다. 그들은 상대방 공격수를 그야말로 물리적으로 봉쇄했고, 때로는 신체적 상해까지를 야기하던 두려움과 존경의 대상이었다. 마라도나는 나폴리에서 브라질 대표 카레카나 훗날 이탈리아 국가대표가 되는 사르데냐의 왕자 장 프랑코 졸라의 도움을 받기는 했다. 하지만 메시를 보좌하는 조연들에 비하면 마라도나 주변에는 인재들이 없었다. 불과 열 두 척의 배로 거대한 왜적의 선단에 맞서야 했던 충무공(忠武公)의 심정이 그렇지 않았을까. 마라도나가 입단했던 1984년 당시의 나폴리는 강등권 언저리의 팀이었다. 마라도나는 나폴리를 이탈리아 리그 2연패, UEFA컵 우승 팀으로 만들었다. 마라도나 이후, 나폴리는 단 한 번도 우승을 기록한 적이 없다. 팀의 역사가 마라도나 이전과 마라도나 시대, 그리고 마라도나 이후로 확연히 갈리는 것이다. 이것이 소생이 '아직까지는' 마라도나가 메시보다 위대한 선수라고 생각하는 소이연(所以然)이다. 이것이 필자 혼자만의 견해는 아니리라. K리그에 무한한 애정을 가지고 있는 영국인 축구 칼럼니스트 존 듀어든도 비슷한 말을 했다.

"메시는 바르셀로나라는 기계 속에서 움직인다. 정교한 기계 속에서 가끔씩 예술적 움직임을 보여주기도 한다. 하지만 마라도나는 오합지졸 속에서도 환상적인 축구를 했다. … 만약 메시가 더 약한 팀으로 가서 소속 팀을 국내외 대회에서 정상으로 이끌 수 있다면 그는 위대한 선수의 반열에 오를 수 있을 것이다. 위대한 팀으로 가서 계속 성공을 거둘 수 있도록 돕는 건 아무나 할 수 있는 일이지만 (아, 물론, 그것도 아무나 할 수 있는 건 아니지만), 소속 팀을 한 단계 위로 올려놓는 건 완전히 다른 문제다. 그게 바로 마라도나가 해냈던 일이다."

자, 논쟁은 이쯤에서 그만두고, 여기서 필자의 변명을 한자락

깔아놓기로 하자. 기억은 편집이며, 바로 그러한 까닭에 소생의 소년 시대와 청년 시대를 관통했던 마라도나에게 아무래도 가산점을 더 줄 수밖에 없다고. 그러나 그의 플레이는 정말로 비교대상을 찾을 수 없는 위대한 움직임이었던 것도 사실이라고. 마약과 방종으로 그의 선수생활 말년이 이지러진 건 크나큰 유감이다. 어린 시절 마약퇴치 홍보대사로 공익광고까지 찍었던 마라도나가 마약 상습 환자로 수 년 간 병원을 들락거린 건 그를 위해서나 축구를 위해서나 안타까운 일이다. 2010년 남아공 월드컵, 상대팀 감독석에 앉은, 전성기보다 세 배 쯤 불어난 몸을 한 마라도나를 보며 온갖 복합적인 감정이 솟구쳤던 건 필자 혼자만의 감상이었을까. 그래서 말한다. 메시와 호날두는 젊다. 시간은 언제나 젊은 세대들의 편이다. 그들의 재능이 더 길게 더 넓게 피어나고 뻗어나기를. 그리고, 필자의 '선택되고 편집된 기억'을 뛰어넘어, 두 사람 모두 역대 세계 최고 축구선수가 되어주기를. 그만한 재능을 실시간으로 감상하는 건 축구 팬이 누릴 수 있는 최고의 축복 가운데 하나다.

논어에 나온다. 예로부터 천상탄(川上歎)이라 불렸던 유명한 구절이다.

子在川上 曰 逝者如斯夫! 不舍晝夜.(子罕/16)

자재천상 왈 서자여사부! 불사주야

해석) 선생님께서는 냇물을 굽어보시며 말씀하셨다.

"나아가는 자는 이와 같구나! 밤낮으로 그치지 않는다."

서(逝)는 가다[往, 行]의 뜻인데, 여기서는 배움을 통해 자신을 끊임없이 바꾸어 나가는 것을 말한다. 사(舍)는 '머무르다, 그만두다'라는 뜻이다. 불사(不舍)는 즉 불식(不息), 그치지 않고 부단히 노력한다는 뜻이다. 부단한 노력만이 세계 일류들을 만든다.

끝으로 사족 하나. 자기가 찬 코너킥을 자기가 헤딩으로 넣으면 노 골이다. 프리킥이든 페널티킥이든 코너킥이든 리터치는 반칙이다. 그래서 골키퍼가 막은 페널티킥을 키커가 다시 차 넣으면 득점이지만, 골대 맞고 나온 공을 차면 그 자체로 반칙이 된다. 그런데 왜 축구선수 출신의 아실만한 분이 그렇게 이야기를 하셨느냐고? 문자 그대로 '직접 겪으신 일'이 아닌가. 말했잖아요, 기억은 선택이자 편집이라니까요.

2

논어로 푸는 한국 축구사

대한민국의 사상 첫 A 매치 상대
– 멕시코 이야기

한국 시간 2014년 1월 30일 오전 11시에 미국 텍사스주 샌안토니오 알라모돔에서 멕시코와의 평가전이 열렸다. (한국 0–4 패) 멕시코는 한국축구사와 영원히 함께 하는, 잊지 못할 이름이다. 대한민국 국가대표팀의 FIFA 공인 제1호 경기의 상대국이었기 때문이다.

1948년 벽두, 아직 정부 수립 전이었지만, 체육계는 올림픽 참가의 열망으로 끓어올랐다. 미 군정청(軍政廳)과 협의해서, 참가비 마련을 위한 특별복권을 발행할 정도였다. 한국은 올림픽위원회(IOC)와 국제축구연맹(FIFA)에도 정식으로 가입했다. 드디어 열린 사상 최초의 국가대표 선발전. 동년 3월 20일부터 24일까지, 당시 국내 최강이던 조선전업(朝鮮電業), 인천조우(仁川朝友), 연희대학, 고려대학, 동국대학 등 5개 팀이 풀리그로 선발전을 치러 일단 45

명을 선발하고, 교통편이 여의치 않아 대회에 나설 수 없었던 지방 선수 일곱 명을 추가로 뽑았다. 4월 13일, 이들 53명을 다시 홍(紅)황(黃)청(靑)백(白)의 네 팀으로 나눠 경기를 갖고 26명을 추린 후, 홍백팀 최종 선발전을 거쳐 5월 15일 16명의 역사적인 대한민국 첫 대표팀 명단을 확정했다. 경기가 열린 곳은 지금은 사라진 서울운동장이다.

최종 명단을 발표하자마자, 축구계 안팎에서 불평과 불만이 곧바로 터져 나왔다. 문제의 핵심은 하나다. 예우(禮遇)냐 실력(實力)이냐. 그 동안 축구발전을 위해 헌신한 노장들에게 '마지막 기회'를 주는 것이 먼저냐, 아니면 젊고 활력이 넘치는 신진기예(新進氣銳)들을 중용하는 것이 옳으냐. 1936년부터 42년까지, 38명의 우리 선수가 일본 축구대표팀에서 활약했다. 김용식(金容植)은 7년 동안 단 한 번도 탈락하지 않았고 이유형(李裕瀅)과 배종호(裵宗鎬)는 37년부터 붙박이 일본 대표선수였다. 김용식은 36년 베를린 올림픽에도 출전, 일본이 1회전에서 스웨덴을 3-2로 물리칠 때 한 골을 넣고 한 골을 어시스트한 기록이 있다. (8강전 이탈리아 전은 일본이 0-8로 패배) 21세기에도 노장을 우대할 것이냐 젊은 선수들로 팀을 리빌딩할 것이냐는 매년 겨울 모든 프로팀들이 겪는 성장통(成長痛)이다. 하물며, 역사상 처음으로 태극마크를 다는, 그것도 올림픽이라는 큰 무대에 나서는 길임에랴. 대한민국 축구대표팀은 이러한 내분으로 합숙훈련도 제대로 하지 못했다. 갈등이 가라앉지 않자 체육회는 '건강 상 장기여행에 무리가 있다'는 이유를 내세워 출발 직전 박정휘(朴廷徽) 감독의 출국을 막는다. 일종의 극약처방이었다.

어쨌거나 올림픽 출전은 결정되었고, 중간 기착지 홍콩에서 홍콩 선발을 5-1로 물리친 경기가 대한민국 대표팀이 우여곡절 끝에 가졌던 첫 경기다. '제1호 A 매치'는 1948년 8월 2일 런던에서 열린 올림픽 축구 1회전이다. 그 역사적인 승부에서 한국은 배종호, 김용식, 정남식의 연속 골로 중남미의 강호 멕시코를 5-3으로 물리친다. 멕세코는 거의 이 멤버 그대로 출전한 1950년 브라질 월드컵에서 브라질(0-4패), 유고슬라비아(1-4패), 스위스(1-2패)에게 3패를 당하며 물러서기는 했지만, 내용상으로는 대등한 경기를 펼쳤을 만큼 세계 축구계의 실력자로 통했다. 이런 팀을 신생국 한국이 '기술축구'로 격파하자 FIFA관계자들은 경악했다. 하지만, 한국의 돌풍은 '거기까지'였다. 8월 5일 스웨덴과의 8강전에서 한국은 0-12로 대패했다. 아직도 깨지지 않는, 한국축구 사상 역대 최다 점수 차 패전 기록이다. 폭우가 쏟아져 끈적끈적해진 잔디밭이 발목을 잡아당겼고, 물이 먹어 무거워진 공과 축구화는 상대적으로 건장한 북유럽선수들에게 상당히 유리한 환경을 조성한 것이 이유라지만, 축구에서 열 두 골 차 패배라니. 스웨덴은 이 대회 우승팀이다. 1회전에서 오스트리아를 3-0으로 이긴 스웨덴은 한국을 꺾고, 준결승 상대 덴마크를 4-2로 물리치고, 8월 13일 축구의 성지

(聖地) 웸블리 스타디움에서 열린 결승에서 유고슬라비아를 3-1로 격파한 뒤 금메달을 목에 건다.

대한한국의 사상 첫 경기는 노장(老將)들의 분전으로 '질 것이라던 경기'를 뒤집었고, 2호 경기는 노장들의 '체력문제'가 적나라하게 문제점을 드러내며 대패로 막을 내렸다. 이것이야말로, 누가 옳았고 누가 글렀는지를 가려내기가 쉽지 않은 결과가 아닌가. 아무튼, 후유증은 적지 않았다. 런던 올림픽 직전 축구협회 임원진이 총사퇴했고, 대표팀이 서울을 출발해서 런던으로 향하던 무렵엔 현효섭(玄孝燮)이라는 축구인이 대학생이던 10명의 젊은 대표급 선수들을 꼬드겨 집단으로 월북했다. 런던에서 돌아온 대한민국 대표팀이 다음 '공식경기'를 치른 시점은 그래서 1949년 1월 1일이다. 홍콩 원정으로 치러진 경기에서 홈팀 홍콩에게 5-2로 승리. 요즘음도 FIFA는 전쟁 중인 나라의 홈경기 개최권을 유보한다. 안전문제 때문이다. 대한민국의 제1호 홈경기가 56년에야 비로소 열릴 수 있었던 사정이 여기에 있다. 4월 21일 서울, 상대국은 필리핀, 제1회 아시안컵 예선 3-0 승리. 처절하고 어려웠던 시절의 이야기다.

논어 위정(爲政) 편에 보인다.

溫故而知新 可以爲師矣.(爲政/11)

온고이지신 가이위사의

해석) 옛것을 되살려 새롭게 깨닫는다면 그것으로 스승을 삼을 수 있다.

여기서 온(溫)은 데우다, 그 의미를 되살린다는 뜻이다. 위사(爲師)는 '스승을 삼다'라는 뜻이다. 위 구절의 전통적인 해석은 '옛것을 되살려 새롭게 깨닫는다면 가히 남의 스승이 될 수 있다'이나 소생은 이수태의 해석을 따르기로 한다. 이수태는 "공자는 자기 향상의 메커니즘에 있어서 자기를 이끄는 제3의 존재로서 '스승'을 강조하지 않았다. 그것은 아마 배움에 있어서 그가 타율적 체계를 철저히 경계한 탓으로 보인다"라며 "이 단편을 스승의 조건으로 보는 전통적인 해석은 이 점에서 공자의 근본정신과 근본적으로 배치된다"고 말했다. '공자는 구체적 스승에게 배울 필요 없이 옛 일을 되살려 새롭게 깨닫는 것으로 스승을 삼아 배워갈 수 있음을 확신했다.'

그러고 보니 2014년 1월의 멕시코 전은 초롱이 이영표의 해설자 데뷔전이기도 했다. 2014 브라질 월드컵, 우리 대표팀과 신진 해설자의 행운을 빈다.

한국 대 페루, 42년 전의 옛 이야기
– 몇 단계 업그레이드한 한국축구의 위상

2013년 8월 14일 수원에서 열린 한국 대 페루 A매치(0-0무승부)를 보며 특이한 기록에 눈길이 머문다. 1971년 2월 10일 페루의 수도 리마에서 벌어진 양국 간 최초의 A매치 페루의 4-0승리. 그 옛날, 그 멀리까지 날아가 친선경기를? 그렇다. 1971년의 A매치에는 적지 않은 사연이 있다.

본격적으로 이야기를 풀어가기 전에 논어 옹야(雍也)편을 먼저 살펴보기로 하자.

子曰: 中人以上, 可以語上也, 中人以下, 不可以語上也.(雍也/21)
자왈 중인이상, 가이어상야, 중인이하, 불가이어상야.

해석)공자께서 말씀하셨다: 중급 이상의 사람에 대해서는 고차원적인 말을 해줄 수 있으나, 중급 이하의 사람에 대해서는 고차원적인 말을 해줄 수 없다.

공자는 여기서 사람의 학습단계에 따라 어떻게 도의 세계로 이끌지를 언급하고 있다. 어(語)는 '말해 주다, 고하다'라는 뜻이다. 이한우의 풀이를 보자. "여기서 중인(中人)이란 신분상의 중인이 아니라 도를 배우고 익히는 단계에서 볼 때 중간에 속하는 사람을 뜻한다고 봐야 한다. 즉 중급 이상의 사람한테는 높은 것(上)을 말로 해줄 수 있으나 그 이하의 사람한테는 높은 것을 말로 해주는 것이 불가능하다는 것이다. 말해 줘봤자 알아듣지 못하거나 엉뚱하게 알아듣고 예기치 못한 폐단을 낳을 수 있기 때문이다."

이한우는 이어 장경부(張敬夫)의 풀이를 덧붙인다. "성인(聖人)의 도는 정밀함[精]과 거침[粗]이 서로 분별함이 없으나 다만 가르침을 베푸는 것은 그 재질에 따라 돈독히 한다. 중인 이하의 자질은 갑자기 너무 높은 것을 말해 주면 그 말이 제대로 들어갈 수 없을 뿐만 아니라, 또한 장차 망녕된 뜻으로 등급을 뛰어넘어 자기 몸에 절실하지 못한 폐단이 있어서 또한 하등(下等)에 그치고 말 뿐이다. 그러므로 미칠 수 있는 바에 나아가 말해 주는 것이니, 이것이 바로 간절히 묻고(切問) 가까이 생각하여(近思) 점차 높고 먼 데로 나아가게 하는 것이다."

한 분의 풀이만 더 들어보기로 하자. 형병(邢昺)의 풀이는 정약용이 '정확하고 상세하며 명확해 경문의 뜻에 적중하므로 바꿀 수 없다'고 극찬한 명문(名文)이다. 역시 이한우의 번역이다.

"사람의 재주와 식견[才識]은 대체로 9단계이다. 상상(上上)은 성인(聖人)이고 하하(下下)는 우인(愚人)이니 이는 둘 다 바뀌기 힘든 사람이다. 상중(上中)에서 하중(下中) 사이의 7단계 사람들은 가르칠 수 있는 사람들이다. (여기서 공자가 말한) 중인(中人)은 제5등에 해당하는 중중(中中) 사람이며 중인 이상은 상중(上中) 상하(上下) 중상(中上)의 사람이다. 이들은 재주와 식견이 우수하고 넉넉하기 때문에 상지(上知)의 사람이 알고 있는 바를 말해 줄 수 있다. 그러나 중인 이하는 중하(中下) 하상(下上) 하중(下中)의 사람을 말하는데, 이들은 그 재주와 식견이 어둡고 모자라기 때문에 상지(上知)의 사람들이 알고 있는 바를 말해 줄 수 없다. 여기에 중인을 말한 것은 만약 중인의 재성(才性-재주와 성품)이 조금 우수하면 상지(上知)의 사람이 알고 있는 바를 말해 줄 수 있고, 재성이 조금 열등하면 상지(上知)의 사람이 알고 있는 바를 말해 줄 수 없으니, 이것이 상등으로 향상할 수도 있고 하등으로 격하할 수도 있다는 것이다."

참고로 덧붙이자면, 정일품(正一品)에서 구품(九品)에 이르는 조선시대의 관계(官階)가 바로 이 9단계설에 입각한 제도라는 점이다. 〈대장금〉에서 장금이가 의녀(醫女) 면접시험을 치를 때도 시험관들이 9단계설에 따라 채점을 하는 장면이 나온다.

여기서, 학습(學習), 즉 '배움'의 중요성을 한 번 더 짚고 넘어가 보자. 이수태의 견해다. "공자가 배움을 자기 향상을 위한 '효과적'인 수단으로 이해하고 있다는 사실을 주목할 필요가 있다. 일견 당연해 보이는 이 지적은 삶의 현장에 있어서는 결코 당연하지 않다. 많은 사람들은 자기 향상을 염원하고 있으면서도 그 효과적인 수단을 찾지 못한 채 일생을 살아간다.

심지어는 자기 향상이란 과연 가능한 것인가, 인간이란 결국 타고난 기량의 한계를 넘어서지 못하는 것이 아닌가, 따라서 배움이 사람을 궁극적으로 변화시켜 준다는 것은 실제로는 불가능에 가까운 일이 아닌가 하는 막연한 절망감에 사로잡혀 있는 경우가 많다. 바로 이러한 생각을 제자 염유가 피력했을 때 공자는 그러한 견해에 대해 아주 중요한 견해를 표명했다."

冉求曰 非不說子之道 力不足也 子曰 力不足者 中道而廢 今女畫. (雍也/12)

염구왈 비불열자지도 역부족야 자왈 역부족자 중도이폐 금여 획

해석) 제자 염구가 말했다. "선생님의 도를 좋아하지 않는 것은 아니나 힘이 부족합니다."

선생님께서 말씀하셨다. "힘이 부족한 자는 중도에서 포기하는데 지금 너는 스스로 한계를 긋고 있다."

다시 이수태의 설명이다. "공자는 모든 인간의 미흡한 상태를 소여(所與)가 아니라 하나의 선택이라고 생각했다. 과연 모든 인간의 불완전한 상태가 어쩔 수 없는 운명에 의해 주어진 것인가, 스스로에 의한 그때그때의 선택인가 하는 것은 객관적 해답을 가지고 있지 않다. 중요한 것은 인간의 현재 상태를 위대한 지향에 의해 조성된 의미망 속에서 재인식할 때 그것이 선택으로 인식된다는 사실이다. 아무런 지향이 없는 자에게 있어서 삶은 지루한 일상의 소여에 지나지 않는다. 모든 것을 자신의 선택으로 인식하면 스스로가 나아갈 수 있다는 것을 부인하는 인식은 설 자리가 없다. 배움에 관한 공자의 기본입장은 그것이 효과적인 수단이라는 점뿐만 아니라 사실상 '유일한' 수단이라는 점에 의하여 더욱 확고히 정초되어 있다. 태어나면서 아는 것을 사실상 부인하고, 배워서 아는 것을 도에 이르는 유일한 방법으로 이해한 공자는 논어에서 자그마치 네 번에 걸쳐 배우지 않고 단지 생각이나 경험에만 의존하는 것은 온당치 않다는 것을 강조했다. 앎은 본질적으로 정적인 것이 아니라 앎이 지속되는 전 기간에 걸쳐 작용하는 동적인 무엇이다. 배운다는 것은 결국 이 앎의 활동성을 구성하는 것이다. 배움이 그칠 때 앎도 동시에 그친다! 중요한 것은 나아가느냐 그치느냐 하는 것이다. 나아가는 한 모든 가능성이 함께 하고 그치는 한 모든 문은 닫힌다."

70년대 초라면 한국 축구가 세계의 변방이던 시절이다. 축구뿐 아니라, 아예 한국이라는 나라 자체가 국제무대에 존재감이 없던 시절이다. 그렇다면, 한국 축구의 경기력을 국제수준으로, 적어도 중급 이상으로 업그레이드하는 최선의 방안은 무엇인가. 고민과 장고 끝에 장덕진(張德鎭) 당시 대한축구협회 회장의 주도로 마련된 방안이 있다. 한국이 주최하는 국제축구대회를 만드는 것이었다. 이것이 71년 5월 제1회 대통령배 쟁탈 아시아 축구대회의 탄생 배경이다. 프로리그를 운영하자니 경제적 사회적 능력이 불비(不備)하고, 수준 높은 경기를 보고자 하는 대중적 욕망은 거대하고… 그래서 나온 해결책이 아시아 순회경기다. 주최국이 초청비를 대고 주변국 대표팀을 불러다 대회를 치르는 방식으로, 각국 대표팀이 아시아 여러 나라를 순회하는 것. 1957년부터 시작한 말레이시아의 메르데카, 1968년에 닻을 올린 태국의 킹스컵, 1970년에 1회 대회를 치른 인도네시아의 자카르타시 창립기념대회에 이어, 늘 떠돌이 같던 대한민국이 '드디어' '주인' 노릇을 할 수 있게 되었다는 감격. 한국, 말레이시아, 크메르, 태국, 버마, 인도네시아, 월남, 홍콩이 제1회 대통령배 참가팀의 면면이다. 멸망했거나 이름이 바뀐 나라가 이 중에 셋이나 되는 아득한 시절의 신화(神話)다. 버마는 미얀마로, 크메르는 캄보디아로 바뀌었고, 월남은 월맹에게 전쟁에서 패해 나라가 사라졌다. 말이 난 김에 덧붙이자면, 대한민국은 어렵게 유치했던 1970년 아시안게임을 '돈이 없어' 반납한 사실이 있다. 그때, 메인스타디움으로 사용하려고 대대적 개보수를 거치고 야간 조명탑을 설치했던 곳이 지금은 사라진 서울운동장(동대문 운동장)이다. 물론, 제1회 대통령배 국제축구대회의 전 경기, 16경기도 이곳에서 펼쳐졌다.

판을 벌였으니 망신을 당할 수는 없는 터. 그래서 나온 '족집게 단기속성과외' 방책이 국가대표팀의 남미원정이다. 71년 1월 13일에 출국해서 2월 21일에 돌아오는 머나먼 여행길. 여행은 고사하고, 공무(公務)로라도 외국에 나가는 일이 '특혜'이던 시절이다. 80년대 중반까지만 해도, 외국에 나가려면 귀국각서에 보증인의 재산세 납부증명서와 인감증명, 신원보증서에 이르기까지, 무려 70여 종의 서류를 구비해야 한 달이 넘는 심사를 거쳐 겨우 여권을 만들 수 있었다. '여권'을 가지고 있다는 것 자체가 '특수층'의 상징이던 시절이 있었다면 여러분들은 어떻게 생각하시는지? 그런데 한 달이 넘는 남미원정? 파격도 이런 파격이 없었다. 남미는 날씨가 따뜻할 터이고 하나같이 축구 강국이니 전력보강에는 최상책이리라…는 구상 하에 멕시코, 엘살바도르, 페루, 볼리비아, 브라질, 파라과이, 우루과이, 아르헨티나, 칠레 등 9개국을 순방하겠다는 야심찬 프로젝트는 그러나 아르헨티나, 브라질, 콜롬비아, 페루 등 4개국만 거치는 것으로 '현지수정'된다. 그래도 아시아에서 강호소리를 듣는 국가대표팀인데, 가기만 하면 연습경기 상대를 쉽게 구할 수 있겠지…라는 생각은 우리만의 착각이었다. 그래봐야 아마추어인 동양의 무명팀을 상대해 주려는 남미 프로구단은 거의 없었다. '대전료를 달라'는 저들의 요청도 우리에겐 생소했다. 게다가

‘연습장 임대료’까지? 프로의 세계는 기본적으로 ‘인정이 통하지 않는 비즈니스 무대’라는 인식이 우리에게 없었으니, 곳곳에서 문화적 충돌이 일어나는 건 어쩔 수 없는 일이었다. 인맥을 동원한 대한민국 외교관들의 활약으로 그나마 어렵게 성사된 경기가 모두 일곱 경기. 한국의 전적은 7전 1승 6패다.

1. 15 아르헨티나 U-23팀 1-3 패.(박수일)

2. 18 아르헨티나 청소년 선발 1-3패.(박수일)

3. 29 브라질 노로에스테 0-2패.

4. 31 브라질 코메르시알 2-3패. (박이천, 이회택)

5. 3 브라질 페로비아리아 1-3패.(김기효)

6. 10 페루 페루 대표팀 0-4패.

7. 15 콜롬비아 청소년선발 5-2승.(박이천2, 김기복, 이회택, 남대식)

아시아에선 천하무적이던 김호(金浩) 김정남(金正男)의 수비라인이 일곱 경기 연속 골을 허용했다는 명백한 수준 차이. 동양 제일의 수문장 이세연(李世淵)의 생애최고 다실점 기록인 넉 점 허용. 코메르시알 전 직후 이회택(李會澤)이 스카우트 제의를 받았다는 작은 위안. 페루와의 A매치는 페루 수도 리마의 국립경기장 만원관중 앞에서 격식을 갖춰 치른 ‘제대로 된’ 한 판 승부였다. 이 경기가 없었다면, 태극전사의 71년 남미원정의 품격은 적어도 서 너 단계가 낮아졌을 터이다. 그래서 감사한 마음이 드는 것이다. 2014 브라질 월드컵 아시아 5위팀과의 플레이오프를 염두에 둔 것이기는 하지만, 이번 A매치도 페루는 유럽파를 모두 불러 모아 최정예 멤버로 팀을 꾸렸다지 않는가. 남미 원정의 효과 때문이었을까, 한국은 태국을 1-0(박이천), 말레이시아를 5-1(정강지2, 박이천, 김기복, 정규풍), 크메르를 2-0(이회택2)으로 꺾고 준결승에 진출, 인도네시아를 3-0(정규풍2, 자책골)으로 물리친 뒤 5월 13일 결승에서 버마와 0-0, 이틀 후 재경기도 0-0으로 비기며 공동우승이라는 전과(戰果)를 올린다.

86년 5월 18일 LA에서 벌어졌던 페루 프로팀 알리 안시와 벌였던 우리 대표팀의 월드컵 마지막 수능이자 8년 만에 이뤄진 차붐의 대표팀 복귀전 (2-0승. 차범근, 최순호) 이야기는 이 책의 뒤에서 펼쳐놓기로 한다. 대신, 88서울 올림픽 당시 우리의 가슴을 뜨겁게 달궜던, 잠실체육관을 눈물바다로 만든 여자 배구 결승전, 박만복 감독이 이끈 페루 여자 배구 대표팀의 분전과 은메달로 끝난 동화 같은 이야기를 덧붙이는 것으로 이 글을 마무리 하자.

페루와 한국의 인연
– 1988년 서울 올림픽 여자 배구

88 서울올림픽 여자배구. 한국은 일찌감치 8위로 주저앉았지만 결승전을 앞둔 한국인들의 가슴은 여전히 흥분과 설렘으로 요동치고 있었다. 결승에 오른 두 팀은 소련과 페루.

1948년 런던 올림픽에서 에드윈 바스케스 캄이라는 선수가 사격 금메달을 획득한 이래 페루는 그때까지 올림픽 금메달과의 인연을 만들지 못했다. 관중은 늘 약자를 응원하기 마련이라지만, 이날 한국 관중들이 페루에 보여준 응원은 구체적이고 뜨거운 애정을 녹여 넣은 양질의 함성이었다.

박만복(朴萬福). 일찍이 남미로 건너가 배구 불모지에서 팀을 일구고, 조국에서 열리는 올림픽에 다른 나라의 감독이 되어 돌아온 사나이. 성적이 좋지 않았다면 하나의 아름다운 미담으로 끝났겠지만, 예상 밖의 선전이 이어지면서 이 이야기는 신화로 격상했다.

올림픽을 앞두고 파란의 조짐이 보이기는 했다. 남미 선수권을 연이어 제패하고 장기간의 연마를 견딘 선수들만이 구사할 수 있다는 여러 가지 콤비네이션 플레이와 속공을 선보이며 절정의 배구 미학을 구현하자, 페루 국민들은 선수들 하나하나를 애칭으로 불러가며 성원을 보냈다.

쿠바가 불참 결정을 내리던 날 페루 선수들은 메달권 진입은 확실하다며 마음을 다잡았단다. 강력한 라이벌 하나가 사라졌던 것이다. 남은 상대는 늘 메달권에 진입하는 일본, 역대 올림픽 여자배구에서 2위 이하로는 밀려나 본 적이 없는 소련 그리고 신흥강호 중국. 그러나 1981년 세계선수권을 제패하고 1986년까지 정상에 군림했던 중국은 협회의 내분으로 인해 균열의 조짐을 보이고 있었다. 1987년 감독 후보 네 명이 텔레비전에 출연, 생방송으로 토론을 벌이다 피차간의 인신공격이 난무하는 지점까지 나갔던 것.

첫날 일본이 소련을 3-2로 잡았고, 3일 후 페루는 중국에게 마지막 세트를 9-14로 밀리며 벼랑으로 내몰렸다. 그러나 여기서 일곱 점 연속 득점의 속사포가 터지며 간단히 경기를 뒤집을 수 있으리라곤 선수들 자신도 미처 생각하지 못했으리라. 다음 경기 대 미국전도 비슷한 패턴으로 진행되었다. 두 세트를 먼저 내준 페루는 3세트부터 기력을 회복한다. 그리고 콤비플레이가 살아나며 고무공처럼 튀어 올라 3-2의 승리를 엮는다.

"행운은 우리 편이다. 다 진 경기를 두 번 연속해서 뒤집어 버리다니. 내친김에 끝까지 달려가 보자."

이제는 정말로 거칠 것이 없었다. 준결승전의 상대는 일본. 처음 두 세트를 15-9, 15-6으로 따낼 때만 해도 페루의 승리는 기정사실처럼 보였다. 그러나 역시 일본은 저력의 팀이었다. 3, 4세트를 6-15, 10-15로 따내며 페루 선수들을 꽁꽁 묶어버렸다. 거기가 신화의 종착역처럼 보였다. 그때였다. 한국 팬들의 열화와 같은 성원이 이어졌다. 페루 선수들은 혼을 담은 성원에 감응했다.

"우리 감독님을 동족 앞에서 망신시킬 수야 없는 일 아니겠어? 할 수 있는 높이까지 뛰어오르고 바닥에 몸을 던지며 상대의 스파이크를 막아내는 거다."

5세트 스코어는 15-13, 페루의 역전승. 실로 박빙의 대접전이었다. 그리고 마침내 대망의 결승전.

페루 시간으로 새벽 여섯시 반이었지만 전국을 통틀어 잠든 사람은 단 한 사람도 없었다 한다. 1세트 15-10, 2세트 15-12로 따내고, 페루는 3세트 중반까지 파죽의 기세로 밀고 나가며 12-6으로 내달린다. 세트 스코어 3-0의 스트레이트 승리로 나아가는 결승점이 눈앞에 보이자, 소련 감독 니콜라이 칼폴은 연속해서 작전타임을 걸며 페루 선수들의 리듬을 죽인다. 선수를 한꺼번에 세 명이나 바꾼 작전이 이날 승부의 전환점. 쫓는 자보다는 쫓기는 자의 심리가 더 불안한 것은 동서고금(東西古今)에 차이가 없다. 정상을 밟아본 경험이 있고 없고가 이런 대목에서 결정적인 변수로 작용하는 것이다.

페루는 소련이 도발한 심리전에 마음의 평정을 잃었다. 3세트 15-13으로 소련의 역전 성공. 4세트 초반 소련은 페루 진영을 유린하며 9-1로 달아나다 15-7로 산뜻하게 세트를 마무리한다. 마지막 세트는 6-0으로 소련의 리드. 그때였다. 오랜 꿈에서 깨어나듯 페루 선수들이 돌연 활기를 띠며 연속 득권(得權)과 득점을 거듭했다. 폭발적인 기세였다. 7-7. 외나무다리에서 만난 황야의 검객처럼 두 팀은 이후 한 점씩을 주고받으며 피 말리는 대접전을 펼치기 시작했다. 단 한 점만 더 따면 승리를 확정하는 고비를 피차간 여러 번 무위로 돌린 뒤 15-14로 페루의 리드. 그러나 이 아름다운 동화의 끝은 눈물로 막을 내린다. 소련의 3득점으로 스코어는 17-15. 세트 스코어 3-2로 소련의 승리였다.

소련의 마지막 공격이 페루 진영 한가운데 떨어지자 경기장에는 경건한 느낌마저 자아내는 적막이 가득 찬다. 승자고 패자고 할 것 없이 완전히 탈진한 양 팀 선수들 모두가 바닥에 흩어져 통곡 같은 울음을 토해내는 동안, 우리 의료진은 양 진영을 부지런히 오가며 선수 구호에 여념이 없었다. 시상식을 제시간에 맞춰 진행하는 것이 불가능할 정도였다.

한 시간쯤 지났을까, 아직도 자리를 지키고 있는 관중들을 향해 눈물 섞인 한국식 인사를 보내며 페루 선수들은 박만복 감독을 무동 태우고 몇 바퀴고 몇 바퀴고 체육관 바닥을 돌고 또 돌았다.

"그라치아스 페루비안(페루 국민 여러분 고맙습니다)"

박만복 감독은 흐르는 눈물을 닦지도 않고 연신 고맙다는 이야기를 하고 있었다.

페루 여자팀 만세, 그리고 그대들의 한국인 감독에게 축복 있을진저.

졸저, 〈올림픽의 숨은 이야기〉 중에서 인용

1974년 월드컵 예선,
2위 탈락의 아픈 추억

홍명보 코리아의 데뷔전 2013년 7월 20일 동아시안컵 대 호주전(0-0으로 비겼다). 상암경기장에 일찍 도착해 월드컵 기념관을 찾는다. 그리고, 한 장의 사진 앞에 발을 멈춘다. 한국 대표팀이 득점하는 장면이다. 승리의 환호보다는 패배의 아련함이 더 길다고 했던가, 이 사진을 찍은 이후의 상황을 아는 사람에겐 이만큼 가슴 아픈 이미지도 없다. 어쩌면, 한국 축구 역사상 가장 아쉬운 경기로 남을 일전(一戰).

1974년 서독 월드컵, 본선 진출 팀은 열여섯. 아시아와 오세아니아를 한데 묶어 배당된 티켓은 단 한 장. A그룹 7개국 각축전의 최종 승자는 한국이었다. 1973년 5월 28일, 최종전에서 난적 이스라엘을 1-0으로 물리친 결과다. 연장 후반 4분, 이스라엘 진영 왼편에서 쏘아올린 박영태(朴永泰)의 프리킥을 페널티박스 바깥에서 김호곤(金鎬坤)이 논스톱 발리슛으로 연결, 수비수 정강이뼈에 맞고 미세하게 꺾인 공이 크로스바를 퉁겼다. 관중석의 탄성이 탄식으로 변하는 바로 그 찰나, 19세 신인 공격수의 왼발슛 한 방이 모든 목소리를 함성으로 바꿔놓았다. 아아 차범근(車範根)!

아시아 B지역 승자는 이란을 잡고 올라온 호주였다. 홈 앤드 어웨이의 마지막 승부. 10월 28일 시드니 혈전을 한국은 0-0으로 버티는데 성공했다. 마침내 11월 10일 서울운동장(동대문 운동장). 킥오프 시간은 오후 세 시였다. 하지만, 한국의 사상 첫 월드컵 본선 진출을 직접 보고야 말겠다는 의지와 소망이 오전 열시에 이미 관중석을 가득 메웠다. 0℃에 가까운 초겨울의 쌀쌀한 날씨는 고려 대상이 아니었다. 민병대(閔丙大) 감독의 승부수는 차범근의 미드필더 기용. 변칙의 출발은 황홀했다. 전반 13분, 문전에서 좀 멀리 떨어진 크로스를 멀리 펀칭하러 나간 변호영(卞鎬映)보다 반 박자 빠르게 호주 공격수 아보니가 헤딩으로 연결, 포물선을 그리며 한국 골문으로 빨려 들어가던 공을 김호곤이 날아가는 공보다 먼저 뛰어가며 그야말로 마지막 순간에 헤딩으로 걷어내 위기모면. 바로 1분 후 위기 뒤의 찬스라는 속설을 증명하듯 우리의 득점이 터졌다. 호주 수비수 맨프레드의 엇나간 백패스를 골키퍼 프레이저가 가까스로 쳐내자 끝까지 공을 좇아간 김재한(金在漢)이 빈 골문을 향해 가볍게 툭 차 넣는 슛으로 1-0. 27분, 이번에는 호주 진영의 문전 혼전 중에 날린 고재욱(高在旭)의 오른발 강슛이 호주 수비수 두 사람의 발을 연이어 퉁기며 필사의 다이빙을 뚫고 골키퍼 왼쪽을 통과하며 네트를 출렁였다. 월드컵 기념관에 걸린 사진은 바로 이 장면을 골문 뒤에서 잡은 한 컷이다. 이제는 이겼다… '우리가 드디어 서독으로 간다!'고 생각했는데… 29분 왼쪽을 파고든 커란의 크로스를 볼제비츠가 달려가던 탄력 그대로 떠오르며 헤딩골로 연결하는 전형적인 영국식 득점으로 2-1. 후반 3분, 롱드로인에 이은 혼전 상황에서 레이 바르츠의 강타가 터지며 2-2. 이후 한국은 처절하게 밀렸다. 무수한 찬스를 허용했으되 골은 먹지 않았다. 최종스코어 2-2. 냉정히 말하자면, 비긴 것이 오히려 다행이다 싶을 정도였다. 어웨이 다득점 원칙이 적용되지 않던 시절이라 FIFA의 명령에 따라 일주일 뒤 제3국 홍콩에서 벌어진 플레이오프. 후반 25분 당시 스코틀랜드에서 뛰던 메케이의 롱슛이 우리 골키퍼 이세연(李世淵)의 두 팔 위를 통과하며 골문 구석으로 정확하게 날아들어 0-1. 우리의 꿈은 그렇게 스러져 갔다.

1974 월드컵 한국팀 예선성적

그룹 A-2 (대회장소: 서울운동장)

1973. 5. 19	한국 4 태국 0
	이스라엘 3 말레이시아 0
1973. 5. 21	이스라엘 6 태국 0
	한국 0 말레이시아 0

1973. 5. 23　말레이시아 2 태국 0

한국 0　이스라엘 0

이스라엘, 한국 다음 라운드 진출

1973. 5. 26　이스라엘 1　일본 0

한국 3　　홍콩 1

A그룹 승자결정전

1973. 5. 28　한국 1 이스라엘 0

아시아 최종예선 월드컵 참가팀 결정전

1973. 10. 28 (시드니) 호주 0　한국 0

1973. 11. 10 (서울)　한국 2　호주 2

1승1패 동률 플레이오프

1973. 11. 13 (홍콩)　호주 1　한국 0

호주 월드컵 본선기록(조4위 예선탈락)

1974. 6. 14　(함부르크) 동독 2 호주 0

1974. 6. 18　(함부르크) 서독 3 호주 0

1974. 6. 22　(베를린)　호주 0 칠레 0

〈논어〉 선진(先進/ 21) 편에 제자 자장(子張)이 선인(善人)의 도(道)에 대해 묻자 공자가 '발자취를 좇지 않고서는 또한 방 안으로 들어가지 못한다(不踐迹 亦不入於室: 불천적 역불입어실)'라고 답하는 구절이 있다. '선인(善人)'은 논어 전편에 걸쳐 다섯 번 나오는 표현인데, 문맥 상 단순히 착한 사람을 가리키는 것이 아니라 '성인(聖人)에 견줄 만한 완성도 높은 사람'을 뜻한다. 다음은 이수태의 풀이다. "스스로에 대한 과신, 앞선 사람들의 행적을 살펴 차근차근 자기 발전을 도모하지 않고 선인(善人)이라는 요원한 목표에 연연하여 손쉽게 그러한 목표에 도달해 보겠다는 과욕과 허황됨을 공자는 경고하고 있다. 선인에 대한 관심보다는 오히려 그 과정(迹)에 대해 관심을 기울일 것을 요구한 것이다."

비슷한 의미로, 선진(先進/ 14)에는 升堂入室(승당입실)이라는 말이 나온다. 마루에 올라야 방에 들어갈 수 있다는 뜻으로, 모든 일은 순서를 제대로 밟아야 한다는 의미다. 주자(朱子)는 이 말을 이렇게 풀이한다. 이한우의 번역을 재인용한다. "당에 오르고 방에 들어감은 도(道)에 들어가는 차례를 비유한 것이다. (이 일화의 주인공인 제자 자로(子路)의 학문이) 이미 정대(正大)하고 고명한 경지에 이르렀고, 다만 정미(精微)한 깊은 곳에 깊이 들어가지 못했을 뿐이니, 한 가지 일의 잘못으로 대번에 가벼이 대해서는 안 된다는 것을 말씀하신 것이다."

순서를 제대로 밟지 않은 성취는 한 순간에 얼마든지 무(無)로 화할 수 있다. 오늘날 한국 축구가 세계와 당당히 겨룰 수 있는 바탕은 앞서간 사람들의 분투(奮鬪) 덕분이다. 기를 쓰고 오르려 해도 또 오르려 해도 방 안으로는 들어가지 못하고 늘 문턱 바깥에서 좌절하던 애잔한 기억. 끝끝내 문을 열어주지 않던 월드컵 본선. 단 한 번만이라도 좋으니, 대한민국이 출전하는 월드컵 본선을 단 한 경기만이라도 볼 수 있다면 거기서 죽어도 여한이 없으리라 생각하던 수많은 소년들의 열망. 그래서 그 사진 앞을 떠날 수 없다. 몸을 풀러 경기장에 들어서는 태극전사를 성원하는 팬들이 함성이 상암벌이 떠나갈 듯 들려오는데도.

청소년 축구 대표팀과 군자들의 동료애

졌다. 졌지만 아름답다. 그래서 운다. 박수를 치면서 운다. 3-3으로 비기고 승부차기에서 패해 4강 진출이 좌절된 2013 터키 U-20 월드컵 이야기다. 축구에도 버저비터가 있는 줄 미처 몰랐다. 막판 극적으로 터진 동점골이나 역전골은 있었어도, 종료 3분 전, 그것도 연장전에서 농구처럼 골을 주고받는 광경이라니.

2013. 6. 21 대 쿠바 2-1 승

2013. 6. 24 대 포르투갈 2-2 무

2013. 6. 27 대 나이지리아 0-1 패

2013. 7. 3 16강전 대 콜롬비아 1-1 무승부 후 승부차기 8-7승

2013. 7. 7 8강전 대 이라크 3-3 무승부 후 승부차기 4-5 패

16강전 콜롬비아와의 경기에서 한국은 후반 추가시간 45+4분

에 동점골을 허용했다. 다 잡은 경기를 허무하게 날리나 싶었는데, 승부차기 끝에 고비를 넘어갔다. 이라크와의 경기도 극적이었다. 연장 후반 13분 이라크가 골을 넣고 3-2로 달아났을 때 경기는 그것으로 끝난 것처럼 보였다. 연장 후반 추가시간 15+2에 동점골이 터진 건 그야말로 기적이다. 결국 승리의 여신은 이라크의 손을 들어주었지만.

너무 극적이어서 만화 같았던 경기도 생각난다. 2005년 6월 15일 네덜란드 엠멘에서 열린 U-20 월드컵 조별리그 2차전 한국 대 나이지리아 전. 전반 18분 한 골을 내주며 끌려가던 대한민국은 후반 종료 1분을 남기고 박주영의 프리킥으로 극적인 동점골을 만들었다. 그리고, 후반 추가시간 45+2에, 박주영의 왼발슛을 골키퍼가 막아내자 달려들던 백지훈이 골 에어리어 왼쪽에서 역시 왼발슛으로 나이지리아의 골망을 갈랐다. 기적 같은 역전승이었다. 2013년의 대 이라크 전, 실전에서 이런 명장면을 다시 보게 될 줄을 어찌 알았으랴.

축구는 골이 많이 나지 않는 경기다. 펠레는 한 경기 다섯 골, 3-2를 '가장 재미있는 경우'로 꼽았다. 이른바 '펠레스코어'다. 그만큼 다득점 경기는 쉽게 보기 어렵다. 그래서 베팅 배당률을 정하는 전문가들은 여섯 골 이상 나는 경기를 별난 경기(odd score)라고 부른다. 한국 축구의 전진을 위해, '별난 경기'의 역사를 살펴보자.

단, 세 골 이상을 득점하고도 진 경우만 골라서. 다득점 대승의 경우는 그 예가 너무나 많기 때문에.

1978년 5월 20일부터 일주일 간 벌어진 제1회 재팬컵 축구대회. 첫 경기를 브라질 챔피언 팔메이라에게 0-1로 내준 한국의 두 번째 상대는 분데스리가 챔피언 보루시아 MG였다. 우승상금 10만 달러, 준우승 상금 5만 달러는 당시로서는 적지 않은 액수였기에, 참가팀 모두가 정예부대를 내보낸 진검승부. 77년 유럽 최우수선수 알란 시몬센(덴마크), 서독 대표팀 주전 레프트 윙 델하이가 출전한, 히로시마에서 열린 이 경기의 전반전 스코어는 0-4다. 김호곤, 최종덕(崔鍾德), 조영증(趙榮增), 박성화(朴成華)가 막아서고 김황호(金黃鎬)가 골문을 지킨 한국은 유럽 정상급 선수들의 2대1 패스에 속절없이 돌파를 허용했다. 한없이 밀리던 한국은 후반 중반 이후 진격의 대반격을 감행한다. 65분 차범근의 단독 드리블에 의한 25미터 오른발 롱슛으로 한 점 만회. 70분, 김호곤이 상대의 전진 패스를 인터셉트하고, 하프라인부터 치고나가 연결한 크로스를 김재한이 밀어넣어 2-4. 이 골은 한국 축구사에 기념비적인 골이다. 한국 축구 최초의 오버래핑에 의한 득점이기 때문이다. 당시만 해도, 수비는 세트피스 상황이 아닌 한 절대로 하프라인을 많이 넘어서면 안 되고, 공격수가 수비가담하는 것을 체력의 낭비라고 생각하던 시절이다. 차범근 감독은 소생과의 어느 저녁 자리에서 "우리 선수들은 팔메이라와의 경기에서 윙백이라는 걸 처음 봤다. 아, 저렇게 해도 축구가 되는구나, 싶더라. 촌사람이 서울 처음 와서 고층빌딩 보고 놀라는 심정이었다"고 털어놓은 바 있거니와, 김호곤의 이 플레이는 바로 윙 백이라는 걸 보고 접한 바로 다음 경기에서 '창조적 응용'을 통해 이 전술을 그대로 써먹은, '세계 최신유행을 따라간' 골인 것이다. 3분 후, 차범근이 얻어낸 페널티킥을 김호곤이 침착하게 성공시키며 3-4. 한국은 남은 시간 동안 일방적으로 보루시아MG를 밀어 붙였으나 끝내 동점골은 터지지 않았다. 94년 미국 월드컵, 0-3의 절망적인 상황에서 황선홍(黃善洪), 홍명보(洪明甫)의 연속골로 따라 붙으며 막판 25분간 상대를 자기 진영에 가둬놓고 일방적으로 밀어붙였던, 그러나 끝내 동점골은 터지지 않았던 대 독일 전이 이 경기의 복사판이다.

경기 후 라데크 보루시아MG 감독은 "우리가 이겼지만 이긴 것이 아니다. 내용 상 우리가 진 경기다. 그래서 유쾌하지 않다. 한국 팀 4번(조광래)과 15번(허정무)은 유럽에서 통할 실력이고 11번(차범근)은 유럽 정상급의 기량을 보유한 매우 뛰어난 선수다"라고 인터뷰했다. 누가 알았으랴. 훗날, 허정무(필립스 아인트호벤), 차범근(프랑크프르트)의 유럽 진출에 이 인터뷰 하나가 큰 역할을 하게 될 줄을. 한국 선수들에 대한 정보가 전혀 없던 유럽의 스카우터들이, '직접 보니 어떻드냐'고 라데크에게 자문을 구했다기에 하는 말이다.

1982년 7월 1일부터 8월 14일까지 싱가포르에서 벌어진 제23회 아시아 청소년축구선수권 대회 동부지역 예선. 첫 경기를 중국에 0-2로 내준 한국은 말레이시아, 홍콩, 싱가포르를 6-0, 6-1, 6-0으로 초토화시키며 준결승에 진출한다. 상대는 북한. 선취골 넣고, 동점골 역전골 먹고, 다시 두 골 득점하며 3-2로 뒤집었다가 3-5로 내 준 경기. 3-3에서 맞이한 북한의 코너킥 상황, 골키퍼 차징으로 보이는 애매한 몸싸움이 벌어진 가운데 원 바운드로 골문 중앙까지 이어진 공을 북한 공격수가 배로 밀어 넣어 결승골을 기록했다. 우리 측 MOM은 두 골을 기록한, '반 박자 빠른 슈팅'이 전매특허이던 이기근(李基根)이다. 동부지역 두 팀, 서부지역 두 팀이 모여 최종 예선을 치르고 그 중 1, 2위 팀이 두 장의 본선 티켓을 가져가는 제도 상 한국은 1983년 멕시코 U-20 월드컵에 갈 수 없었다. 그런데… 1982년 11월 19일부터 12월 4일까지 벌어진 제9회 뉴델리 아시안게임. 한국 대표팀은 이란, 일본에 연패하며 예선 탈락했는데, 문제는 북한이었다. 쿠웨이트와의 3, 4위전을 2-3으로 지고 나서 북한은 심판에게 격렬하게 항의했다. 항의만 한 것이 아니라 폭력을 행사했다. 선수들의 이단 옆차기가 난무하고 코치는 코너플래그를 뽑아 창검처럼 휘둘렀다. 선수들을 말리러 나가는 것처럼 보였던 본부 임원이 선수 교체 알림판으로 심판을 내리 찍은 것이 이 날 소동의 하이라이트다. 출동한 경찰들 사이로, 뼈마디가 부러지고 안면에 피를 흘린 채 엉금엉금 필사의 탈출을 감행하는 태국인 주심 피지트 씨의 처참한 사진. FIFA는 격노했다. AFC의 결의를 받아들여 2년 간 국제대회 출전 금지. 청소년 대회 동부지역 3위팀 한국이 북한의 자격을 계승했고, 한국 청소년 대표팀은 태국에서 거행된 최종예선에서 UAE를 4-0, 이라크를 2-1로 꺾고 중국과는 1-1로 비기며 아시아 챔피언 자격으로 멕시코 행 비행기를 탄다. 83년 청소년축구 세계 4강의 신화 뒤에는 이러한 우여곡절이 있었던 것이다.

1984년 4월 17일부터 29일까지 열린 LA 올림픽 최종 예선전. 그때는 월드컵만큼이나 올림픽도 머나 먼 험로였다. 64년 토쿄 올림픽 이후 20년 간 예선탈락. 아시아에 걸린 티켓은 석 장. 한국은 2승1무 동률인 채로 사우디아라비아와 A그룹 수위자리를 놓고 결전을 벌였다. 각 그룹 1위가 본선에 직행하고 남은 한 자리를 놓고 각 그룹 2위끼리 플레이오프를 벌이는 방식. 두 경기 중 한 경기만 이겨도 본선에 나가는 유리한 고지였다. 4월 24일 사우디 전, 초반은 한국의 페이스였다. 13분 수비수 전종선(全鐘善)의 롱 슛과 3분 후 최순호(崔淳鎬)의 어시스트를 받은 정해원(丁海遠)의 오른발 슛으로 2-0. 사우디의 개인돌파에 이은 득점과 다소 애매했던 심판 판정이 이어지며 페널티 킥 골을 허용하며 2-2. 정해원의 헤딩슛이 사우디 수비를 맞고 굴절되며 득점으로 이어지고 이길룡(李吉龍)이 또 한 골을 뽑아내며 분전했지만 최종 스코어는 5-4, 승자는 사우디였다. 한국은 적어도 명백한 페널티 킥 하나를 도둑맞았다. 이 경기의 뒷면의 우여곡절은… 1983년 9월, 박종환(朴鍾煥) 감독의 지도방식에 반발한 주축선수 다섯 명이 태릉선수촌을 이탈했다. 이태호, 변병주(邊炳柱), 최순호, 박경훈(朴景勳), 최인영(崔仁榮) 등 에이스 5인방. 협회의 결정은 자격정지 3년, 사실상의 선수자격 박탈이었다. 숙소가 그 근처였기 때문일까, 소생에게는 잠실중학교 운동장에서 기약 없는 개인훈련에 열중하던 최순호의 모습을 먼발치로 바라보며 안타까워하던 추억이 있다. 그 해 11월 1차 예선에서 한국은 83년 청소년 4강 멤버로 대표팀을 꾸렸다. 이것이 한국축구사상 평균연령 역대 최연소 대표팀이다. 더블리그 첫 경기를 피아퐁이 2골을 넣은 태국에게 1-2로 패하고, 중국에게 3-0으로 앞서다 3-3으로 비기고, 천신만고 끝에 최종전적 3승2무1패 조 2위 턱걸이로 최종예선 진출. 대 중국 전 3-2 상황에서 우리 수비수 하나가 쥐가 오른 동료를 돌보는 사이 동점골을 먹고, 태국 언론이 '한국이 세계 4강 멤버라는 건 청소년 수준에서 그렇다는 것'이라며 비판하자 대한축구협회는 베테랑 5인조의 징계를 푼다. 이들의 능력을 좀 더 활용할 수 있었다면 사우디 전 4-5 패배의 결과가 달라졌을까? 사우디에 지고 이라크와 벌인 마지막 경기, 전반 43분에 터진 롱 슛 한 방으로 0-1패. 올림픽의 꿈은 그렇게 끝났다. 한국 대표팀이 네 골이나 넣고도 진 경기는 아직까지는 이때의 사우디 전이 처음이자 마지막이다.

다시 2013년 U-20 월드컵 이야기로 돌이가 보자. 죄송하다, 팀보다 앞서는 개인은 없다, 이렇게 좋은 멤버와 다시 함께 할 수 없다니, 너무 안타깝다…는 젊은 선수들의 SNS 메시지가 심금을 울린다. 아쉬워 마라, 2016 리우 올림픽이 그대들을 기다린다.

논어(論語) 안연(顔淵/25) 편에 나온다.

"君子 以文會友 以友輔仁"

군자 이문회우 이우보인

해석) 군자는 서로 애쓰며 노력하는 것으로 친구를 사귀고 좋은 친구들과 더불어 어짊을 도모한다.

이 말을 축구에 적용하면 다음처럼 뜻풀이를 할 수 있지 않을까. 훌륭한 선수들은 서로 애쓰며 노력하는 것으로 동료 선수들과 어울리고, 그들과 더불어 세계 대회에서 좋은 성적을 올리기를 꿈꾼다. 2016년 브라질 리우올림픽은 23세 이하가 출전하는 대회다. 2013년 청소년 대회는 20세 이하가 참가하는 대회였다. 같은 연령대의 선수들이 다시 한 번 대회전(大會戰)을 펼치는 것이다. 그때 태극전사들이 우리들을 한 번 더 울려주기를. 그때는 2012년 런던 올림픽 동메달의 영광을 한 걸음 더 넘어설 수 있기를.

승부조작의
유령이 사라졌다

지하철 동영상 광고에 K리그가 걸려있다. 2013년 12월 1일에 있었던 울산 대 포항의 경기다. 포항의 막판 골 장면과 종료휘슬 장면, 그리고 포항의 골대 뒤에서 울산 진영을 잡은 씬. 90+5분에 김원일의 골이 터질 때 울산 골대 뒤편 포항의 응원단이 일제히 솟구치듯 튕겨 일어나는 장관. 감회가 새롭다. 년전에 소생이 모 신문에 기고했던 글이 생각나서다.

1.

시작하자마자 골키퍼가 상대 공격수와 충돌, 코뼈가 부러지며 교체. 흥분한 수비수가 파울을 거듭하다 전반 21분 경 경고 누적으로 퇴장. 감독은 수비에 치중하기 위해 최전방 공격수를 곧바로 수비수로 교체. 경기 며칠 후 이들 선수 세 명이 경찰에 신변보호를 요청한다. 사례비를 토하고 도박 원금까지를 덧붙여 갚아내라는 폭력조직의 협박을 견디지 못해서다. 2006년 이탈리아 축구계를 뒤흔든 승부조작 스캔들의 시발점이다. 조사 결과 명문 클럽의 단장, 선수, 심판, 에이전트, 도박조직, 폭력단체까지를 망라한 뿌리 깊은 유착관계가 모두 드러났다. 관련자의 형사처벌 이외에도 유벤투스는 우승박탈과 2부리그 강등이라는 처벌을 받았고 피오렌티나, 라치오, AC 밀란 등은 1부리그에 잔류했지만 8점에서 19점까지 벌점을 받았다.

스포츠의 미덕은 정직함이다. 재능 있는 개인이 인고의 세월을 견디며 주어진 규칙에 따라 자신을 단련하면 기록, 승리, 인기, 연봉 등 그에 상응하는 보상을 받는다는 원칙. 스포츠 세계에선 조작과 우연 연고주의나 외부압력 같은 불공정한 요소가 끼어들 틈이 없다, 적어도 중요변수는 아니다, 그래서 대중들은 스포츠 스타들을 동경한다, 라는 신화는 이렇게 무너졌다. 믿고 싶지 않은 사실이 현실로 드러나면 사람들은 격노한다. 이제는 아무도 이탈리아 축구리그를 세계 최고의 무대라고 인정하지 않는다.

2.

프로레슬링은 쇼다. 그래서 망했다. 누가 이 말을 했느냐는 중요치 않다. 실제로 그런 말을 했느냐도 관심 밖이다. 핵심은 사람들이 프로레슬링을 스포츠가 아니라 쇼라고 믿게 됐다는 사실이다. 경기 때마다 TV 생중계에 암표상이 따라붙고 대통령 영부인이 장안동 어귀에 연습용 체육관을 차려주던 시절, 승자가 링 위에서 대통령의 축하전화를 받던 시절의 이야기는 그저 흘러간 꿈속의 일화일 따름이다. 1970~80년대 인기절정을 구가했던 프로복싱도 판정시비와 가짜 도전자 사건이 연이어 터지면서 철저히 몰락했다.

승부의 진정성이 사라지면 그것은 더 이상 스포츠가 아니다. 조작과 우연, 연고주의나 외부압력 같은 불공정한 요소가 끼어들 틈이 없다는 믿음이 깨지면 팬들은 분노한다. 내 눈앞에서 벌어지는 승부가 진짜배기가 아니고 야바위에 불과하다는 것을 알고부터 대중은 더 이상 경기에 돈을 지불하지 않는다.

2011년 초에 프로축구 K리그가 시끄러웠다. 야구도 시즌 개막을 앞두고 모 구단의 에이스급 투수가 구속되는 등 논란의 불씨를 비켜가지 못했다. 프로배구 역시 현역선수 가운데 구속자가 나왔다. 2012년 5월 둘째 주에는 싱가포르 축구리그에 진출한 한국 선수 두 명이 현지 검찰에 체포되기도 했다. 모두 불법도박과 얽힌 승부조작 때문이다. 폭력조직에 매수된 선수들이 서로 짜고 경기를 했다는 의혹은 선수들 스스로가 돈을 걸고 내기를 했다는 지점까지 번졌다. 현역선수만 범죄에 가담한 것도 아니다. 한 번만 도와달라며, 같이 잘 살 수 있다며 은퇴한 선수들이 후배들에게 접근했다고 한다. 구단들도 비난의 화살을 피하기 어렵다. 몇 년 전부터 승부조작 징후를 감지하고 블랙리스트를 만들었으면서도 이를 공개하지 않았다. 연루자를 조용히 은퇴시키고 외국에 이적시키는 등 소문내지 않고 문제를 덮을 생각만 했다.

한국 축구계는 지금 사면초가(四面楚歌)다. 무엇보다 대체재와의 경쟁이 용이하지 않다. 프로야구는 금년 들어 평일경기 매진이라는 위업을 달성했다. '매진'은 경기의 상품적 가치가 다른 차원으로 진화했음을 알리는 지표다. 창원 · 대구 · 광주에 현대식 야구장이 신축되어 관람환경이 획기적으로 개선되면 축구와 야구의 간격이 더 벌어질지 모른다. 축구가 주요 인기종목에서 밀려나 비인기종목으로 전락할 수도 있다. 실시간으로 중계되는 유럽 각국의 축구리그나 메이저리그는 한국 프로스포츠의 경쟁자다. 현장에 직접 참여할 수 없는 아쉬움을 감수하고서라도, '진정한 승부'를 갈망하는 팬들은 언제라도 충성의 대상을 바꿀 수 있다.

이제 남은 방법은 하나다. 승부조작 관련자를 최후의 한 사람까지 찾아내야 한다. 그리고 단호한 대처를 통해 잘못을 저지르다 걸렸을 때 감수해야 하는 위험부담의 크기를 극대화해야 한다. 불법행위를 수지타산이 맞지 않는 장사로 만들면 검은손의 유혹과 잘못된 온정주의가 발붙일 공간이 사라질 것이다. 부상 위험에 늘 노출되어 있고 30대 초반이면 현역생활을 접어야 하는 직업적 속성이 선수들의 불안감을 자극하고 이것이 승부조작의 원인이라는 동정론도 있다. 하지만 이 세상에 모든 종사자들의 고용안정을 평생 보장하는 직업은 없다. 스포츠라고 예외는 아니다.

미국 메이저리그는 통산최다안타 1위(4,256개), 최다출장 1위(3,562경기)의 영웅 피트 로즈가 감독 시절 자기 팀이 지는 쪽에다 돈을 걸고 도박을 하자 야구계에서 영구추방했다. 이 정도의 단호함으로 칼날을 갈아 완벽하게 도려내지 않으면 암세포는 다시 살아나 조만간 한국 체육계 전체의 생명을 위협할 것이다. 한국 스포츠는 지금 백척간두(百尺竿頭)에 서 있는 바람 앞의 등불이다.

3.

그렇다면 왜 스포츠 도박이 끊이지 않는 것일까. 선수 한 명 당 억대의 돈을 건네고도 얼마든지 이익을 낼만큼 지하 도박 시장의 규모가 장난이 아니다. 국제범죄 조직이 해외에 사이트를 차려놓고 온라인을 통해 판을 벌린다. 첫 골 득점자, 첫 투구의 스트라이크나 볼 여부, 득점시간, 5세트 최종스코어 합계 등을 한 번에 모두 맞추면 일확천금을 벌 수 있다고 사람들을 유혹한다. 베팅 제한액수도 없다. 그렇게 돈을 끌어 모으고 매수한 선수들로 하여금 매우 드문 경우가 발생하도록 상황을 조작해 판돈을 챙겨간다.

스포츠맨 특유의 의리와 온정주의도 문제를 덧나게 한다. 부상으로 조기 은퇴했거나 무명으로 선수생활을 마감한 선배들이 폭력조직의 하수인이 되어 후배들을 유혹하는 경우도 있다고 들었다. 우리 모두 돈을 벌 수 있다고, 먹고 살기도 어려운데 부모님 수술비가 없어 괴로우니 눈 딱 감고 한 번만 도와달라며 옛정에 매달리는 것이다. 초중고 시절부터 합숙을 함께 하며 동고동락한 사이라 청탁을 무작정 뿌리치기는 쉬운 일이 아니다. 문제는, 폭력조직의 속성이다. 한 번 코를 꿰면 관련선수들은 죽을 때까지 어둠의 세계에서 빠져나오기 어렵다는 걸 알아야 한다.

4.

최근에 벌어진 스포츠 경기 조작 문제를 넓은 맥락에서 살펴보자. 이번 사태는 스포츠의 문제가 아니다. 도박의 문제다. 도박은 인류의 본성 가운데 하나다. 도전과 실험정신은 인류문명 발전의 핵심요소다. 하지만, 위험과 불이익을 감수해야 한다는 점에서 실험과 도전은 그 자체로 도박이다. 그러므로, 유전자 경쟁에서 살아남은 현생 인류는 모두 도박꾼의 후예일는지도 모른다. 도박의 중독성이 강한 이유가 여기에 있다. 도박을 없앨 수 없다면, 이제는 국가의 지속적 관리를 전제로 하는 체계적 도박정책의 수립을 검토해야 한다. 이번 사건은 우리나라의 도박수요가 공급을 현저히 초과했다는 뚜렷한 증명이다. 수요가 있는데 공급이 없다면 암시장의 등장은 필연적이다. 이상주의적 규제가 본디 의도와는 정반대로 불법범죄조직의 급성장을 부추긴다는 사실은 1930년대 미국 금주법(禁酒法)의 시행이 남긴 역사적 교훈이다. 마약의 창궐을 막는 것은 무작정 규제가 아니다. 알코올이나 니코틴 같은 저강도 약물은 합법적으로 유통시키고 고강도 약물은 철저히 단속하는 2중 정책이다. 도박도 마찬가지다. 우리 사회에는 복권과 경마를 빼면 저강도 도박의 공급이 거의 없는 편이다. 그렇다면, 사회적으로 용인 가능한 수준의 합법적 도박으로 무엇인지를 고민하는 동시에 불법 지하도박을 척결하는데 국가의 역량을 모아야 한다. 처벌의 수위를 최대치로 높이면 '불법행위로 얻는 기대이익'이 줄어들 터이다. 수지타산이 맞지 않는 장사를 거듭할 바보는 없기 때문이다. 당근과 채찍을 동시에 휘두르는 것. 그것이 도박으로 패가망신하는 사람들을 줄이고 사회적 낭비를 줄이는 현실적 대안이다.

*

이 글을 쓸 때는 한국축구계에 '승부조작'이라는 유령이 배회하고 있던 시절이다. 누가 어디까지 어떻게 관여했는지 몰라 모두가 전전긍긍(戰戰兢兢)하며 사태를 주시했다. 자칫하다간, 축구판 전체가 공멸할 수도 있다는 얘기도 퍼져나갔다. 그런데 2013년… 두 경기를 남기고 선두는 22승 7무 5패 승점 73점의 울산. 2위는 19승 11무 6패 승점 68점의 포항. 11월 27일 포항은 원정경기에서 서울을 3-1로 물리쳤고 울산은 부산 원정경기를 1-2로 역전패했다. 특히 89분에 파그너에게 허용한 마지막 골이 아쉬웠다. 부산은 어차피 5위 아니면 6위. 3위 팀에게 까지만 주어지는 ACL 출전권도 물 건너간 상태였지만 끝까지 최선을 다해 우승향방을 안개판도로 만들어 놓은 것이다. 울산의 연패와 포항의 막판 2연승이면 우승컵의 임자가 바뀔 수도 있다는 단 하나의 가능성을 '현실'로 마주하고 맞선 최종전. 역시 종료 직전의 골로 승부가 갈렸다. 이제, 한국 축구를 두고 '승부조작'을 운운하는 사람은 없다.

顏淵問仁 子曰克己復禮爲仁 一日克己復禮 天下歸仁焉 爲仁由己 而由人乎哉.

안연문인 자왈극기복례위인 일일극기복례 천하귀인언 위인유기 이유인호재

顏淵曰 聽問其目 子曰 非禮勿視 非禮勿聽 非禮勿言 非禮勿動. (顏淵/1)

안연왈 청문기목 자왈 비례물시 비례물청 비례물언 비례물동

해석) 안연(顏淵)이 인에 대하여 묻자 선생님께서 말씀하셨다.

"자신을 이겨내고 예를 되찾는 것이 어짊을 도모하는 것이다. 어느 하루 자신을 이겨내고 예를 되찾는다면 천하가 어짊에 돌아올 것이다. 어짊을 도모하는 것이 자기에게서 비롯되지 남에게서 비롯되겠느냐?"

안연이 말했다.

"그 세목을 묻고자 합니다."

선생님께서 말씀하셨다.

"예(禮)가 아니면 보지 말고 예가 아니면 듣지 말며 예가 아니면 말하지 말고 예가 아니면 움직이지 말아라."

저 유명한, 극기복례(克己復禮)의 원전(原典)이다. 극기복례는 자기 자신을 이겨내고 예를 되찾는 것이다. 기(己)는 사리사욕, 예(禮)는 하늘의 도리다. 이한우의 풀이다. "공자는 인(仁)을 행하는 것이 그만큼 어려운 일이기 때문에 '인을 행하는 것[爲仁]은 자기 자신에게서 비롯되는 것이지 어찌 남[人]에게서 비롯되겠는가'라고 말한다. 스스로와의 싸움에서 이겨야 비로소 예(禮)로 나아갈 수 있고, 그래야만 마침내 인(仁)을 행할 수 있다고 말한 것이다."

물(勿)은 무(無)나 비(非)에 비해 훨씬 강한 부정이다. '절대로' 하지 말아라 정도의 뜻을 지녔다고 보아 무리가 없다. 공자는, 사리사욕을 이겨내는 구체적인 실천방안을 제시하면서 왜 이토록 강렬한 표현을 선택한 것일까. 이한우의 번역으로 읽는 정약용의 풀이다. "예가 아닌 것을 보고 싶고 듣고 싶고 말하고 행동하고 싶어 하기 때문에 '예가 아니면 절대로 보지도, 듣지도, 말하지도, 움직이지도 말라'고 하였다. 처음에 만약 하고 싶지 않았다면 어떻게 '말라'고 했겠는가? '하고 싶다'는 것은 인심(人心)이 그것을 하고 싶은 것이며, '말라'는 것은 도심(道心)이 그것을 하지 말라는 것이다. 인심과 도심 둘이 맞대어 싸워서 말라[勿]는 것이 이기면 이를 극기(克己)라 하는 것이다."

사람은 누구나 유혹에 약하다. 유혹 앞에서 흔들리는 것이 인지상정(人之常情)이다. 오죽하면 아일랜드의 소설가 오스카 와일드

(Oscar Wild: 1854~1900)는 '나는 유혹 이외에 모든 것에 저항할 수 있다'는 말을 남겼겠는가. 중요한 점은, 축구계가 외부의 도움이나 강제력에 기대지 않고, 자신만의 힘으로, '승부조작'이라는 괴물을 사냥했다는 사실이다. 그것도, 징계나 처벌, 제명이 아니라 경기장에서, 정정당당한 승부와 극적인 골을 통해. 본질적 요소로 암적인 존재를 다스렸으니, 유령과 괴물은 이제 두 번 다시 한국축구계에 출몰하지 못할 것이다. 반드시 그래야 한다.

윤성효 '부적'과 미신 혹은 징크스
– 태극전사들이 불운에 우는 일만큼은 일어나지 않기를

2013년 4월 14일 벌어진 K리그 클래식 슈퍼매치. 축구 외적인 물건이 화제를 모았다. 승리를 부른다는 윤성효 부적이다. 수원 감독 시절의 공과(功過)에 대해서는 평가가 엇갈리지만, 누구도 부인 못하는 윤성효 감독의 업적이 있다. 7승1무1패라는 대 서울 전 슈퍼매치의 압도적 승률이다. 유일한 패전도 최용수 감독이 아니라 방가다 감독에게 당한 것이다. '윤성효 부적'은 2014년 K리그 개막 전에도 다시 등장하며 신통력(?)이 시들지 않았음을 증명했다.

부적은 이른바 탁기를 물리치고 마음을 정화한다는 주술적 도구다. 비과학적 미신의 산물인 부적이 승리를 부른다고 믿는 스포츠맨은 없다. 부적은 빅게임의 재미를 더하는 한낱 소품일 뿐이다. 다만, '그렇게라도 해서 무언가에 매달리고 싶은 간절한 마음'에 대해서는 많은 체육인들이 공감을 표한다. 왜? 스포츠가 갖는 속성 때문이다.

스포츠는 인간의 신체를 활용한다. 문제는, 인간의 몸이 기계만큼 정밀하지 않다는 사실이다. 상대방 문전까지 공을 연결하는 건 실력이지만, 골대에 맞은 공이 안으로 꺾여 득점이 되느냐 밖으로 튕겨 도루묵이 되느냐는 실력 밖의 영역처럼 보인다. 80년대 초반이던가, 월드시리즈 7차전이 역전 주자가 나가있는 상황에서 2루수 직선타로 경기가 끝난 적이 있다. 다음날, 사진 정밀판독을 거쳐 '공이 배트에 0.6mm만 위쪽으로 맞았어도 우승반지의 임자가 달라졌을 것'이라는 분석기사가 나왔다. 월드컵 무대에 자주 등장하는 '골 논쟁'도, 축구화에 공이 맞는 순간을 기준으로 하면 불과 2~3cm 차이로 천당과 지옥을 오가는 룰렛일터이다. 인간의 영역에서 최선을 다하되, 결과는 하늘이 정한다는 진인사대천명(盡人事待天命)은 그래서 스포츠맨들의 숙명인지도 모른다.

'적어도, 불운에 가로 막히는 일만은 없었으면 좋겠다.' 누구에게나 그런 속마음이 있기에, 월드컵에 출전하는 아프리카 팀들은 마법사와 주술사를 동반해서 선수들의 마음을 안정시킨다. 유럽에서는 심리상담사와 정신과 의사가 이 역할을 맡는다. 82년 스페인 월드컵, 대 프랑스 경기, 잉글랜드 팬들은 프랑스의 상징인 수탉의 고깃덩어리를 프랑스 골대 뒤로 투척하며 심리전을 펼쳤다.

2002년 월드컵 16강전에서 한국을 상대로 첫 골을 터뜨린 선수를 기억하시는지. 출세한 뒤 만든 재현드라마에서, 크리스티안 비에리는 2부, 3부리그 약팀을 전전하던 시절 주술사의 충고에 따라 가죽공을 찢어 연습장의 한 가운데 파묻는 의식을 행한 적이 있다고 고백했다. 1990/91 시즌부터 94/95년까지 토리노 칼초, 피사, 라벤나, AC 베네치아 같은 팀들을 떠돌 때의 에피소드다. 이길 때 입었던 속옷은 질 때까지 갈아입지 않거나, 경기 당일은 바닥에 떨어진 물건을 절대로 줍지 않고, 경기장에 들어설 땐 반드시 오른발부터 라인 안으로 들여놓으며, 새벽에 장의차를 보면 재수가 좋기에 등판 당일 일부러 장례식장 주변을 서성이는 징크스도 있다. 아예 징크스 같은 건 믿지 않는다며 경기 전날 손톱 발톱 다 깎고 머리까지 다듬은 채 링에 올랐던 유명우(柳明佑)를 두고, '그렇게 하는 것 자체가 또 하나의 징크스'라고 말한 사람도 있다.

운(運)에 대해서라면, 경기 종료 직전에 터지는 골 이야기를 하지 않을 수 없다. 그렇다. 축구에도 버저비터가 있다! 바로 앞에서 얘기한 2013년 K리그 클래식 시즌 마지막 경기뿐 아니라 2011-12 시즌 프리미어 리그 맨체스터 시티와 QPR의 시즌 마지막 경기도 이와 비슷했다.

단 한 경기를 남겨놓은 상황에서 선두는 44년 만의 우승을 노리는 맨체스터 시티. 2위는 지역의 오랜 라이벌 맨체스터 유나이티드. 두 팀은 공히 27승 5무 5패로 승점이 같았다. 다만 시티가 골

득실차에서 90득점 27실점(+63)으로 88득점 33실점(+55)의 유나이티드를 미세하게 앞서고 있었을 뿐이다.

운명의 날 2012년 5월 13일. 맨유는 선덜랜드와의 원정경기에서 전반 19분 웨인 루니의 헤딩골이 터지며 1-0으로 승리했다. 같은 시간에 벌어진 시티와 QPR의 경기는 이상하게 흘러갔다. 시티의 홈구장인 에티하드 스타디움의 분위기는 일방통행. 점유율 81%-19%, 코너킥 수 19-0, 전체 경기의 94%가 QPR 진영에서 진행되었다는 것이 객관적 통계가 보여주는 이날의 경기 내용이다.

하지만 스코어는 경기 내용을 반영하지 않았다. 전반 39분 파블로 사발레타의 선제골로 맨시티의 1-0 리드. 후반 3분 단 한 번의 수비 실수로 동점골 허용. 이 슛이 QPR의 첫 유효슈팅이었다. 후반 21분 QPR의 제이미 맥키가 팀의 두 번째 유효슈팅을 골로 연결하며 스코어는 1-2. 90분은 이미 다 흘러갔고 주어진 추가시간은 5분. 그 시간에 한 골을 넣는 것도 쉬운 일이 아니지만, 그래봐야 우승컵을 들기는 불가능했다. 그런데 '90+1'분에 제코가 동점골을 터뜨렸고 시티의 선수들은 별다른 세리머니 없이 공으로 달려들었다. 단 1초라도 더 경기를 하기 위해 얼른 공을 가져다 센터서클에 갖다 놓으려는 처절한 몸짓. 그야말로 종료 직전, 아구에로가 페널티박스 안에서 침착하고 정확한 슈팅으로 우승을 확정짓는 결승골을 터뜨린 건 글자 그대로 기적이었다. 골에 대한 묘사는 이 정도만 하기로 하자. 지금도 유튜브에는 이 날의 '기적'을 기록한 여러 버전의 동영상이 올라와 있음으로.

유럽에선 수많은 팀이 수많은 경기를 벌이지만 마지막 순간에 이 경기만큼 극적으로 승부가 뒤집히며 우승팀이 바뀐 경우는 없다. 1993-94시즌 준우승팀 블랙번 로버스가 80년 만에 우승배를 들어 올리던 1994-95 시즌(이때의 주포가 알란 시어러와 크리스 서튼이다)도 마지막 경기에서 승자가 갈렸는데, 블랙번은 지고 맨유는 비기면서 블랙번의 우승이 확정되었다. 맨유가 이겼다면 우승팀은 맨유였다. 당시 프리미어 리그 우승컵을 실은 헬리콥터가 두 도시의 중간 지점에서 대기하고 있었다는 일화가 유명하다. 2012년에 이 헬리콥터는 맨체스터와 선덜랜드 중간 지점에서 역시 우승팀을 기다리며 대기 중이었다.

일의 처음을 삼가는 것은 누구나 하는 일이지만 끝까지 집중력을 잃지 않는다는 건, 정말로 쉽지 않은 일이다. 다 잡았던 우승컵을 눈앞에서 단 10초 차이로 놓쳐버린 울산 선수단의 심정은 오죽 쓰라리랴. 포항과 맨시티에게 축하를. 울산과 맨유에게 박수를.

이번 월드컵에서 이 비슷한 일들이 벌어신다면, 우리의 실점(失點)이 아니라 늑점(得點)이 터지는 경우이기를 간절히 희망한다.

막판 극적인 골 이야기를 하자니 또 하나의 이야기가 뇌리를 스친다. 2005년 6월 15일 네덜란드 엠멘에서 벌어진 U-20 월드컵 나이지리아 전. 0-1로 끌려가던 대한민국이 후반 추가시간에 두 골을 몰아치며 2-1로 역전한 경기. 종료휘슬이 울리고 현실을 믿을 수 없어서, 너무나 황당해서, 억울한 마음에 결과를 받아들일 수 없어서 다양한 표정을 짓던 녹색 경기복 나이지리아 선수들의 얼굴을 잊을 수 없다. 그 경기의 동점골 득점자 박주영에게 행운을. 역전골 득점자 백지훈도 언젠가는 한 번 더 대표팀으로 돌아와 주기를.

그렇다면, 징크스와 불운에 대처하는 현명한 방법은 무엇일까?

樊遲問知 子曰 務民之義 敬鬼神而遠之 可謂知矣.(雍也/20)
번지문지 자왈 무민지의 경귀신이원지 가위지의.

해석) 제자 번지가 안다는 것에 대해 묻자 공자는 말했다. "사람이라면 마땅히 지켜야 할 바에 힘쓰고, 귀신의 존재는 공경하는 마음으로 인정하면서도 그 실체를 알려고 애쓰지는 않는다면 인간사를 아는 경지에 이르렀다고 할 수 있다."

공자님께서도 징크스나 불운, 인간의 힘으로는 어쩔 수 없는 영역이 있다는 것은 인정하신다. 하지만, 본인의 힘으로 어쩔 수 없는 일에 마음을 쓰기보다는, 실력을 갈고 닦는 일에 전념하는 것이 바람직한 자세라고 가르친다. 세상에 믿을 사람은 결국 자기 자신 하나다. 징크스와 운을 믿고 거기에 의지하는 것은 책임전가다. 노력은 하지 않고, 남에게 자신의 행복을 만들어 달라고 부탁하는 마음자리다. 게으른 욕심이며 거만한 마음가짐이다. 자신을 존중하고 바르고 굳세게 사는 사람은 다른 사람이나 징크스 때문에 슬퍼하거나 아파하지 않는다. 행복은 나 자신이 만드는 것이다. 남이 가져다주는 것은 진정한 행복이 될 수 없다.

공자님 말씀을 조금 더 들어보자. 바로 다음 대목이다.

問仁 曰 仁者先難而後獲 可謂仁矣.
문인 왈 인자선난이후획 가위인의

해석) 번지가 어질다는 것에 대해 묻자 공자는 말했다. "어진 사람은 어려운 일을 먼저 하고 얻는 것을 뒤에 하니, (네가) 이렇게 한다면 어질다고 할 수 있을 것이다."

또 다른 구절이다.

季路問事鬼神 子曰 未能事人 焉能事鬼 敢問死 曰 未知生 焉知死.(先進/11)

계로문사귀신 자왈 미능사인 언능사귀 감문사 왈 미지생 언지사

해석) 제자 계로가 공자에게 귀신을 섬기는 것에 대해 묻자 공자는 이렇게 말했다. "사람을 제대로 섬길 수 없다면 어찌 귀신을 능히 섬기겠는가?"

계로가 "감히 죽음에 대해 묻겠습니다"고 하자 공자는 이렇게 말했다. "삶을 모르는데 어떻게 죽음을 알겠는가?"

불운을 피해가고 싶다면 다음 방법을 활용해 보자. 먼저, 작은 일부터 최선을 다하는 것이 중요하다. 내 몸과 방과 책상 위 모습은 내 머릿속 상태를 알려주는 거울이다. 목욕과 청소만 열심히 해도 탁기는 사라진다. '사람의 일'은 거창한 목표를 세우고 정진하는 데도 의미가 있겠지만, 거창하고 위대한 일이 시작되는 지점은 사소하고 얼마든지 실천이 가능한 부분부터다. 이것이 공자께서 말씀하신 근사(近思)다.

그래도 마음 붙들어 맬 부적 하나쯤은 있었으면 하는 분들을 위한, 그 방면의 고수(高手)로부터 들은 돈 안드는 처방 하나를 소개해 올린다. 가족들을 불러놓고 '내가 고쳤으면 좋겠다'는 점들을 알려 달라 청한다. 정리된 사항들을 종이에 적는다. 이걸 부적처럼 들고 다니며 시간 날 때마다 꺼내놓고 실천에 옮긴다. 엄지가 '겉으로 드러나 있는, 눈에 보이는' 뇌의 일부이듯, 가족들은 내 눈에

보이는 '나'의 일부다. 가족들이 나에게 건네는 충고는 그래서 또 다른 '나'가 오랜 시간 나와 함께 생활을 함께하며 얻어낸 심층 데이터다. 이것만큼 나에게 유용한 부적은 없을 터이다. 그 충고에 가슴이 먹먹하다면 그건 그 말이 그만큼 진실에 가깝기 때문일 것이다. 기왕 얘기가 나온 김에 앞에서 얘기한 고수께서 '가족'과 관련해 날리신, 소생의 가슴이 뜨끔했던 멘트를 하나 더 소개하는 것으로 이 장을 마무리 하련다. "자식에게는 두 종류가 있나니, 하나는 빚 갚으러 나온 자식이요 하나는 빚 받으러 나온 자식이다. 그대는 과연 어느 쪽인가?"

박지성은 시들지 않는 소나무다

드디어 터졌다. 2013년 8월 24일 네덜란드 리그 에레디비지에 복귀 두 번 째 경기, 헤라클레스 알멜로와의 원정전 1-1을 만드는 동점골. 박지성의 PSV 아인트호벤 복귀 1호골. 후반 66분에 교체 출장, 정규시간 종료 4분을 남기고 우겨넣은 극적인 한 방. 페널티 박스 안에서 수비수를 등지고 스테인 샤르스의 패스를 받아 오른발로 볼 컨트롤. 왼발을 회전축으로 180도 도는 순간 상대 수비수의 좌우협공으로 녹다운. 그렇게 넘어진 상태에서 왼발 무릎이하 정강이를 쿠션삼아 딱 0.1초 동안 지면에서 5센티 정도 몸을 띄우고, 저 혼자 흘러가는 공을 기어이 오른발 끝으로 건드리며 마치 농구의 탭 슛처럼 터치에 성공. 공은 몇 번의 바운드를 퉁기며, 마치 계곡물이 바위틈을 흘러내리는 듯한 유려한 움직임을 보이며 골키퍼의 다이빙을 피해 오른쪽 골문 구석을 출렁였다. 순간 스피드로 보자면, 슛의 진행 속도보다 골키퍼의 다이빙 몸동작의 움직임이 더 빨랐던 희귀한 샘플이다.

빠르고 힘차다는 것이 축구라는 스포츠가 가지는 특성이다. 그런데 가끔, 느리고 부드러운 동작으로 빠르고 힘차게 다가오는 저지선을 유유히 통과하는 사람들이 있다. 골키퍼의 머리를 부드럽게 넘기는 칩슛, 수비수의 동작을 빼앗고 느리게 굴려 보내는 연타(軟打)… 느림이 빠름을 이기는 건 역설의 미학이다. 발상의 전환이다. 오직 몇몇의 선택받은 고수(高手)들만이 보여줄 수 있는 정점의 신기(神技)다.

박지성의 이번 골을 보고 2006년 6월 19일 그가 득점했던 또 다른 골을 떠올린다. 독일월드컵, 라이프치히에서 열렸던 태극전사의 조별리그 두 번째 경기 대 프랑스 전에서 나온 동점골을 기억하시는지.

경기 초반, 한국은 초라하게 밀렸다. 전반 9분 윌토르의 빗맞은 슛이 김남일의 발에 걸려 진로를 바꾼 뒤 최진철과 김영철의 사이를 지나며 절묘한 패스처럼 골문 중앙에 서있던 티에리 앙리에게 연결되었다. 앙리는 오른발로 공을 받은 뒤 넉넉한 시간을 가지고 짧고 강한 왼발강타로 득점했다. 이 골은 프랑스가 1998년 결승 대 브라질 전 3-0 승리 이후 월드컵에서 기록한 첫 번째골이다. 프랑스는 2006년 본선 첫 경기를 스위스와 0-0으로 비겼다. 네 경기 연속 무득점. 2002년 한국-일본 월드컵, 디펜딩 챔피언 프랑스는 세 경기 무득점으로 짐을 쌌고, 공격진이 노쇠했다는 평가를 받으며 어쩌면 볼리비아가 보유한 월드컵 본선 다섯 경기 연속 무득점 기록을 갈아치울지도 모른다는 우려를 받는 중이었다. 볼리비아의 기록 중에는 1994년 미국 월드컵 조별리그 2차전, 보스턴 폭스보로 경기장에서 한국과 무득점으로 비긴 경기도 포함되어 있다.

32분 코너킥에 이은 패트릭 비에라의 헤딩슛은 어쩌면 골이었을지도 모른다. 이운재가 골라인 안쪽으로 넘어지며 가까스로 밀어낸, 보기에 따라서는 공이 골라인을 완전히 넘어선 것처럼 보였던 가슴 철렁한 순간. 전반전 내내 한국은 무력했다. 유효슈팅은 고사하고, 보기에 따라서 슛을 하나도 날리지 못한, 슛 비슷한 것을 겨우 하나 만들어냈을 뿐인 일방적인 열세. 박지성의 부친 박성종 선생이 "하늘이 도왔다. 한국이 0-5로 끌려갔어도 이상하지 않은 상황"이라고 논평했을 정도였다.

전반보다는 조금 나아졌으되, 전체적으로는 답답한 흐름이 이어지던 후반전 종반. 마침내 한국이 동점골을 터뜨린다. 81분 설기현이 오른쪽 측면 돌파에 성공했고, 빠르게 날아가며 알맞게 휘어지는 크로스를 쏘아 올렸다. 페널티박스 중앙을 지나 골문 오른쪽까지 날아간 공을 조재진이 수비수보다 머리 하나 높이로 풀쩍 뛰어오르며 원바운드로 중앙으로 연결, 뛰어들던 박지성이 이 공 절묘하게 처리했다. 설기현이 크로스를 올릴 때 박지성은 문전으로 쇄도했다. '2차 연결'을 노리고 좀 길게 골문을 가로지르는 공을 올린 설기현의 의도에 맞춰 순간적으로 전진속도를 살짝 늦추며 수비진 사이를 돌파. 조재진의 헤딩패스가 노바운드로 올 것을 예상하고 낮고 빠르게 침투하다 원바운드로 구질이 바뀌자 다시 스피드기어를 조정해서 물고기가 수초(水草) 사이를 헤치며 유영하듯 수비수 셋의 등 뒤를 돌고 무릎 앞을 지나 골키퍼와 마주보는 지점까지 전진. 그리고, 골키퍼 바로 앞에서 논스톱으로 공을 터치. 패스가 전달되는 속도와 본인의 뛰어드는 속도 사이의 미세한 차이는 발목을 살짝 비트는 것으로 해결하고, 각도를 좁히며 뛰쳐나온 골키퍼가 슛이 지나갈 좌우 공간을 거의 다 봉쇄한 위기상황은 머리 위를 넘겨 득점을 노리는 전략으로 순간대치. 공은, 박지성의 오른발 인사이드와 엄지발가락 안쪽의 불룩한 부분이 만나는 지점에 맞고 골키퍼 머리 위를 부드럽게 넘어갔다. 슛하는 지점과 골대 사이의 공간적 여유가 많지 않았음으로, 키퍼의 쭉 뻗은 손 위를 딱 종이 한 장 차이로만 넘기지 않고서는 볼이 크로스바를 지나 허공을 가를지도 모르는 일이었다. 그만큼, 기술적으로 고난도의 판단력을 요구하는 상황이었다. 세계적인 수문장 파비엥 바르테즈도 순간적으로 몸을 비틀며 허공으로 솟구치는 아름다운 역동작을 선보이며 공에 손을 대는데 까지는 성공했으나, 공은 비행각도를 살짝 바꿨으되 프랑스 골대 왼쪽 하단 옆그물을 아슬아슬하게 출렁이며 안착에 성공했다. 월드컵 본선에서 대한민국이 보여준 골 가운데 아직까지는 가장 감각적인 것으로 꼽히는, 끝까지 포기하지 않고, 다른 선수들과 공의 움직임을 하나하나 추적하며, 집념과 센스의 극한을 보여준 끝에 만들어낸, 오직 박지성만이 보여줄 수 있는 작품이었다.

2013/14 시즌이 끝나고, 필립스 아인트호벤(PSV)는 박지성을 '구단 100년사 레전드'의 하나로 선정했다. (PSV에서 활약했던 한국 선수로는 허정무와 이영표가 있다.) 선정 이유 가운데 하나는, 박지성이 세계 톱 클라스 수준에서, 축구 역사상 가장 이타적인 플레이를 펼치는 선수라는 점이다. 잠시 시간을 거슬러 2010/11 영국 프리미어 리그 최종전 대 첼시 경기를 복기(復棋)해보자. 박지성이 맨체스터 유나이티드 시절을 회상하며, 퍼거슨 감독이 '박지성의 베스트 매치'로 꼽았던 경기다.

*

위대한 공연, 불멸의 질주, 인내와 희생의 금자탑. 박지성이 이겼다. 잉글랜드 프리미어 리그 2010-2011 시즌 맨유의 우승. 영웅이 탄생했다. 눈물이 난다.

첼시는 무력했다. 단 한 사람의 끈질긴 노력이 상대팀 전체를 소진시킬 수도 있다는 분명한 증명. 첼시 경기복의 푸른빛이 파리하게 숨죽여 보일 만큼 박지성은 달리고 또 달렸다. 많이 뛴다고 능사가 아니다. 엄청나게 움직이면서도 효율적으로 기능했다는 점이 중요하다. 90분 내내, 있어야 할 곳에는 늘 박지성이 있었다.

하지만, 도저히 가 닿기 어려운 곳에도 박지성은 나타났다. 축지법을 쓰는 것 같았다. 라인을 벗어나는 공. 공격수는 물론, 심지어는 상대 수비진까지도 동작을 멈춘 시공간에도 그는 홀로 움직였다. 포기를 모르는 사람 같았다. 그리고 드로인과 코너킥을 얻어내며 우리 편 점유율을 늘리고 자산을 증식했다.

더불어, 또 하나의 필살기 근접 태클. 온 몸을 날려 초원에 미끄러지며 상대의 공격을 끊는 태클은 장쾌한 기술이다. 하지만 태클에는 몇 가지 제약이 있다. 무엇보다도 체력소모가 크다. 아울러 상대의 긴 드리블 혹은 소유권이 불분명한 경우에만 적용이 가능하다. 기술이 들어간 결과는 그래서 대개가 라인 밖으로 공을 차낸 것이거나 파울 둘 중 하나다. 요컨대, 태클이 들어가면 경기가 일단 중단된다는 뜻이다.

1966년 영국 월드컵 우승팀 주장 보비 무어는 이 고정관념을 뛰어넘었다. 달리는 선수가 아니라 멈춘 공을 보고 들어가는 표적형 태클. 보비 무어에 이르러 태클은 선을 끊는 테크닉에서 점을 찍어내는 기술로 진화했다.

그런데 박지성이 태클의 새로운 경지를 보여준 것이다. 상대 선수에게 몸을 밀착하는 지점까지 바짝 다가간 뒤 함께 움직이다 순간적으로 자세를 낮추며 귀신처럼 공을 뺏어내는 절정의 신기. 이 공전절후(空前絕後)의 신기술 앞에 첼시의 일레븐은 무력했다. 그것은 예비동작 없이 이뤄지는 경공술(輕功術) 태클이었다. 낌새와 징후가 없으니 상대 선수들은 대비를 하려야 할 수가 없었다. 미세한 움직임만으로 공을 상대의 발에서 떼어놓은 뒤, 당황하는 상대를 뒤로 하고 박지성은 유유한 패스와 드리블로 경기를 이어 갔다. 공이 상대 발 앞에 붙어 있는데도 들어가는 태클. 단 1m만 공을 튕겨내어, 경기를 끊지 않고도 소유권을 넘겨받는 효과 만점의 발명품. 이것은 시간과 공간을 새로 창조한 것이나 다름없는 쾌거다.

프로복싱 세계 헤비급 타이틀을 건 1965년 리스튼과의 리턴 매치에서 1라운드 1분 만에 단 한 방으로 상대를 쓰러뜨렸던 알리의 팬텀펀치. 뛰어가는 스텝에 맞춰 리듬을 허물지 않고 날아오는 공을 그대로 슛으로 이어 가던 로마리오의 벼락슈팅. 수비진이 밀집한 빽빽한 밀림에서 허벅지 뒷근육과 발목만을 이용하여 백스윙 없이 슛을 날리는 메시. 이처럼 슬로비디오를 보기 전까지는 도대체 어떤 기술이 들어간 것인지를 알 수 없는 절정의 기량 리스트에 박지성의 태클을 추가한다. 빈 공간을 끊임없이 파고들며 상대 수비를 교란하고 지치게 만든다. 수비가 물러서면 벼락같은 슛을 날린다. 멈추지 않고 달리면서도 눈은 늘 동료들을 주시한다. 헌신하는 인간, 어시스트 제조기, 닳지 않는 건전지, 다이내믹 코리안. 박지성은 이제 긍정적 창조적 미래지향적 한국인상을 대변하는 21세기의 아이콘이다.

바로 그 박지성은 시즌이 끝난 이후에도 발걸음을 멈추지 않았다. 2011년 6월 15일 베트남 호찌민시에서 열린 '제1회 아시안 드림컵(Asian Dream Cup)'.

JS 재단 박지성 '이사장'은 자신의 인맥으로 국내외 유명 축구 선수들을 불러 모았다. 유럽에서 뛰고 있는 거의 모든 한국 선수와 일본 선수에 연예계 정상의 한류(韓流)스타까지를 망라한 이 팀의 이름은 '박지성의 친구들'.

상대는 베트남 현지 팀인 나비뱅크 SG였다. 경기장은 입추의 여지가 없는 만원사례였다. 고위공직자, 대학생, 청소년 할 것 없이 표를 구하지 못한 사람들이 우리 교민들에게 줄을 대려 한다는 뉴스가 경기 일주일 전부터 지면을 장식했다. 그것은 거대하면서도 낯익은 축제였다. 1970년대 유럽 프로팀 방한(訪韓)경기를 대하는 한국 축구팬들의 태도가 그와 같았다.

그때 그 시절 축구는 대한민국 최고의 인기 스포츠였다. 문제는, 국민의 여망에 부응하기에는 축구 실력, 국제 축구계에서의 인지도, 나라의 경제력 등등이 한참 부족했다는 사실이다.

축구 선진국 국가대표팀은 아주 특별한 사정이 있지 않는 한 경기력이 떨어지는 나라를 방문할 이유가 없다. 대안(代案)은 유럽이나 남미 프로팀들의 초청경기를 마련하는 것인데, 비용 문제가 커다란 걸림돌이다. 그래도 수요가 워낙 높으니 공급을 마냥 미룰 수는 없었다.

타협책은 저렴한 가격에 초청경기를 성사시키는 것이다. 하여 유럽 클럽들이 시즌 종료 후 휴식 반 아르바이트 반의 심정으로 찾아와 주는 것만으로도 우리는 감지덕지였다. 어린 선수들에게 이름값 있는 노장(老將) 선수 서넛을 섞은 경우도 오케이, 때로는 일본 원정을 마치고 돌아가는 길에 잠깐 들러 달라며 사정하는 경우도 없지 않았다.

박지성은 베트남 사람들의 입장에서 일을 추진하며 베트남 사람들이 진정으로 원하는 서비스를 베풀었다. 그러면서도 어떠한 경제적 이득이나 반대급부를 원하지 않았다. "나의 따뜻한 마음을 알아준 것으로 족하다, 청소년들에게 꿈을 심어 주고 싶었다"는 말을 거듭했을 뿐이다. 피차간에 품격을 지킨 화려한 잔치. 베트남 사람들의 대(對) 대한민국 호감도는 이 행사를 기점으로 급상승했다고 한다.

해방 직후, 백범 김구(白凡 金九)는 '만나고 싶었던 사람 1호'인 손

기정(孫基禎) 선수를 만나 1936년 베를린 올림픽 마라톤 우승을 치하한 뒤 '족패천하(足覇天下)'라고 쓴 친필휘호를 선사했다. 두 발로 세상의 정상에 섰다는 뜻의 이 네 글자는 이제 박지성에게도 해당하는 말이 아닐는지. 어떤 정치인이나 외교관도 하지 못한 일, 하기 어려운 일을 혼자 힘으로 성사시켰다는 것. 그래서 박지성이다. 족패천하!

박지성은 2013/14 시즌을 마치고 은퇴냐, 1년 선수생활 연장이냐를 결정한다고 했다. 팬들이 기대하는 'K리그 진출 후 1년 활약 뒤 은퇴'는 고려대상이 아니고, PSV나 원 소속팀 QPR이 박지성이 착용하는 마지막 현역 경기복이 될 것이라고 했다. 수원 박지성 축구센터에서 기자 회견을 열고, 박지성이 직접 내린 결론은 '은퇴'였다. 2012년 7월 QPR로 이적한 후 별다른 활약을 보여주지 못하고, 팀의 2부리그 강등을 지켜봐야 했고, 바뀐 감독의 전술핵심요원 명단에서 멀어지고, 고질적인 무릎부상은 나날이 심해지는 상태에서 네덜란드로 임대를 가고, 그 힘든 과정과 세월을 이겨내며 다시 부활(復活)한 모습을 보여준 데서 박지성의 존재가 빛을 발한다.

논어 자한(子罕)편에 나온다.

歲寒然後知松柏之後彫也.(子罕/29)
세한연후지송백지후조야

해석) 날씨가 추워진 후에야 소나무와 측백나무가 늦게 시듦을 안다.

여기서 조(彫)는 '말라서 시들다'는 뜻이다. 세한(歲寒)이란 날씨가 추워진다는 뜻이다. 이한우는 범조우(范祖禹)와 사량좌(謝良佐)의 풀이를 소개하고 본인의 견해를 덧붙인다. 먼저 범조우의 풀이다.

"소인이 태평성세에는 혹 군자와 다름이 없으니, 오직 어려움을 당하고 나서야 군자의 지키는 바를 볼 수 있다." '뜻을 끝까지 지키는 것이 그만큼 어렵고, 그런 사람들이 그만큼 적다는 것이다.'

다음은 사량좌의 풀이다. "선비가 궁함에 처했을 때 절의(節義)를 볼 수 있고, 세상이 어지러움에 처했을 때 충신(忠信)의 여부를 알 수 있으니, 배우는 자들이 반드시 덕(德)을 완비하도록 한 것이다." '즉 덕을 열렬하게 쉬지 않고 닦아 어짊을 키우고 예악(禮樂)으로 스스로를 다잡은 사람은 시련이 닥쳤을 때 그 본 모습이 드러나게 되는 것이다. 주변상황이 어려워졌을 때 그 사람이 평소의 모습을 유지하는지 그렇지 않은지를 보면' 사람의 품격과 그릇이 드러난다는 이야기다.

그렇다. 마음이 단단하고 의지가 군센 사람들의 훌륭한 뜻과 꿋꿋한 기상은, 어려움을 겪은 후에야 비로소 알 수 있게 된다. 추사

(秋史) 김정희(金正喜)의 저 유명한 〈세한도〉는 이 구절을 형상화한 그림이고, 안중근(安重根) 의사도 옥중에서 이 구절을 유묵(遺墨)으로 남겼다. 이적 첫 해 1년 간 QPR에서 보낸 세월이 박지성이 겪은 '세한(歲寒)'이다. 감독의 몰이해와 동료들 사이의 불협화음, 자신의 자잘한 부상과 경기에 나서지 못하는 울분을 다 이기고 그가 다시 축구장에 나타났다. 동토(凍土)와 사막(沙漠)을 맨 몸으로 건너 우리에게 돌아온 사나이. 박지성의 진가(眞價)는 이제부터 드러날 터이다. 박지성의 2013/14 시즌은 그가 축구로 보여준 〈세한도〉였던 것은 혹시 아닌가. 은퇴 이후에도 세계축구계에 거대한 족적(足跡)을 남길 것만 같은 인물. 박지성은 측백나무다. 시들지 않는 '남산 위의 저 소나무'다.

3

브라질로 가는 길

이란의 무례함에 대처하는 법

이란 언론이 자꾸 도발한다. 말끝마다 UAE에서 열렸던 1996년 아시안컵 8강전 6-2 얘기다. 박종환 감독이 이끌던 대한민국은 2-1로 앞서다 연이어 다섯 골을 허용하며 무너졌는데, 이 경기는 한국이 아시아권 국가에게 허용한 한 경기 최다실점 기록이기도 하다. 이란 언론들은 덧붙인다, 자기들은 예의를 지키고 최선을 다했는데 자꾸 문제제기를 하는 한국 언론과 선수단의 반응을 이해할 수 없다고. 이란 원정 경기 때 동네 공원 수준의 연습장을 제공하고, 예약된 호텔에 방이 다 찼다며 시간을 끌고, 버스 기사가 길을 모른다며 우리 선수단 전원을 두 어 시간 길바닥으로 끌고 다니며 '컨디션 교란하기 대작전'을 펼친 것이 누구인지를 정말 모르는 모양이다. 그래서 소생, 기꺼이 '역사논쟁'에 참여하기로 한다.

1977년 11월 11일 테헤란 아리야메르 경기장. 78년 아르헨티나 월드컵 아시아 최종예선 이란 대 한국 전. 5개국이 홈 앤드 어웨이로 격돌한 최종 라운드 당시의 선두는 3승1무의 이란, 2위는 2승3무1패의 한국이었다. 당시 한국 대표팀의 별칭은 화랑(花郎). 주장 김호곤(金鎬坤)을 필두로 차범근(車範根), 허정무(許丁茂), 김재한(金在漢), 김진국(金鎭國), 박성화(朴成華), 조영증(趙榮增), 박상인(朴商寅), 조광래(趙廣來) 등이 포진한 호화멤버였다.

전반전, 그들의 예상을 깨고 한국이 앞서 나가자 이란 팀은 필살기를 들고 나왔다. 전반전 추가 시간이 무려 11분. 방송중계팀이 우주중계 예약시간을 걱정할 정도였다. 당시의 대한민국은 그렇게 넉넉한 나라가 아니었으므로, 예상 경기시간과 거의 비슷할 정도로 우주중계 사용시간을 빠듯하게 예약해 놓곤 했다. 이렇다 할 충돌도, 부상자도 없던 경기였다. 부심이 추가시간을 바깥에서 따로 알려주지 않던 시절이다. (이 제도는 98년 월드컵부터 도입되었다.) 불 것은 불지 않고 안 불 것은 부는 주심의 운영 덕에 후반 종료시간 당시의 스코어는 2-1 이란 리드. 여기서 이란의 발목을 잡은 것은 주심의 '양심'이다. 전반전의 '11분 추가시간 배당'이 본인 생각에도 너무했다 싶었던지, 이 심판, 후반전 추가 시간도 4분을 배정했다. 1-2분만 주어도 충분한 상황이었지만, 어쨌거나 이란이 이길 테니까. 그런데 기적이 일어났다. 종료 직전에 터진 한국의 극적인 동점골! 차범근의 돌파에 이은 크로스가 문전으로 이어졌고, 이란 수비 두 명은 '볼이 아니라 사람을 찬다'식 육탄 저지를 시도했다. 양

쪽에서 들이받는 이란 수비수 사이로 한국 선수 하나가 끼겨들었고, 오른발로 공의 진행방향을 바꾸는 감각적인 터치로 골을 완성했다. 당대 아시아 최고라는 이란 골키퍼 헤자지는 동작 타이밍을 뺏긴 채 그대로 서서 골을 허용했다. 이란 국영 TV가 골문 뒤에서 잡은 화면을 재구성해보자. 아래위 흰색 경기복을 입은 이란 수비수 둘이 꽉 잠긴 성문(城門)처럼 몸을 밀착시켰고 우리 공격수의 모습 보이지 않는다. 단지, 두 사람의 몸 사이로 비죽이 내밀어진, 붉은색 스타킹을 착용한 오른발 하나. 골이 아니었더라도, 공격수의 전진을 이런 식으로 저지하는 건 명백한 페널티킥 감이다. 물론, 심판이 공정하게 판정을 내린다는 전제 하에서만 가능한 얘기지만. 최종 스코어는 2-2. 이날 경기에서 두 골을 모두 넣으며 대한민국을 구한 영웅은 백넘버 9번, 끈기와 지구력의 상징이던 이영무(李榮武), 현 K리그 고양 Hi FC 감독 바로 그 선수다.

1978년 아시아 그룹 2 예선

1977. 2. 27 (텔아비브)	이스라엘 0 한국 0
1977. 3. 6 (텔아비브)	이스라엘 2 일본 0
1977. 3. 10 (텔아비브)	일본 0 이스라엘 0
1977. 3. 20 (서울)	한국 3 이스라엘 1
1977. 3. 26 (토쿄)	일본 0 한국 0
1977. 4. 3 (서울)	한국 1 일본 0

한국 최종예선 진출

최종예선

1977. 6. 19 (홍콩)	홍콩 0 이란 2
1977. 6. 26 (홍콩)	홍콩 0 한국 1
1977. 7. 3 (서울)	한국 0 이란 0
1977. 7. 10 (아들레이드)	호주 3 홍콩 0
1977. 8. 14 (멜버른)	호주 0 이란 1
1977. 8. 27 (시드니)	호주 2 한국 1
1977. 10. 2 (홍콩)	홍콩 1 쿠웨이트 3
1977. 10. 9 (서울)	한국 1 쿠웨이트 0
1977. 10. 16 (시드니)	호주 1 쿠웨이트 2
1977. 10. 23 (서울)	한국 0 호주 0
1977. 10. 28 (테헤란)	이란 1 쿠웨이트 0
1977. 10. 30 (홍콩)	홍콩 2 호주 5
1977. 11. 5 (쿠웨이트)	쿠웨이트 2 한국 2
1977. 11. 11 (테헤란)	이란 2 한국 2
1977. 11. 12 (쿠웨이트)	쿠웨이트 4 홍콩 0
1977. 11. 18 (테헤란)	이란 3 홍콩 0
1977. 11. 19 (쿠웨이트)	쿠웨이트 1 호주 0
1977. 11. 25 (테헤란)	이란 1 호주 0
1977. 12. 3 (쿠웨이트)	쿠웨이트 1 이란 2
1977. 12. 4 (부산)	한국 5 홍콩 2

이란 6승2무0패 12득점 3실점 승점 14 월드컵 본선진출

한국 3승4무1패 12득점 8실점 승점 10

쿠웨이트 4승1무3패 13득점 8실점 승점 9

호주 3승1무4패 11득점 8실점 승점 7

홍콩 0승0무8패 5득점 26실점 승점 0

최종예선 결과는 6승2무 이란의 월드컵 진출. 월드컵엔 전 세계에서 단 열 여섯 나라만 출전하고, 아시아-오세아니아를 합쳐 단 한 장의 본선진출권만 배당되던 시절이다. 조 2위는 3승4무1패의 한국. 한국의 1패는 호주 시드니 원정경기 1-2 역전패고 이란의 다른 무승부는 서울운동장, 한국과의 0-0 무승부다.

이란이 당대 아시아 최강이었던 건 인정한다. 그러나 그들의 거칠고 투박한 플레이스타일은 세계무대에서 대가를 치렀다, 고 소생은 생각한다. 월드컵 본선 첫 경기 대 네덜란드 전 0-3 패. 스코틀랜드 전 1-1 무승부. 마지막 경기 페루 전은 1-4 대패. 겉모습만 보자면, 1무2패가 아시아 대표의 성적으로는, 그것도 월드컵에 처음 나선 나라의 성적으로는 부끄러운 결과가 아니다. 문제는 디테일이다. 스코틀랜드의 득점은 이란수비수 에스칸다리안의 자책골이었고, 네덜란드와 페루는 각각 PK 두 개 씩을 얻어 모두 골로 연결했다. 조별리그에서 한 팀이 PK를 네 개나 허용한 건 월드컵 70년 역사상 78년 월드컵의 이란이 유일하다. '과도한 육탄방어'와

'심판의 묵인'이라는 아시아식 수비전술은 적어도 월드컵 본선에서는 통하지 않았다는 뜻이다. '하던 그대로' 움직였던 이란 수비수들 입장에선 다소 억울할 수도 있었겠지만. '집에서 새던 바가지, 나가서도 샌다'는 우리 속담을 인용하는 건 너무 나간 문장일까?

공자께서 말씀하셨다.

勇而無禮則亂.(泰伯/2)

용이무례즉란

해석) 용맹하기만 하고 예의를 모르면 세상을 어지럽힌다.

子貢 曰 君子亦有惡乎

자공 왈 군자역유오호

子曰 有惡 惡稱人之惡者, 惡居下流而訕上者, 惡勇而無禮者 惡果敢而窒者.

자왈 유오 오칭인지악자, 악거하류이산상자, 오용이무례자, 오과감이질자.

曰 賜也 亦有惡乎 惡徼以爲知者 惡不孫以爲勇者 惡訐以爲直者

왈 사야 역유오호 오요이위지자 오불손이위용자 오알이위직자.(陽貨/24)

해석) 제자 자공(子貢)이 "군자에게도 역시 미워하는 것이 있습니까"라고 묻자 공자께서는 이렇게 말씀하셨다.

"미워하는 것이 있다. 남의 나쁜 점을 들추는 자를 미워하며, 속된 경지에 처해 있으면서 높은 경지를 비방하는 자를 미워하며 용기만 있고 무례한 자를 미워하며, 과감하지만 막힌 자를 미워한다."

자공이 말했다. "저도 역시 미워하는 것이 있습니다. 주워들은 것으로 지혜로운 척 하는 자를 미워하고, 불손한 것으로 용기 있는 척하는 자들을 미워하며, 남의 비밀을 폭로하는 것으로 곧은 척하는 자들을 미워합니다."

이 글에서 말하는 하류(下流)란 신분상의 미천함을 말하는 것이 아니라 도덕적 기준에서 보는 하류를 의미한다.

사족(蛇足) 하나. 열렬한 축구팬이었던 당시 이란의 팔레비 국왕은 선수단 전원에게 금연을 명했다. 대 페루 전 전반에만 세 골을 내주고 0-3이 되자, 이란 벤치 곳곳에서 담배연기가 올라왔다. 이 광경을 생중계로 보던 국왕이 격노, 선수단에게 준다던 벤츠와 호화주택과 그 밖의 보너스가 상당부분 사라졌다는 후문이 있다. 담배연기와 더불어, 씁쓸한 패배감과 더불어.

그렇다면 이런 생각을 해볼 수도 있겠다. 문화가 다르고, 배경이 다르고, 역사가 다른 사람들끼리 예의를 지키고 도리를 다하는 좋은 방법이 있을까? 피차 간에 오해를 부르지 않고, 선의(善意)를 선의로 이해할 수 있는 가장 괜찮은 행동법은 무엇일까?

학이(學而) 편에 나온다.

有子 日 信近於義 言可復也, 恭近於禮 遠恥辱也 因不失其親 亦可宗也.

유자 왈 신근어의 언가복야, 공근어례 원치욕야 인불실기친 역가종야

해석)유자께서 말씀하셨다.

“믿음직함은 의(義)로움에 가까우니 말한 것을 지킬 수 있다. 공손함은 예에 가까우니 치욕을 멀리 할 수 있다. (이처럼) 그 친한 것을 잃지 않음으로써 또한 종통(宗統)을 이어갈 수 있다.”

여기서 복(復)은 ‘지키다, 이행하다, 준수하다’라는 뜻으로, ‘복언(復言)’은 ‘말한 것을 지키는 것’, ‘말한 것을 이행하는 것’을 말한다. 기친(其親)은 그 친한 것, 즉 신(信)과 공(恭)처럼 의(義)와 예(禮)에 각각 친한 것을 말한다.

이 해석은 이수태의 독창적인 해석인데, 소생은 종래의 번역과 비교하여 이수태의 풀이를 따르기로 한다. 그렇다면 이 구절의 전통적인 해석은 어떤 것인가.

"약속한 것이 의로움에 가까우면 그 말은 실천할 수 있다. 공손함이 예(禮)에 가까우면 부끄러움과 욕됨을 멀리 할 수 있다. 내가 의지하려고 하는 사람이 그의 친한 사람들로부터 신임을 잃지 않는다면 그런 사람을 받들어 종주(宗主)를 삼을 수 있다."

한자(漢字)는 표의문자다. 글자 하나하나가 모호함과 다양한 해석체계를 내포하고 있다는 뜻이다. 자의(字意)는 물론이고, 과거 현재 미래 등 시제구분도 어렵고, 한 글자가 문맥에 따라 때로는 동사로, 명사로, 심지어는 형용사로 쓰이기도 한다. 예컨대 집 가(家)는 '누구 누구의 집'을 나타내기도 하고, '누구 누구의 가문(家門), 집안'을 지칭하기도 하며 가가호호(家家戶戶)의 용례에서는 '집집마다'의 뜻이고 경우에 따라서는 '가정을 이루다'라는 동사로 쓰이기도 한다. 한 글자의 해석과 사용법이 이런 정도인데 하물며 문장에 있어서랴.

전통적인 해석은 주자(朱子)의 학설이다. 주자는 신(信)을 '신용, 언약'으로 보았다. 이수태는 이를 '믿음직함'이라는 보다 원초적이고 너른 개념으로 본 것이고, 주자는 '약속의 믿음직함'이라는 보다 구체적인 뜻으로 풀이하였다. 이수태는 자신의 해석에 대해 다음과 같은 역사적 맥락을 덧붙인다. "유자가 선생님의 지위에 오른 때는 이미 공자가 세상을 떠난 지도 오래된 때였을 것이고, 따라서 더욱 혼란스러워져 가는 세상의 질서 속에서 공문(孔門)의 존립도 위협받게 되었을 것이다. 공자의 직접 제자들 사이에서도 소소한 문제를 둘러싸고 학파적 대립이 발생하였다는 것은 이미 논어에서도 나타나고 있다. 그러나 당시의 심각한 문제는 공문 내에서의 대립도 대립이지만, 공자 사후 더욱 무도해진 세월과 그에 따른 참담한 외부적 시련에 임하여 공문의 정통을 유지하는 일이었다.

유자의 말은 그에 앞서 이러한 고민이 포함된 일련의 물음이나 논란을 앞두고 있었을 것으로 보이며 위 구절은 그에 대한 대답이었을 것으로 보인다. 즉 '공자께서 계시지 않아 의(義)는 분간하기 힘들어졌지만 아직 그에 가까운 신(信)은 알 수 있어 그로써 말한 것은 지킬 수 있다. 예(禮)는 지키기 힘들어졌지만 아직 그에 가까운 공손함은 지킬 수 있어 그로써 치욕은 면할 수 있다. 그렇다면 이처럼 그 친한 것(가까운 것)을 잃지 않음에 인하여 가히 공문의 종통을 이어갈 수 있다'는 뜻이다."

그렇다. '믿음직함'과 '공손함'이야말로 국제적으로, 문명권과 시대를 뛰어넘어 사람의 도리를 다하는 실천방안이다.

한국축구의 자산,
히딩크 감독을 활용하자

축구협회 이원재 국장을 만났다. 이 국장은 소생의 대학 선배다. 소생과는 가끔 만나 밥을 먹는 사이다. 2002년부터다. 만나면 주야장창 축구 얘기만 한다. 2013년 6월 어느 날도 그랬다.

최강희 감독께선 진짜 그만 두시나요. 응. 본선 안 가시는 거죠? 안 가. 그럼 후임은 누구? 모르지. 누가 되든, 최대한 빨리 뽑아야지. 당장 7월에 동아시아 선수권 대회도 있고.

5월 초, 조선일보 로비에서 최강희(崔康熙) 감독을 뵌 적이 있다. 소생이 물었다. 본선도 하시지 그러세요? 봉동이장님의 답변은 명쾌했다. 여기 나보고 죽으라는 사람이 하나 더 있네.

감동적인 한 마디였다. 소생은, 최강희 감독은 누가 뭐래도 훌륭한 감독이라고 생각한다.

다시 이국장과 소생의 대화.

이: 근데 장 교수는 누가 후임으로 왔으면 좋겠어?

장: 벌써 기사가 많이 나오던데요. 귀네슈, 파레야스, 김호곤, 홍명보, 어디선가 귀네슈 감독에 홍명보 수석코치가 최상의 조합이라는 얘기도 했고.

이: 그건 아니지. 하늘에 태양이 두 개일 수는 없거든.

장: 제가 보기엔 이런 뜻 같습니다. 홍 감독은 한국 축구의 자산인데, 이번 월드컵에서 성적을 못 내면 이미지에 금가는 것 아니냐, 그래서 외국인 감독을 보호막으로 삼자.

이: 올림픽에서 동메달을 딴 감독이 수석코치? 요즘 유행어로 '급'과 '격'이 맞질 않아. 홍 감독을 보호하는 것이 목적이라면 적임자가 한 분 있지.

장: 어느 분?

이: 히딩크.

히…딩…크… 그래. 말만 들어도 가슴이 뜨거워지는 이름.

히딩크는 당시 러시아 안지 마하치칼라 FC 감독이었다. 홍명보는 히딩크에게 청을 넣어 그 팀의 코치로 봉직했다. 유럽리그를 현장에서 직접 경험하고 싶다는 홍 감독의 뜻을 히딩크가 흔쾌히 들어준 결과다. 시즌 중 '코치 연수생'을 받은 건 유럽 축구 사상 유래가 없는 일이다. 2013년 1월, 유럽 축구계에 떠돌았던 농담(?) 한 자락이 떠올랐다. 히딩크 감독이 그랬다는데? 언제가 되었든 명보가 한국 감독으로 뽑히면 자기가 그 밑에 코치로 들어가서라도 도와주겠다, 그랬더니 그 옆에 앉아있던 다른 코치들이 '홍 감독, 그때 나를 보조코치로 꼭 뽑아 줘, 잊지 말고'라며, 아예 홍명보를 2018년 대한민국 월드컵 팀 감독으로 발령(?)을 내더란 얘기였다. 그들은 말할 수 없이 진지했었다고 한다. 농담의 분위기가 아니었다는 것이다.

장: 근데, 히 감독께서 오려고 할까요?

이: 내 생각으론 OK. 히 감독은 지금 은퇴를 생각하고 있어. 내 정보에 의하면, 최근 첼시 감독 제의를 거절했다거든. 자기는 브라질 월드컵을 은퇴 무대로 생각한다는 거지.

장: 오라는 대표팀은 있나요?

이: 있지. 네덜란드. 네덜란드 협회장이 읍소를 했다는데? 제발 와달라고. 한계를 넘어선 팀 내 갈등을 다스릴 감독은 지구상에서 당신 하나라고.

장: 히 감독이 조국의 오퍼를 뿌리칠 수 있을까요?

이: 장 교수, 히 감독은 우리나라를 사랑해.

2006년 독일 월드컵. 대 일본 전 하루 전 날 기자회견. 호주 대표팀의 히딩크 감독은 이렇게 말했다. 대한민국은 나에게 제2의 조국이다. 내 조국의 라이벌 일본을 반드시 이기겠다. 대한민국이 당신의 조국? 그렇다. 나는 내 조국을 위해서라도 일본을 잡겠다. 그리고, 경기의 마지막 8분 동안 세 골을 몰아치며 3-1 승리로 약속을 지켰다.

이: 장 교수, 이건 그냥 내 개인적인 생각인데, 1+4가 어떨까 해. 브라질까지 남은 1년은 히 감독이 맡고, 그 다음엔 홍 감독이 2018년 러시아까지 가는 거지. 홍 감독, 이미 반 년 이상 러시아 리그도 경험했잖아. 우리도 이제 유럽식으로 장기계획을 세우고 가보면 어떨까, 그 말이야.

장: 홍 감독이 중책을 맡기엔 아직 어린 것 아닌가요?

이: 1953년생 차범근 감독이 98년에 감독 할 땐 아무도 나이 얘기 안했지. 69년생 홍 감독이 2014년 감독을 해도 나이는 문제가 안 된다고 봐.

장: 그렇군요. 하기야 지금 미국 국가대표팀 감독으로 가있는 1964년생 클린스만도 2006년 독일월드컵 때 독일감독으로 출전했으니까.

이: 히 감독이 러시아와 첼시 감독을 동시에 했잖아. 이번에도 그 전례를 따르면 된다고 봐. 수석코치가 밑그림을 그리고, 감독은 마무리 터치를 하고.

1998년 네덜란드로 4강, 2002년 대한민국으로 4강, 2006년 호주로 16강. 세계 축구계는 히딩크가 월드컵에 중독되었다고 했다. 유로 2008에서 러시아를 4강에 올리며 히딩크 매직을 이어갔지만, 러시아, 터키의 월드컵 예선 통과 실패로 신화가 깨졌다고… 생각했다. 아니다. 러시아는 세르비아와의 플레이오프 전 날 주전 선수 여섯 명이 네 시까지 음주한 사실이 나중에 밝혀져 협회 관계자가 히딩크에게 사과했고, 터키는 승부조작 스캔들이 대표팀까지 퍼져 어느 누가 가더라도 성적을 내기가 불가능한 상황이었다.

이: 장 교수, 한국 축구의 두 정점이 만나 시너지 효과를 낸다, 이거 상상만 해도 가슴이 떨리지 않아? 2002년 월드컵 4강과 2012년 올림픽 동메달의 만남. 홍보쟁이로서 내 감각을 말하자면 말야, 히딩크가 온다면, 그 날로 한국 축구는 막바로 세계적 관심사가 되는 거야. 동아시아 경기대회도 아마 전 경기 매진일걸?

장: 그래요, 선배님. 말을 듣는 것만으로도 제 가슴이 뛰네요. 맥아더 장군 생각이 납니다. 인천으로 입국하시고 나라를 구해주시고. 히 감독이 맥아더 장군같아요.

이: 유럽의 명감독들이 당신 인생에서 한국은 어떤 의미냐고 물었더니 히 감독이 그랬다는 거야. 내 조국이라고. 한국에선 내가 시키면 선수들이 고층빌딩 옥상에서라도 뛰어 내린다고, 이유 같은 건 묻지도 않고서(they do that without asking why). 한국에선 선수들이 그만큼 축구를 사랑하고 열정에 불탄다고. 세계 어디

에 그런 나라가 또 있느냐고. 나는 한국과 한국 선수들과 한국 국민들을 사랑한다고.

소생의 머릿속으로 자료 하나가 떠올랐다. 2002년 폴란드 전을 앞두고 히딩크 감독이 한국 언론에게 브리핑했던 내용이다. 세계 톱클라스 팀들의 수준을 100이라고 보았을 때, 자기가 부임하던 당시 히딩크 본인이 냉정하게 평가한 한국 팀의 실력은 어느 정도인가.

- 지구력 50
- 테크닉 85
- 전술 60
- 스피드 80
- 자신감 60
- 경험 30
- 불안억제력 30
- 경기 중 의사소통 20
- 경기 중 책임감 20
- 성취동기 100
- 국가에 대한 사명감 100
- 축구에 대한 열정 100
- 팀에 대한 헌신 100

한국 대표팀의 경험, 불안억제력, 경기 중 의사소통, 경기 중 책임감 등은 월드컵에 참가할 수준이 아니었다. 이 약점을 어떻게 극복할 수 있을 것인가. 식사시간에 선수들끼리 반말을 하라고 지시하고, 연달아 대패를 기록하면서도 전 세계를 돌며 유럽의 강호들과 연달아 평가전을 가진 이유가 여기에 있다. 히딩크 이전에 한국 축구인들은 '한국 축구의 강점은 체력이며 약점은 기술'이라고 진단했다. 히딩크는 달랐다. 한국 축구의 지구력 수준은 50점이며 이것이 가장 큰 약점 가운데 하나라고 했다. 뛰어난 것은 '스피드'지 체력이 아니라는 이야기였다. 테크닉은 오히려 상당 수준에 이르렀다고 했다. 그렇다면, 2002년 월드컵까지 이 약점을 극복할 수 있다고 자신한 근거는 무엇인가. 성취동기, 국가에 대한 사명감, 축구에 대한 열정, 팀에 대한 헌신 등에서 한국을 뛰어넘는 팀은 전 세계에 존재하지 않는다는 확신이다. 바로 이 점이, 히딩크가 한국 축구 그리고 한국인들에게 무한한 애정을 품게 된 바탕이다.

논어에 나온다.

지자불혹(知者不惑) 지혜로운 사람은 미혹되거나 헷갈리지 않고,
인자불우(仁者不憂) 어진 사람은 걱정하지 않으며,
용자불구(勇者不懼) 용기있는 사람은 두려워하지 않는다. (子罕/29)

공자는 지(知), 인(仁), 용(勇) 가운데 하나만 갖춰도 제대로 된 인

간, 즉 군자(君子)가 될 수 있다고 생각했다. 그렇다면, 공자님 말씀의 깊은 뜻을 하나 씩 밝혀보기로 하자. 불혹(不惑)이란 무엇인가. 이한우는 "불혹하라는 것은 자신의 감정부터 다스리라는 뜻이다. 공자는 사람의 일과 사람이 할 수 없는 일을 분간하지 못하는 것을 혹(惑)이라고 말하고 있다"라고 했다. 안연(顔淵) 21에서 제자 번지(樊遲)의 질문에 공자는 "하루 아침의 분노로 자신을 망각해 그 (화가) 부모에게까지 미치게 하는 것이 혹(惑)이 아니겠는가?"라고 말한다. 바로 다음 구절에서 공자는 지(知)를 "사람을 아는 것"이라고 말한다. 사람을 제배로 볼 줄 아는 사람은, 스스로의 감정을 다스리고 조절하여 그릇된 판단을 하지 않는 법이다. 불혹(不惑)은 결국 어떤 경우든 사리분별을 제대로 한다는 뜻이다.

다음은 불우(不憂)다.

공자는 인(仁), 즉 어짊이란 '사람을 사랑하는 것'이라고 했다. 그렇다면, '사람을 사랑하는 어진 사람'은 어떤 걱정근심이 없는 또는 없어야 하는 것일까? 사람들이 자신을 알아주지 않는 것을 걱정하지 않고, 지위나 자리에 있지 못함을 걱정하지 않아야 한다. 술이(述而) 36의 "군자는 널리 트여 호탕하나 소인은 늘 괴롭고 초조하다"는 대목도 같은 맥락이다. 공자는 말했다. "군자는 자신의 무능함을 병으로 여기고 남들이 자신을 알아주지 않는 것에 대해서는 아파하지 않는다."(衛靈公/18)

"자신이 자리에 있지 못함을 걱정하지 말고 오히려 그런 자리에 가게 될 준비가 되었는지를 걱정하라. 자기를 알아주지 않음을 걱정하지 말고 알아줄 만하게 되려고 노력하라."

용(勇)은 내면의 용기다. 도(道)에 대한 믿음이 굳건하여 어떤 위험 앞에서도 당당한 것이 바로 '두려워하지 않음(不懼)'이다.

히딩크-홍명보 라인은 어쩌면 지(知) 인(仁) 용(勇) 삼박자를 완벽하게 갖춘, 환상의 조합은 아닐 것인가.

런던 올림픽 한국 대표팀의 이케다 세이고 피지컬 코치는 '왜 조국인 일본이 아니라 한국 대표팀을 택했느냐. 만약 다음 월드컵이나 올림픽 때도 양측에서 제안을 받는다면 그때도 한국을 선택하겠느냐?'라는 질문을 받고 이렇게 답했다. '홍명보 감독과의 의리 때문에 한국을 택했다. 홍 감독은 수 백 년 전에 일본에서 태어났더라면, 역사에 남는 위대한 쇼군(將軍)이 되었을 사람이다.' 그렇다면, 홍명보 감독의 다음 행보도 우리가 정하자. 2022년 카타르 월드컵, 홍명보 감독이 이끌 일본 대표팀을 우리는 목 놓아 응원하련다.

진짜 사나이들끼리의 진한 우정은 때론 조국애를 넘어서기도 한다. 제2의 조국은 히딩크를 기다린다. 히 감독님 우리에게 와주세요, 이유 같은 건 묻지도 마시고(Guus, please come to us without asking why). 나는 꿈꾼다. 히딩크의 가슴에 다시 한 번 태극마크를. 시청 앞 광장에 다시 한 번 태극 물결을. 그의 은퇴식을 위해 오렌지 빛과 붉은색이 반반 섞인 경기복을. 그리고 우리의 벅찬 가슴엔 감사와 감격의 뜨거운 눈물을. 그리고 우리 다함께 어깨를 걷고 목터져라 다시 한 번 대~한민국을. 저 머나 먼 브라질로 한국 축구가 간다!

후기) 이 칼럼이 나간 후 대한축구협회는 홍명보 감독을 신임감독으로 임명했다. 히딩크 감독은 2014년 1월 한국으로 들어와 무릎수술을 받았다. 인공관절을 넣지 않고, 줄기세포를 연골부위에 주사하는 최신기술이었다. 집도의는 홍명보 호의 팀닥터이기도 한 송준섭(宋準燮) 서울 JS병원장이다. 히딩크 감독은 수술 전 10년 넘게 무릎을 구부리지 못하고 움직일 때마다 통증을 달고 살 정도로 심각한 상태였다. 수술은 성공적으로 끝났고, 3월 24일 제3차 핵안보정상회의에 참석한 박근혜 대통령이 빌렘 알렉산더 네덜란드 국왕을 만나 "히딩크 감독이 퇴행성 무릎 관절염을 앓아 은퇴를 하려다 다시 감독을 맡기로 했다고 들었다"고 언급하며 화제를 모았다.

현역 은퇴를 고려하던 히딩크는 수술 경과가 좋자 2014년 월드컵 후 네덜란드 국가대표팀을 맡는 것으로 네덜란드 축구협회와 계약을 체결했고(1998년 월드컵 이후 16년 만의 네덜란드 대표팀 복귀),

수술 후 입원 중일 때는 홍명보 감독에게 병실에서 '족집게 훈수'를 하기도 했다.

대표팀을 둘러싼 뒷말과 소문을 차단하라

히딩크에게 물었다. 월드컵 때마다 좋은 성적을 올리는 비결이 있나? 있다. 뭔가? 불만세력을 관리하는 것이다. 불만세력이라니? 월드컵 대표팀은, 어느 나라건 실력이 뛰어난 선수들이 모이는 집단이다. 개성이 강한 남자들 수 십 명이 모여 몇 달을 같이 지내면 별 일이 다 일어나지 않겠나. 주전선수들은 불만이 없다. 경기에 나가니까. 랭킹 12-16번 선수들도 불만이 없다. 교체멤버로 출전할 확률이 높으니까. 21-23번도 마찬가지다. 이들은 자기들 실력이 대표팀에 뽑힐 수도 있고 아닐 수도 있다는 걸 누구보다 잘 안다. 대표팀에 합류했다는 자체를 고마워하는 그룹이다. 문제는 랭킹 17-20번에 해당하는 선수들이다. 이들의 불만을 한마디로 요약하면 이런 것이다. “이렇게 안 쓸 거면 도대체 나를 왜 뽑은 거야?”

2013년 6월 4일 베이루트. 대한민국 대표팀이 월드컵 최종예선에서 레바논과 비겼다. 그것도 종료직전에 터진 동점골로 가까스로. 승부조작에 연루되어, 감독과의 불화 및 기타 여러 가지 이유로, 레바논은 주전선수 여섯 명이 출전을 할 수 없는 상태였다. 아무리 원정경기라지만, 이런 상대를 맞아 겨우 무승부? 그렇다면, 골대를 세 번 맞춘 불운을 탓하기 전에, 우리 대표팀의 경기력이 왜 기대 이하였는지를 따져보아야 한다.

최강희(崔康熙) 감독(감독재임 2011. 12~2013. 6)은 대표팀을 맡을 생각이 조금도 없었다. 피할 수만 있다면 끝까지 피하려 했다. 2011년 8월 10일 역대 한일전 사상 37년 만에 세 골 차로 진 삿포로 참사(0-3) 이후 흔들리던 조광래(趙廣來) 감독의 입지는 2011년 11월 15일 월드컵 3차예선 대 레바논 원정경기가 1-2 패배로 끝나면서 막을 내렸다.(감독재임 2010. 7~2011. 12) 조 감독의 경질되면서, 축구계가 '대안이 없다'며 취임을 강권한 대상이 바로 최강희 감독이다. 전북 현대를 이끌고 K리그 우승컵을 들어 올리고, 아시아 챔피언스 리그까지 석권했던 봉동이장님의 취임일성은 '난 예선까지만 간다. 본선은 나보다 유능한 감독이 지휘하는 것이 맞다'였다. 겸양(謙讓)과 예의(禮儀)를 머금은 멋진 표현이었다. 그때나 지금이나, 최강희 감독의 진의에는 변함이 없을 터이다. 옆에서 지켜본 바, 최강희 감독은 상황에 따라 말을 바꾸는 사람이 아니다. 그런데, 바로 이 지점으로부터 문제가 발생했다. 선수들도 최 감독의 본심을 의심하지 않았다. 그래서, 선수들의 마음 한켠에 '예선에서 죽어라 고생해봤자, 본선에는 결국 새 감독의 눈에 든 선수가 가게 되지 않을까?'하는 의구심이 생긴 것은 아닐까. 선수 본인조차 의식하지 못하는, 무의식 한편에서 일어나는 조용한 움직임. 이런 상황이면, 불만세력에 더하여 불안세력이 생겨난다. 누가 감독이 되더라도 선발과 출전이 확실한 너 댓 명을 제외한 선수들이 불안해하기 시작하는 것이다.

子曰 孝哉 閔子騫 人不間於其父母昆弟之言.(先進/5)

자왈 효재 민자건 인불간어기부모곤제지언

해석) 공자께서 말씀하셨다. "효성스럽구나! 민자건이여! 남들이 그 부모 형제가 하는 말 사이로 끼어들지 못하니!"

민자건은 공자의 제자다. 성은 민(閔), 이름은 손(損), 자는 자건(子騫)이다. 공자보다 15세 연하였다. 후세인들이 덕행(德行)이 뛰어났다고 평가한 인물이다. 당시 노나라 정치형태를 내켜하지 않아 벼슬길에 나아가기를 거부하였다. 권력자의 심부름을 온 사람에게 '나를 위해 돌아가서 거절의 말씀을 잘 전해 주시오. 오늘처럼 다시 나를 부르러 오는 일이 있으면 나는 반드시 (노나라와 제나라의 경계에 있는) 문수(汶水)가에 있을 것입니다.'라고 말했던 기개 있는 인물이기도 하다. 위 문장에서 곤(昆)은 맏이, 장자라는 뜻이다.

민자건은 아버지와 계모를 모시며 효성이 지극한 아들로 여러 일화를 남겼다. 정약용의 저술에 민자건의 이야기가 나온다. 이한우가 번역한 정약용의 글을 재인용한다. "민자건이 일찍이 어머니를 여의고 그의 아버지는 다시 장가를 들어 두 아들을 낳았다. 계모가 유독 민자건에게만 (싸구려)갈대꽃 솜으로 옷을 만들어 입혔는데, 아버지가 이 사실을 알고는 그 아내를 내쫓으려 하자, 민자건이 말하기를 '어머니가 있으면 한 아들이 추위에 떨지만, 어머니가 가시면 네 아들이 다 외로워집니다'라고 하여 어머니가 쫓겨나는 것을 면할 수 있도록 하였다. 그 어머니가 이 말을 듣고는 이들을 공평하게 대우하여 드디어 자애로운 어머니가 되었다."

가족 간 불화의 조짐은 무엇일까? 가족 사이에 벌어진 일이 몇 바퀴를 돌아서 남의 입을 통해 가족의 누군가에게 전달되는 것이 아닐까. 섭섭함을 지나쳐 오해가 쌓이는데는 이보다 더 확실한 경우도 많지 않을 터이다. 가족을 믿는다면, 남들이 그 말 사이에 끼어들지 못하도록 모두가 조심하고 삼가야 한다. 대표팀도 마찬가지다. 팀원 아닌 사람들에게 아름답지 않은 소문들이 들려와서는 곤란하다. 누가 되었든, 소문과 불만을 옮기는 일이 없어야 한다. 이메일이든 SNS든 삼가고 조심해서, 불만세력과 불안세력이 늘어나지 않도록 서로가 서로를 아껴야 한다. 그래야 경기력을 극대화할 수 있다. 2014 브라질 월드컵 본선에서도 이 점은 마찬가지다.

기성용, 조금만 삼가고 천재의 길로 발진하라

2013년 9월 1일, 기성용 이적했다. 원 소속팀 스완지와 선덜랜드가 1년 임대에 합의했다. 아쉬움이 남는다. 미카엘 라우드롭 감독과의 인연이 엷어졌기 때문이다.

미카엘 라우드롭은 2006년 11월 설문조사에서 덴마크 축구협회와 국민이 뽑은 '역사상 최고의 덴마크 축구 선수'다. 1964년 6월 15일 생. 18세부터 대표팀에 뽑혔고 98년에 은퇴했다. 덴마크 리그를 거쳐 이탈리아의 라치오(1983~85), 유벤투스(1985~89), 스페인의 바르셀로나(1989~94), 레알 마드리드(1994~96), J리그 빗셀 고베(1996~97)에서 뛰었다. 마지막 소속구단은 네덜란드의 아약스(1997~98)다. 라우드롭이 생각하는 '생애 최고의 순간'은 스웨덴에서 열렸던 유로 1992나. 덴마크는 유고슬라비아에 밀려 조 2위로 예선을 마감했으나 유고슬라비아 전쟁의 인종청소 사건으로 유고에 대한 UN제재가 이어지자 대타 출전권을 손에 넣는다. 본선 무대, 잉글랜드와 0-0으로 비기고, 스웨덴에 0-1로 패해 팀 당 2경기가 끝난 시점에서 조 최하위였던 덴마크는 조별리그 최종전에서 프랑스를 2-1로 잡으며 기사회생(起死回生)한다. 유로 본선에 8팀만 참가하던 시절이다. 그래서 다음 경기는 네덜란드와의 준결승. 86분까지 2-1로 앞서가며 승리를 눈앞에 두었던 덴마크는 레이카르트에게 동점골을 허용하며 2-2로 정규시간을 마친 뒤 연장전을 거쳐 승부차기 5-4 승리로 결승에 오른다. 덴마크는 다섯 명 모두 골을 넣었고, 네덜란드의 실축 선수는 두 번째 키커였던 AC 밀란의 전설 마르코 판 바스텐이다. 마침내 '세계챔피언' 독일과의 결승전. 18분, 78분의 연속득점으로 덴마크가 2-0으로 승리하며 우승컵을 들어 올린 건 대회 사상 최대 이변 가운데 하나다. 이 당시의 덴마크 팀 주장이 바로 라우드롭이다. 덴마크 축구 사상 아직까지는 처음이자 마지막인 메이저대회 우승.

캐리어가 말해주듯, 그는 언제나 유럽 빅 클럽들의 구애대상이었다. 전성기는 바르셀로나 시절이다. 리그 타이틀 4회 연속 우승을 포함, 각종 대회에서 아홉 번 우승컵을 들어 올리는 동안 그는 늘 팀의 중심에 서 있었다. 발칸의 황태자라고 불렸던 스토이치코프(불가리아: 1990~95), 1994년 미국 월드컵 득점왕 로마리오(브라질: 1993~95) 등이 그 시절의 동료다. 레알 마드리드로 이적한 첫 시즌에 팀을 리그 정상에 올려놓으며 완성한 '스페인리그 우승메달

5년 연속 획득'이라는 신화. 1999년 스페인 기자들은 라우드롭을 지난 25년 간 스페인 리그에서 활약한 '역대 최고의 외국인 선수'로 뽑았다. 디 스테파노(아르헨티나)나 크루이프(네덜란드)보다도 높은 평가를 받았다는 뜻이다.

라우드럽 이전, 1986년 멕시코 월드컵이 그들의 월드컵 데뷔전이었을 만큼 덴마크 축구는 유럽의 변방이었다. 소련, 스위스, 아일랜드, 노르웨이가 속한 예선 전장을 5승1무2패 수위로 통과. 본선 첫 경기 6월 4일 스코틀랜드 전을 1-0으로 마무리하며 월드컵 사상 첫 승 신고. 당시의 스코틀랜드 감독이 바로 알렉스 퍼거슨이고, 개막 몇 주 전 부상으로 엔트리에서 빠진 에이스가 리버풀의 전설 케니 달그리쉬다. 나흘 후 우루과이와의 2차전이 라우드롭의 명편(名篇)이다. 우루과이는 당시 남미 챔피언. 개막전을 서독과 1-1로 비긴 만만치 않은 상대였다. 덴마크는 개전(開戰) 10분 만에 라우드롭의 어시스트로 첫 골을 뽑고, 최종 스코어 카드에 무려 6-1이라는 숫자를 찍는다. 덴마크는 '74, 78 월드컵에서 연이어 준우승한 네덜란드의 북유럽판 재림'이라는 극찬을 들었고 라우드롭은 이 경기 후 세계의 언론으로부터 "남미의 기술과 유럽의 강인함을 한 몸에 구현한 선수"라는 찬사를 받는다. 그의 플레이스타일은, 말하자면 아웃복싱과 인파이팅을 동시에 구현한 듯한 독특한 신제품이었다. 우아하면서도 터프했다. 타이밍을 조절하며 느리게 움직이다가도 순간 속도를 높이며 빠르게 공간을 파고들었다. 6월

13일, 두 팀 다 16강 진출이 확정되었다고는 해도, 덴마크가 서독을 2-0으로 완파할 것이라고 예상한 전문가는 드물었다. 3전 전승, 조 1위로 16강에 오른 '신데렐라'의 행진. 하지만 거기까지였다. 6월 18일 16강전, 덴마크는 33분 페널티킥으로 스페인에 앞서 나갔지만 43분 수비실수로 부트라게뇨에게 동점골을 허용하고, 후반 들어 네 골을 허용하며 1-5로 무너진다. 지면 어차피 탈락이니 막판 '총공격'을 감행하다 연타를 얻어맞은 것이다.

그의 동생도 축구선수다. 함께 덴마크의 유로 92 우승을 이끈 다섯 살 아래의 브라이언 라우드롭. 1998/99 시즌 중간, 향수병에 걸려 첼시에 연봉을 반납하고 덴마크 고향팀으로 돌아가 버린 감성이 풍부했던 또 다른 천재.

다시 마카엘 라우드롭의 이야기로 돌아가 보자. 그의 지도자 경력이다. 은퇴 후 1998년 덴마크 대표팀 코치로 지도자 데뷔, 2002~6년 덴마크 브론들리 감독으로 2005 시즌 우승. 마드리드 제3의 클럽인 헤타페(2007~8), 러시아의 명문구단 스파르타크 모스크바(2008~9), 다시 스페인리그 말로가(2010~2011)를 거쳐 2년 계약으로 스완지 입성(入城). 라우드롭은 짧은 패스의 마법사였다. 그는 롱킥을 줄이는 대신 패스를 이어 붙여 팀 전체가 한 덩어리로 전진하는 전술을 완성했다. 수비진에서 최전방까지 공을 이어가는 동안, 두 세 번의 원터치 패스와 창의적인 터치가 있어야 상대의 방어망을 뚫을 수 있다는 것이 라우드롭의 지론이다. 그래서 그는 기성용을 총애했다. 건장하고, 활동량이 많은데다 킥이 정확하고, 때론 엉뚱한 듯 보이는 창의적인 패스를 만들어내는 선수였기 때문이다. 라우드롭의 성향으로 보아, 기성용은 라우드롭 구상의 핵심이자 최적의 카드가 될 수도 있었다.

문제는… 2000년대 들어 거의 모든 유럽 구단들이 직면한 골칫거리가 있다. 감독의 영(令)이 도무지 서지 않는다는 점이다. 무엇보다도, 지도자들과 선수들의 연봉 차이가 너무 심하다. 자기 월급 정도를 연봉으로 받는 지도자에게 선수들이 100% 복종할 수 있을까? 조금만 갈등이 생겨도, 선수들은 타 구단으로 이적을 요구한다. 심지어는 감독의 선수기용, 전술, 교체카드에 공개적으로 불만을 표하고 자기 의견을 제시하는 선수들도 있다. 퍼거슨이나 되니까 베컴을 자를 수 있는 것이다.

최강희 감독과 기성용 사이에 벌어졌던 일들도 문제를 키웠다. 한국발(發) 뉴스는 실시간으로 스완지 수뇌부에 보고되었다. 감독끼리는 서로 경쟁하지만, 어떤 사안에 대해서는 전 세계 감독들이 모두 한 편이다. 동병상련(同病相憐)을 느끼기 때문이다. 라우드롭은 10대 후반부터 외국 리그 생활을 시작했다. 세상에 하고 싶은 일을 다 하고 사는 사람은 없겠지만, 라우드롭은 그 중에서도 '참고 견디며 자기를 희생하는' 분량이 상당히 많았던 선수다. 사고가 유연하고 마음이 따뜻한 사람일수록 최선을 다해 누군가를 배려한다. 그러다가, 아니다 싶으면 단 한 순간에 돌아서는 경우가 많다. 어지간한 일들은 못 본 척 넘어가 주다가, 누적된 분노의 분량이 쌓이면 단 번에 임계점을 넘어간다는 얘기다. '그동안 아무런 문제가 없었는데 갑자기 왜 이러시냐'고 묻는 건, '착한 사람'들의 성격을 너무 자기 위주로 해석하는 경우다.

논어 첫머리, 두 번째 챕터에 나온다.

有子曰 其爲人也 孝弟 而好犯上者 鮮矣 不好犯上 而好作亂者 未之有也.

유자왈 기위인야 효제 이호범상자 선의 불호범상 이호작란자 미지유야

君子 務本 本立而道生 孝弟也者 其爲仁之本與.(學而/2)

군자 무본 본립이도생 효제야자 기위인지본여

해석) 유자(有子)가 말하였다. "그 사람됨이 효성스럽고 우애로면서 윗사람을 거스르기를 좋아하는 이는 드물다. 윗사람을 거스르기를 좋아하지 않으면서 변란 일으키기를 좋아하는 자는 지금껏 없었다. 군자는 기본에 힘을 쓸 것이니, 기본이 갖추어지면 도가 열리게 된다. 효성스럽고 우애롭다는 것은 바로 어짊의 기본일 것이다."

유자(有子)는 공자의 제자로 성은 유(有), 이름은 약(若)이다. 공자보다 13세 연하였던 것으로 알려져 있다. 공자 사후 자유, 자하, 자장 등 다른 제자들이 그를 공자의 후계자이자 공자학파를 이끌 스승으로 추대하려 했으나 증자가 반대했다는 기록이 〈맹자(孟子)〉와 〈사기(史記)〉에 나온다. 이 일화를 뒤집어 해석하면, 적어도 많은 사람들이 유자를 '공자의 학문적 법통(法統)'을 이을 스승으로 생각했다는 이야기가 된다. 이제 문장을 풀이해 보자.

위인(爲人)은 '사람 됨', 효(孝)는 부모를 대하는 자식의 정성, 제(悌)는 형을 대하는 아우의 정성을 말한다. 이한우의 풀이다. "그(사람됨이 효성스럽고 우애로면서 윗사람을 거스르기를 좋아하는 이는 드물다. 윗사람을 거스르기를 좋아하지 않으면서 변란 일으키기를 좋아하는 자는 지금껏 없었다)는 사람을 판별하는 방법[知人之鑑]을 구체적으로 제시한다. 우리가 어떤 사람을 제대로 안다는 것은 곧 그[其] 사람의 사람됨[爲人]을 안다는 뜻이다. 유자는 바로 그 이야기를 하고 있다. 즉 그 사람됨으로 보아 (집안과 마을에서) 부모에게 효도하고 형이나 윗사람을 공경하면서 (오늘날의 용어로 치자면 직장이나 사회에 나가) 윗사람[上]에게 대들거나 거슬리는 행동[犯]을 하는 사람은 드물다[鮮] 것이다."

부모와 윗사람에게 공손하지 않은 사람은 어떤 조직이나 기관에 들어가더라도 조화를 이뤄 일하기가 어렵다. 조화를 이루지 못하면 그 조직이 하는 일에 부정적인 생각을 품게 되고, 그러한 부정적인 생각이 본인과 조직에 모두 문제를 일으킬 가능성이 크다는 말이다. "군자는 기본에 힘을 쓸 것이니, 기본이 갖추어지면 도가 열리게 된다. 효성스럽고 우애롭다는 것은 바로 어짊의 기본일 것이다"는 것도 마찬가지다. 어짊[仁]은 추상적이며 구체적인 그림이 그려지지 않는 막연한 개념이지만, 효제(孝悌)를 실천하는 것이 곧 '군자의 기본'이라는 뜻이다.

축구는 팀 스포츠다. 팀워크가 단단하지 않으면 좋은 성적을 기대할 수 없는 종목이다. 기성용은 한국 축구의 소중한 자원이다. 소질과 실력도 빼어나서, 앞으로 얼마든지 세계 정상권까지 진화할 수 있는 선수다. 경기 외적인 문제로, 이 빛나는 재능을 100% 개발할 수 없게 된다면 이것만큼 억울하고 안타까운 일이 어디 있겠는가. 우리가 원하는 건, 기성용이 정상 언저리에서 전진을 멈추는 것이 아니다. 우리는 바란다, 기성용이 실력과 인성을 갈고 닦아 한국인이 아직 가보지 못한 전인미답(前人未踏)의 지점까지 나아가 주기를.

라우드롭만큼 국제적 인맥과 네트워크를 가진 감독도 거의 없는데… 한국 축구가 활용할 수 있는 미래자산 하나가 이렇게 없어지는 것은 아닌지, 그 점이 안타까울 뿐이다. 선덜랜드에서 보여준 기성용의 퍼포먼스는 나쁘지 않았다. 이제 심기일전(心機一轉)하고

2014년 브라질 월드컵에서 멋진 축구를 보여주었으면. 실력으로 자신의 가치를 증명하고, 2014년 2월 5일 스완지 감독에서 해임된 라우드롭 감독과도 관계를 복원해 갔으면.

사족 하나–라우드롭의 일본 시절엔 한국인 동료가 없었다. 라우드롭이 팀을 떠난 이듬해인 1998년 하석주(河錫舟)와 김도훈(金道勳)이 입단했고, 99년엔 최성용(崔成勇)이 입단, 2000년까지 '빗셀 고베 한국인 삼총사'로 불리며 맹활약한다. 김남일, 재일동포로 대한민국 국가대표로 선발된 적이 있는 박강조 등도 빗셀 고베의 경기복을 입은 적이 있다.

사족 둘–선덜랜드와 한국 축구의 인연. 일제시대, 잡지에 난 선덜랜드의 경기복을 보고 홀딱 반해 디자인을 그대로 빌려다 쓰기로 결정한 팀이 있다. 2014년에도 이 팀은 그 경기복을 그대로 사용한다. 당시는 보성전문(普成專門), 지금의 고려대(高麗大) 축구부의 호랑이 줄무늬 경기복은 선덜랜드 상하의가 오리지널이다.

한국 대 스위스 친선경기의 의미

2013년 11월 15일 금요일 저녁 8시 상암경기장. 한국 대 스위스의 친선경기가 열렸다. 홍정호와 이청용의 골로 2-1 역전승한 이 일전(一戰)은 대한민국 국가대표 축구팀의 2013년 시즌 마지막 홈 경기였다.

이 경기 이전에 한국과 스위스 사이에 벌어진 대표팀 경기는 단 한 번. 2006년 월드컵 본선에서 스위스가 2-0으로 승리한 경기가 유일하다. 그렇지만, 이것이 인연의 전부일까?

대한민국의 월드컵 본선 데뷔전이 열린 곳이 바로 스위스다. 1954년 6월 17일 한국은 취리히에서 당시 세계 최강 헝가리와 대결했고 0-9로 대패했다. 전반전 스코어는 0-4, 헝가리는 경기 막바지 15분에 세 골을 몰아치는 등 끝까지 최선을 다했다. 6월 20일에 열린 한국의 2차전 상대는 터키. 제네바의 4,000여 관중 앞에서 열린 이 경기는 월드컵 역사상 최소관중 경기다. 결과는 한국의 0-7 패배.

2조의 나머지 한 팀은 서독이었지만, 54년 대회규정에 따라 한국은 다음 한 경기를 치르지 못했다. 2승의 헝가리는 바로 8강에 진출하고 2패로 탈락이 확정된 한국을 제외한 두 팀이 단판 재대결로 준준결승 진출팀을 가리는 방식. 첫 대결에서 터키를 4-1로 꺾은 서독은 재대결에서도 7-2로 득승하며 8강에 올랐다. 이것이 이른바 '스위스 룰'이다. 승자는 승자끼리 대결하고 패자는 패자끼리 대결하도록 한 뒤 각 경기에 가중치를 부여해 순위를 가리는 방식이다. 복잡하기는 하지만, 토너먼트와 리그전의 장점만을 취한 제도라는 평가도 있다. 이 방식으로 경기하는 대회로는 세계 아마추어 바둑선수권대회가 대표적이다. 54년 월드컵에선 2조 이외에도 4조에서도 플레이오프 경기가 나왔다. 1승1무의 잉글랜드가 8강 직행, 각각 1승1패를 기록한 스위스와 이탈리아가 재대결을 벌인 끝에 4-1로 승리한 스위스가 다음 라운드 진출. 스위스는 조별리그 첫경기에서도 이탈리아를 2-1로 물리쳤었다.

두 경기에서 16골이나 내주며 무너졌지만, 스위스 국민들은 한국팀을 배려했다. '전쟁을 겪은 지 얼마 안 되는 나라'의 선수들에게 매일 숙소로 '산더미 같은' 수많은 구호품이 답지했다고 한다.

생각지도 못한 배려요 호의였다.

다음 인연은 1981년이다. 7월 13일부터 26일까지 열렸던 제11회 대통령배 국제축구대회. 5공화국 최초의 본격적인 스포츠 행사였다. 대한축구협회의 초청장을 받은 스위스는 '일정상 대표팀 파견이 불가능하다'는 양해를 구하고 대타 출전팀을 추천했다. 스위스와 오스트리아 접경지에 자리한 인구 3만의 소국 리히텐슈타인. 1933년 협회를 창립했고 1974년 FIFA에 가입하기는 했지만, 리히텐슈타인은 정식 A매치를 가진 적이 없었다. 그들의 역사적인 국가대표팀 첫 경기는 7월 14일 서울에서 열린 몰타 대표팀과의 1-1 무승부다. 대 태국 전 0-2패, 대 우르과이(다누비오 클럽) 0-1패, 대 브라질(비토리오 클럽) 0-2패했지만, 마지막 경기는 인도네시아에 3-2로 승리하며 리히텐슈타인은 원정일정을 모두 마쳤다. 첫 경기와 첫 승을 모두 우리 땅에서 기록한 유럽국가. 한국 원정 이후 리히텐슈타인은 본격적으로 국제무대에 얼굴을 내밀기 시작했다. 2014년 월드컵 유럽예선 성적은 2무8패 4득점 25실점이다. 홈경기에서 라트비아, 슬로바키아와 각각 1-1로 비겼고, 그리스와는 두 번 다 졌지만 스코어가 0-2, 0-1에 불과했을 만큼 나름대로 선전했다.

독일 월드컵 조별리그 마지막 경기가 열린 2006년 6월 24일 하노버. 토고에 2-1로 승리하고 프랑스와 1-1로 비긴 한국은 프랑스와 0-0, 토고에 2-0을 기록하며 역시 승점 4점을 챙긴 스위스의 외나무다리에서 마주쳤다. 2무의 프랑스가 토고를 이긴다고 보면, 한국 대 스위스 전은 승자는 16강에 오르고 패자는 탈락하는 비정한 한 판 승부였다. 비기면 골득실 차에 의해 스위스가 16강행. 한국은 이 경기에서 2-0으로 졌다. 스위스의 두 번째 골이 저 유명한 '오프사이드 논쟁'이다. 결론부터 말하자면, 그 골은 오프사이드가 아니다. 정당한 골이다. 오프사이드 룰에 대한 모든 경우의 수와 변수가 다 들어있는 기가 막힌 샘플이다. 오죽하면 '그때 그 장면'을 FIFA가 국제심판 학습교재로 제작해서 활용하고 있겠는가. 16강에 오른 스위스는 우크라이나와 0-0으로 비긴 후 승부차기에서 0-3으로 졌다.

대한민국은 런던올림픽에서 스위스를 다시 만났다. 2012년 7월 29일 코벤트리. 2006년 월드컵 대표팀 코치였던 홍명보는 올림픽팀 감독이 되어 스위스를 상대했다. 2006년 당시 선수였던 박주영이 보은(報恩)의 선제골을 넣었지만 곧바로 동점타를 허용해 전반전 스코어는 1-1. 후반전에 김보경의 환상적인 발리슛이 터지면서 한국은 2-1로 스위스를 잡았다. 스위스는 예선탈락했고 대한민국은 8강전에서 영국을 잡은 뒤 3-4위전에서 일본을 2-0으로 격파하며 동메달을 획득했다.

인연 이야기를 하나만 더해보자. 2012년부터 K리그는 전반기

리그를 치르고 상위 팀 하위 팀을 갈라 따로 리그를 운영했다. 이른바 스플릿방식이다. 이러한 운영방식의 원조가 스위스리그다. 열두 팀이 홈앤드어웨이로 22경기를 치른 후 상위 8팀이 챔피언십 리그를, 하위 4팀이 강등탈출 리그를 벌이는 것이 스위스리그의 오랜 전통이다. 한국인 선수가 스위스 리그에서 활약한 경우는 국가대표 수비수인 박주호가 아직까지는 유일한 케이스다. 2013년 7월 현 소속팀인 독일 분데스리가의 FSV 마인츠 05로 이적하기 전까지, 박주호는 스위스 챔피언인 FC 바젤에서 성공적인 두 시즌을 보냈다.

은혜가 되었든 원한이 되었든, 갚을 것은 갚고 가는 것이 인간 세상의 인지상정(人之常情)이다. 논어에 나온다.

或曰 以德報怨 何如 子曰 何以報德 以直報怨 以德報德(憲問/36)
혹왈 이덕보원 하여 자왈 하이보덕 이직보원 이덕보원

해석) 은덕으로 원한을 갚으면 어떻습니까?"
공자가 말했다.
"그렇게 하면 무엇으로 은덕을 갚을 것인가? 공정함으로 원망을 갚고 은덕으로 은덕을 갚아야 한다."

보(報)는 갚다, 보답하다 라는 뜻이고 직(直)은 곧음, 원리원칙을 말한다. 주희의 풀이에 따르면 공평무사(公平無私), '원망하는 자에게는 사랑하고 미워함과 취하고 버림을 한결같이 지극히 공평하고 사사로움 없이 하는 것이 이른바 직(直)이다. 이한우가 번역한, 이 구절에 대한 정약용의 풀이다. "가볍게 대해야 할 자에게 후하게 대접하면, 후하게 대접해야 할 곳에는 아무 대접도 할 수 없다. 그러므로 덕을 가지고는 덕에 보답하는 것이다."

우리는 구호품을 보내주던 그대들의 따뜻한 마음을 잊지 않고 있다. 속이 쓰리지만, 2006년의 패배도 '우리가 졌다'고 깨끗이 인정한다. 구호물자를 받던 나라가 이제는 주인이 되어 성대한 잔칫상을 마련해 놓고 진객을 기다려서 이번엔 제대로 한 합(合)을 겨룬 것이다. 그런 의미에서 다시 한 번 감사를!

한국 대 브라질 친선경기의 의미
–2013. 10. 12 상암 월드컵 경기장, 브라질 2–0 한국

브라질은 축구의 나라다. 대표팀 경기가 열리면, 모든 사회가 그대로 일시정지 모드로 돌입하는. 병원과 소방서와 학교가 멈추는데, 학교가 개점휴업인 건 학생들이 등교를 하지 않아서가 아니라 교사들이 출근을 하지 않기 때문이라 한다. 골목과 카페와 노천광장에 운집한 길거리 응원단은 브라질이 볼을 잡고 하프라인만 넘어서도 폭죽을 터뜨리며 열광하기 시작한다. 1970년, 월드컵 결승에서 이탈리아를 4–1로 물리치고 사상 최초의 3회 우승을 달성하며 줄 리메컵 영구소유권을 획득하자, 대통령궁 발코니에서 춤을 추던 대통령이 화끈하게 선언한 '임시 공휴주'. 하루 가지고는 부족하니 한 주를 통째로 빼서 축구축제를 벌이자는 결정. 국기 안에 그려진 지구본을 축구공 문양으로 바꾸자는 제안은 안타깝게도(?) 아슬아슬한 표 차이로 국회 본회의를 통과하지 못했다 한다.

브라질 축구는 한국 축구가 감히 넘을 수도 닿을 수도 없는 나라였다. 명실공히 세계 최강인 상대와 같은 조건에서 한 합을 겨룬다는 건 70년대만 해도 '공상과학 소설'같은 이야기였다. 일본을 들르는 길에 어쩌다 브라질 프로팀이 모습을 보인 적은 있다. 그건 축구 세계 1위의 나라가 보내주는 구호품 같은 경기였다. 1976년, 한국 축구팬들에게 '브라질'이 대통령배 축구대회에 매년 참가하기로 했다는 낭보가 날아들었다. 사실은 상파울로FC U-21세 팀이었지만, 그래도 우리 팬들은 브라질 본토 축구를 눈앞에서 볼 수 있다는 사실에 감격했다. 일개 프로팀의 U-21팀을 우리 대표팀이 버거워하던 시절이다. 상파울로 U-21은 몇 년 연속 대통령배에 출전했고, 이후 '브라질'팀의 면면은 1981년엔 레이싱 코르도바 리저브, 82년엔 아틀레티코 미네로 리저브, 84, 85년엔 방구로 다변화된다. 83년엔 브라질 팀을 부르지 않고 그 비용으로 PSV 아인트호벤을 초청했다. PSV는 결승에서 한국을 3-2로 물리치고 우승했는데, 이 경기는 허정무가 PSV 소속으로 뛴 마지막 경기다. 선수들은 허정무를 무등 태워 동대문 운동장 트랙을 돌았고, 허정무는 1984년 시즌부터 수퍼리그에 참가한 신생팀 현대 호랑이 축구단(현 울산 현대)으로 소속을 옮긴다.

한국 축구가 FIFA 주관 공식대회에서 브라실을 만난 건 1983년이 처음이다. 멕시코에서 벌어진 U-20 월드컵. 아시아 예선에서 북한에 3-5로 패하고 탈락했다가 1982년 뉴델리 아시안게임 3, 4

위전 난동으로 '국제대회 5년 출전정지'의 징계를 받은 북한의 대타로 본선 진출. 첫 경기를 스코틀랜드에 0-2로 내줄 때만 해도 희망이 보이지 않았다. 골키퍼 김풍주가 지면으로 낮게 깔리는 공을 쳐내려 다이빙을 했으나 겨드랑이 사이로 공을 흘려보내 실점했을 만큼 우리 선수들은 굳어 있었다. 두 번째 경기 6월 6일 홈 팀 멕시코와의 2차전이 신화창조의 분수령이다. 첫 경기 장소 토루카에서 200km를 이동, 멕시코시티 아즈테카 스타디움의 10만 관중 앞에서 펼친 명승부. 한국은 11분 만에 선취점을 허용했다. 더 이상 잃을 것이 없는 상태. 2패면 어차피 예선 탈락이다. 한국 선수들이 긴장감을 벗어던지고 깨어나기 시작했다. 부담감이 심했던 건 오히려 멕시코였다. 29분, 노인우(盧仁佑)의 통렬한 중거리 슛으로 1-1. 후반들어 일진일퇴(一進一退)의 공방을 벌이던 양 팀은 경기종료 5분을 남기고 양 팀은 '지옥문 앞 까지 동반여행을 다녀왔다.' 한국이 멕시코 골 문 2미터 앞에서 날린, 오른편에서 공급된 낮은 크로스를 두 발을 바닥에 디딘 채 상태를 반 쯤 웅크린 자세로 우겨 넣은 원바운드 헤딩슛은 멕시코 골키퍼 오른쪽 골포스트를 퉁겼고, 곧바로 이어진 반격에서 펼쳐진 멕시코의 롱볼 크로스에 이은, 페널티 박스 바로 안쪽에서 쏘아올린 고공 헤딩슛은 그 지점까지 달려나간 한국 골키퍼 이문영의 점프보다 빠르고 높았지만 골대 앞에서 커다랗게 바운드된 뒤 크로스바의 상단을 때리고 경기장을 벗어났다. 둘 다, 안 들어간 것이 오히려 이상하다고 느꼈던, 피차(彼此) 간에 땅을 칠만한 상황이 연이어 벌어졌던 것이다.

하지만, 승부의 여신은 냉정하다고 했던가. 종료 1분 전 이태형의 크로스를 신연호(申連浩)가 골대 바로 앞에서 인사이드 킥으로 정확히 가격. 멕시코 골키퍼는 필사의 다이빙으로 이 공을 걷어냈는데, 불규칙 곡선을 그리며 떠오른 공을 신연호가 다시 달려들며 머리로 밀어 넣으며 승부를 끝냈다. 2-1 한국 승리. 이 경기 후 멕시코 언론이 우리에게 붙여준 별명이 바로 '붉은 악마'다.

3차전 대 호주 전 2-1 승리. 준준결승 우루과이 전 연장 접전 끝에 다시 2-1 승리. 우리는 전반에 페널티킥을 실축했고 우루과이는 후반과 연장전에서 각각 한 번 씩, 두 번이나 크로스바를 맞췄다. 그렇게 산을 넘고 강을 건너가 준결승에서 만난 상대가 브라질이다. 6월 15일 몬테레이. 그 당시를 기준으로 하면, 이 일전(一戰)이 한국 축구사 최대의 빅게임이다. 브라질과 대등한 자격으로, 그것도 친선경기가 아닌 FIFA 주최의 선수권대회에서 만났다는 감격. '언제 어떻게 이런 일이 일어나 버린 거지?'라는 느낌이 들만큼 현실감이 잘 느껴지지 않던 경기. 한국은 선전했다. 쉬지 않고 뛰어다녔다. 브라질은 처음 겪는 스타일의 축구에 제대로 힘을 쓰지 못했다. 전반전 15분 이태형의 패스를 받은 김종부의 왼발 슛이 브라질 골문 왼쪽 하단을 통과하며 1-0. 이거, 정말로 기적이 일어나는 것 아냐? 20여 분이 지나면서, 브라질은 경기 템포를 조절하며 상황을 통제하기 시작했다. 경기 템포를 한없이 느리게 가져가다 급격히 스피드를 올려 한국 팀의 진을 뺐다. 그때까지 한국 축구는 처음부터 끝까지 3단 기어를 넣고 달리는 자동차였다. 상대가 1단부터 5단까지 변속하며 경기하자 마땅한 대응전략을 찾지 못했다. 상대가 에너지를 비축할 때도 우리는 전력으로 뛰면서 체력을 소진했다. 브라질은 전반에 1-1을 만들고 후반 36분 역전골을 터뜨리며 결승행 티켓을 가져갔다. '순발력과 세밀한 개인기'라는 강점을 극대화한 경기 운영. 브라질은 결승에서 실바의 골로 아르헨티나를 1-0으로 물리치며 우승했고, 우리는 3-4위전에서 이기근의 선제골로 앞서가다 폴란드에 1-2로 역전패했다. 재미있는 점은 폴란드까지, 이 대회 4강에 오른 팀이 당시 외국에 갚아야 할 빚이 많았던 '외채(外債) 4강'이기도 했다는 사실이다.

옛 일을 추억하는 와중에 논어의 한 구절이 가슴에 와 닿는다.

子曰 不憤不啓 不悱不發 擧一隅 不以三隅反則不復也.(述而/8)
자왈, 불비불계 불비불발 거일우 불이삼우반즉불복야

해석) 선생님께서 말씀하셨다. 열심히 노력하지 않으면 깨우쳐 주지 않고, 애쓰려 하지 않으면 가르쳐 주지 않으며, 한 귀퉁이를 들어주었을 때 나머지 세 귀퉁이를 들어 반응하지 못하면 다시 더 일러주지 않는다.

분(憤)은 힘쓰다, 분발하다 라는 뜻이다. 계(啓)는 일깨워 밝혀주는 것이다. 스스로 절실하게 분발하지 않으면 가르쳐주지 않았다는 이야기다. 비(悱)는 뜻은 알고 있으나 말은 못하는 것이다. 막연하게 알고 있거나, 어느 부분이 명확하지 않아 자신이 없어 말을 하고 싶지만 애를 태우는 경우다. 불비불발(不悱不發)은 본인이 절실하게 애를 태우는 사람이라야 그 사람의 말문을 틔워줄 수 있다는 뜻이다. 우(隅)는 귀퉁이라는 혹은 구석이라는 뜻이고 반(反)은 반응하다, 스스로 되돌려 홀로 터득한다는 뜻이다. 위령공(衛靈公) 15에서 공자는 "어떻게 할까 어떻게 할까라고 말하지 않는 자에 대해서는 나도 어떻게 할 도리가 없다"라고 말씀한다. 스스로 앞으로 나아가려는 의지가 없는 사람에게는 아무리 좋은 가르침을 주고 싶어도 도무지 방법이 없다는 뜻이다. 실력향상을 절실하게 바라고 그에 상응한 노력들이 모여 오늘날의 한국 축구가 만들어진 것이다.

유럽과 남미 프로팀의 2군도 이기지 못하던, 브라질이라는 이름만으로도 아득하던 시절이 있었다. 그들이 한국을 찾아준 것만으로도 감사를 표하던 때가 불과 40년 전이다. 그런데 지금은 브라질과의 A매치. 전혀 주눅 들지 않고 당당하게 자기의 플레이를 펼친 태극전사들에게 박수를. 세계 최고 수준의 경기력을 보여주고, 경기장에서 인터뷰장에서 상대를 존중하는 진정한 스포츠맨십을 보여준 브라질에게 찬사를. 상암벌 대회전은 우리의 0-2 패전으로 막 내렸지만, 감정적 비난과 욕설을 몰아낸 대한민국 관중과 언론에도 감사를. 어쩌면 우리는, 축구실력 · 경기장 건설 · 관중 매너 등 모든 면에서 '한 귀퉁이를 들어주었을 때 나머지 세 귀퉁이를 들어 반응하는', '하나를 가르쳐주면 열을 알기 위해' 치열하게 노력하는, 세계 축구계의 기대주가 아니었을까. 아직 갈 길은 멀고 험하지만, 이제까지의 성취만으로도 우리 스스로가 자랑스러운 청명한 가을이다.

튀니지와의 평가전 그리고 북아프리카

2014년 5월 28일 상암 경기장. 한국 대 튀니지의 경기가 열린다. 브라질 월드컵으로 진군(進軍)하는 태극전사의 출정식(出征式)으로, 국내에서 열리는 최종 평가전이다. 튀니지는 우리와는 본선 조별리그 2차전에서 만날 알제리 전에 대비한 맞춤형 상대다. 튀니지 서부와 국경을 맞대고 있는 나라가 바로 알제리다. 그곳은 북아프리카다.

북아프리카는 문명사(文明史)의 보고다. 카르타고를 기억하시는지. 카르타고를 모르더라도, 코끼리 부대를 앞세우고 알프스를 넘어 로마의 중심부로 진격해 들어간 전설의 명장 한니발은 기억하시는지. 지중해를 두고 로마와 패권다툼을 벌였던 나라. 서쪽으로는 스페인 남부와 포르투갈, 동쪽으로는 지금은 이탈리아 땅인 사르데니아, 시칠리아, 나폴레옹의 고향인 코르시카까지를 아우르던 대제국. 로마와의 3차례에 걸친 포에니 전쟁 끝에 역사 속으로 사라진 나라. 그렇다면, 카르타고의 본거지는 어디였는가. 북아프리카다. 정확히는 튀니지다. 카르타고의 수도 카르타헤나는 지금 튀니지의 수도인 튀니스의 일부다.

북아프리카는 로마시대 내내 주요 교역로이자 곡창지대였다. 그래서 로마시대의 흔적이 엄청나게 남아있다. 로마군단의 기지가 그대로 도시로 발전한 흔적이 고스란히 남아있는 알제리의 팀무가드나 로마시대의 건축물이 상당 부분 원형을 간직하고 있는 리비아의 레픽스 마그나는 지금은 안전문제 때문에 여행자의 발길이 닿기 어렵다. 그렇다면 튀니지다.

도우가(Dougga)라는 고대도시가 있다. 튀니스로부터 서쪽으로 한 시간 정도 달리면 산중에서 전설처럼 모습을 드러내는 유적. 유네스코의 세계문화유산이지만, 관광객이 그다지 많이 찾지는 않는다. 가는 길이 그다지 편하지 않기 때문이다. 그래서, 정말로 로마시민이 된 듯한 기분으로 시내를 둘러 볼 수 있다. 시내(市內)…라고? 극장은 지금도 해마다 연극제가 열릴 정도로 완벽한 시설을 자랑한다. 사원과 원로원, 시장과 유흥가도 몇 천 년을 버텨 그 자리에 서 있다. 모퉁이를 돌고 골목을 지나면 새로운 건물이 눈앞을 막아선다. 대리석 욕조와 모자이크 타일로 바닥을 깐 화장실 유적은 단언컨대 현대의 어지간한 호텔의 같은 시설보다 미적 감각이 탁월하다. 도로 곳곳에 보이는, 남성의 성기모양을 본 뜬 화살표는 2,000년 전의 광고? 그 화살표의 종착점은 가운데 뜰이 넓고 방이 여럿이었을 건물의 유적이다. 태양계 모든 별들에 하나씩 바쳐진 신전(神殿)은 또 어떤가. 도우가 시내 곳곳에 산재한 장인(匠人)들이 달려들어 보름만 수리하면 바로 사람이 들어가 내일이라도 살 수 있을 것 같은 집들이 여행자의 기분을 설레게 한다.

도우가가 특별한 건 지하(地下)에 또 다른 도시를 품고 있기 때문이다. 현지인에 따르면, 도우가의 땅 밑에는 고대 그리스 시대의 도시 유적이 묻혀있다 한다. 그 도시를 발굴하려면 도우가의 유적을 헐어야 하기에, 첨단공법이 나오기를 가다리고 있다는 설명이다. 로마나 서울도 마찬가지다. 로마 전성기의 시가지는 지금 로마의 지하 2층 정도에 자리한다. 파면 무엇이 나올지 아무도 모른다. 서기 2000년 대희년(大禧年)을 맞아 전 세계로부터 관광객이 폭증할 것을 대비해 지하 주차장을 만든다며 펼쳤던 공사. 로마의 성(聖) 안셀모 수도원 인근에서 포클레인이 걷어낸 것은 한 눈에 보기에도 심상치 않아 보이는 모자이크였다. 공사는 당장 중단되었고, 학자들은 이 유적이 '기록에 나오는 아그리빠의 별장'으로 보인다고 발표했다.

도우가에서 남쪽으로 자동차로 한 시간을 내려오면 또 다른 고대도시이자 세계문화유산인 스베이틀라(Sbeitla)가 있다. 이곳은 평지에 건설된 계획도시다. 도시 앞의 대평원은 비잔틴제국과 베르베르 사이의 전투가 벌어졌던 곳이기도 하다. 도시 입구의 개선문인 안토니우스의 문에는 138-161이라는 로마 문자가 새겨져 있다. 혹시 건축의 시공과 완공년도? 로마시대의 포럼으로는 스베이틀라의 포럼이 세계에서 보존상태가 가장 좋다는 평가도 있다. 공중목용탕과 극장, 분수의 유적도 훌륭하다. 신전은 여러 채를 짓는 대신 한 건물로 통합하고, 구역을 셋으로 나눠 주노, 미네르바 그리고 지역(地域) 신을 모셨다. 그 신전 앞에 박석(薄石)으로 포장된 장방형의 광장이 있는데, 만화 〈드래곤 볼〉을 실사영화로 찍는다면 '천하제일무도대회'의 촬영장소로는 이만한 곳이 없겠다는 생각을 하기도 했다. 스베이틀라는 비잔틴제국 시절에도 주요 도시 중의 하나였다. 비잔틴 사람들은 로마시대의 건축물을 기반으로 수리하고 덧대고 증축과 개축을 거듭하며 도시를 가꿨다. 스베이틀라는 그래서 문명의 연속성을 증거하는 유적이기도 하다.

그러고 보니 기원전 202년 33세의 스키피오 아프리카누스가 지중해 일대의 패권을 놓고 45세의 명장 한니발과 세기의 결전을 펼쳤던 자마전투의 현장도 튀니지에 있다. 튀니스에서 멀지 않은 해안가 쪽으로 기념표지판을 따라가다 만나는 대평원. 한니발의 5만 병력과 스키피오의 4만 8천이 맞붙어, 한니발의 기병전술을 그대로 응용한 스키피오가 화살과 투창을 퍼부어 한니발의 코끼리부대를 무력화시키고 초장부터 기선을 제압하며 승리를 거둔 역사의 현장. 그때의 일을 알려주는 별다른 흔적도 없이 무심한 바닷바람만 여행자의 머릿결을 흩날리는 곳이다. 미국이 이라크를 평정하러 들어간 '사막의 폭풍' 작전개시일을 앞두고, CNN이 이곳에서 특집방송을 하기도 했다.

자마에서 해안도로를 따라 남쪽으로 두 시간을 달리면 수세(Sousse)시가 나온다. 카르타고에 이어, 로마시대에 북아프리카 제2의 도시였던 곳이다. 수세 근처에는 엘 젬이라는 소도시가 있고, 이곳에 수용인원 기준 로마시대 넘버 투였던 원형경기장이 있다. 이 건축물 역시 세계문화유산이다. 수용인원이 가장 많았던 경기장은 로마 개선문 앞의 콜로세움으로 관중석 50,000. 엘 젬은 35,000명 수용이다. 로마중앙의 혼란을 틈타 이곳의 속주 집정관이던 고디안이 황제를 자처하고 대관식을 올렸던 역사가 있는데, '보위'에 오른 지 한 달도 지나지 않아 로마가 파병한 군대에 고디안의 세력이 속절없이 무너진 이야기가 시오노 나나미의 〈로마인 이야기〉에 나온다. 비교적 원형을 잘 보존하고 있고, 지하의 대기실과 일종의 수동 도르레로 움직이는 엘리베이터 등도 구경할 수 있다. 로마시대에는 검투사경기와 전차경주가 열렸다는데, 영화 〈글라디에이터〉를 여기서 찍은 건 탁월한 선택? 하나만 더 짚고 넘어가자. 엘 젬은 2세기 무렵부터 올리브 오일의 제조 수출 중심지였고 경제적으로 번영했던 곳이다. 그래서 인구가 많았고, 지금도 로마시대부터 이어오는 가톨릭 주교좌 성당이 있다.

엘 젬이 로마시대 두 번째로 큰 경기장이었다면 현대의 수용인원 제2위인 경기장은 어디? 2007년 까지는 15만 명을 수용하는 평양 능라도 경기장이었다. 북한의 김일성이 1988년 서울올림픽의 대항마로 유치한 1989년 제13차 평양 학생축전이 열렸던 곳이다. 지금은 민주당 국회의원인 당시 외국어대생 임수경이 참가해 숱한 일화와 뒷말을 남겼던 바로 그 행사다. 그때 북한의 무리한 재정집행이 90년대 초 무려 300만이 아사(餓死)한 소위 '고난의 행군'으로 이어졌다고 평가하는 학자도 있다. 1990년 서울과 평양을 오간 건국 후 최초의 경평전 축구 1차전도 이곳에서 열렸다. 결과는 종료 직전의 페널티킥 골로 북한의 2-1 승. 한국팀 득점자는 김주성이었고, 관중들의 나무딱딱이 응원에 귀가 멍멍할 정도였다고 한다. 2차전 장소는 잠실올림픽 경기장. 한국이 1-0으로 이겼고 헤딩 결승골의 득점자는 황선홍이었다.

2007년까지 세계 최대의 경기장은 브라질 리우데자네이루에 위치한 마랑카낭 축구장이었다. 수용인원은 무려 20만. 1950년 월드컵 결승리그 최종전 우루과이 대 브라질 전에 운집한 199,854명(유료관중 172,772명)의 관중은 지금도 깨지지 않는 역대 스포츠 이벤트 단일경기 최다관중 기록이다. 마랑카낭은 2층 붕괴위험 판정을 받아 관중석의 1층만 사용하다가 2007년 리모델링을 통해 수용인원을 82,238명으로 줄였고 2014 월드컵을 앞두고는 좌석 수를 73,531석으로 줄이며 보다 관중친화적인 경기장으로 거듭났다.

월드컵 결승전이 이곳에서 열린다. 태극전사들이 마랑카낭까지 갈 수 있을까?

튀니지의 해안은 유럽인들에게 최고의 휴양지 가운데 하나로 꼽힌다. 모래가 곱고 바다도 깨끗하다. 호텔들은 주로 해안가에 몰려있는데, 2000년대 초반만 해도 '외국인 전용출입지구'를 만들고 관광경찰이 경비를 맡았다. 튀니지 내국인의 출입은 주말만 가능. '외국인 전용출입지구'를 벗어나면, 도로의 포장상태나 화장실 시설의 수준이 갑자기 떨어진다. 시골에 가면 주민들이 달러나 파운드 동전을 들고 환전을 부탁하는 경우가 있다. 튀니지 외화관리법상 내국인이 외화를 소지하는 것은 불법이다. 팁으로 받기는 받았는데, 쓸 방법이 없으니 관광객에게 이 동전을 튀니지 현지화폐로 바꿔달라고 부탁하는 것이다. 인구는 1,100만 국민소득은 3,500달러 내외인데 젊은층의 실업률이 높아 사회문제다. 우리나라의 70년대가 꼭 이러 했을까? 유적을 돌아다니려고 대절했던 택시. 사막의 새벽공기가 의외로 쌀쌀해서 몸을 떨었더니 택시기사가 차를 세우고 부츠에서 여분의 코트와 담요를 내어줬다. 시골의 위생상태가 우리나라의 50년대 수준? 사막을 지나며 도로면에 가로로 누운 낙타들의 뼈를 헤아리다 맞이한 점심시간, 택시기사 알리 씨는 그 중 위생적이고 단정한 식당을 물어물어 찾아갔다. 우리를 안내하고 더듬거리는 영어로 통역도 해서 주문도 해주더니 바로 일어선다. 자기는 따로 다른 곳에서 밥을 먹겠다는 것. 같이 먹자, 돈은 우리가 낸다, 고 했더니 한국사람들은 유럽관광객들과 다르네요, 가 돌아온 대답이었다.

밥상을 같이 하면 금방 친해지는 것이 동서고금의 이치라는데, 같이 밥을 굶고서 친해진 경우도 있다. 이집트 룩소르에서 만난 택시기사 젠 엘 하밀리. 아부심벨까지 편도 여섯 시간 거리를 달려가는 날이 하필이면 라마단 기간 중의 어느 날이었다. 낮시간 내내 정말로 음식을 전혀 먹지 않고, 입에 고인 침도 뱉을 정도로 신심이 깊은 이슬람 신자 앞에서 도시락을 먹는 건 예의가 아닌 듯하여 필자 역시 함께 굶기로 결단(?)을 내렸다. 허기를 달래는 길은 함께 수다를 떠는 것이 최고. "한국에서 왔다고? 저, 왜, 위대한 한국의 대통령(the greatest Korean president) 이름이 뭐지?"

"누굴 말하는 건가?"

"왜 한국을 잘살게 만든 분 있잖아?"

"박정희(朴正熙) 대통령?"

"맞아, 그 이름."

한류(韓流)가 세상을 휩쓸기 전의 일이다. 헤밀리는 말했다. "우리 장인이 농업관료였거든. 북아프리카에서 한국을 따라 배우자는 움직임이 있어. 이집트 아스완대학에서 박정희 새마을운동을 연구하는데, 우리 장인도 거기 가서 교육도 받았지. 그게 그렇게 대단했다며? 우리 장인 평생소원이 새마을 운동 얘기를 한국사람한테서 직접 듣는 거야. 장인 집에 좀 같이 가줄 수 있어?"

"난 그때 소년이었는데…"

"그래도 보고 들은 것이 있을 것 아냐?"

계약관계가 친구관계로 바뀌는 순간이었다. 다음날, 저녁관광 대신 찾은 이집트 퇴직관료의 가정집. 외국에서 손님이 왔다고, 7남1녀와 그 아이들이 모두 모였다. 모두 다산(多産) 가정이어서, 헤아려보니 백여 개의 눈동자가 호기심 가득한 눈으로 우리 일행을 주시하고 있는 것이었다. 노인의 요청으로 필자는 새마을 노래를 몇 번이고 다시 불렀다. 그토록 못살던 나라가 어떻게 단기간에 선진국 문턱까지 다다랐느냐는 것이 노인의 질문이었다. 그에게 한국은 정말로 닮고 싶은 나라였다.

걸프전 때 관광객이 끊어져서 하루 한 끼밖에 못 먹을 정도였고, 사정이 조금 나아지기는 했지만 여전히 어렵다는 말을 들었기에 호텔에서 선물로 사간 대형 케이크. 나중에 들으니, 바둑판처럼 잘라 모두 한 조각 씩 맛을 보았다고 했다. 태어나서 처음으로 케이크를 맛본 사람도 그 중 태반이라고 했다. 맥도널드가 이집트에서는 최고급 식당가운데 하나이며, 정장을 입고 우아하게 포크와 나이프를 쓰는 경우도 있다는 말은 사실이었다.

룩소르의 카르나크 사원은 보는 사람을 압도하는 아우라가 있다. 대체불가능한, 가히 세계 최고의 문화유적이다. 하늘 높이 늘어선 열주(列柱)는 수 천 년 전의 작품이라는 사실이 믿어지지 않을 만큼 당당하고 웅장하다. 이런 유적을 보유하고도 일반인들의 삶이 궁핍한 이유는 뭐지? 필자가 이집트를 여행하던 90년대 초반, 이집트 당국이 발표한 실업률은 0%에 가까웠다. 젠 엘 하밀리도 공식직업은 카르나크 사원의 경비원. 나라에서 배정해준 일자리가 있는데 일주일에 두 시간 일하고 받는 월급이 미화 기준 1달러 미만. 그 돈으로는 생계유지가 어려우니 관리자와 교섭해서 일 나온 것으로 서류처리하고, 택시운전을 하는 편이 이익이라고 했다. 이런 식이니 통계상으로는 실업률이 그렇게 나오는 것이다.

"걸프전 땐 정말 그렇게 어려웠어?"

"친형 하나가 영국 살거든. 파운드 현금을 부쳐줬는데 우체국에서 날 부르더라고. 반반씩 나누자고."

"그런 법이 어디 있어?"

"반 준다는 게 어디야. 그 사람 그래도 양심적인 거야. 우리 동생이랑 아는 사이라 배려해 준거지. 남들 같으면 그냥 다 가졌을 걸. 세상 다른 나라가 다 한국 같다고 생각하면 안 돼."

그렇다. 이집트에선 우리 상식을 뒤집는 일이 심심찮게 벌어진다. 즉석 생과일주스보다 과즙10% 함유 팩주스가 네 배 쯤 비싸다면 이해가 가시는지? 과일은 흔하고 공산품은 비싸다. 제조와 유통이 다 원활하지 않은 까닭이다. 도로와 철도가 비교적 미비하고, 관리 상태도 일급이 아니다. 고속도로엔 톨게이트 대신 차의 진행을 막는 일종의 바리게이트로 도로 한 복판에 드럼통이 서있다. 운전기사가 휘파람을 불면 도로관리요원이 나와 통행료를 받고, 그가 손짓을 하면 그늘에서 대기 중이던 인부들이 드럼통을 치워 길을 내준다. 룩소르 시내를 관통하는 나일강, 그 건너편이 투탄카멘 왕의 무덤 등이 자리한 이집트 고대왕들의 무덤군이 있는 '왕가(王家)의 계곡'이다. 나일강은, 정기적으로 범람해서 주변 땅을 비옥하게 만들어 주었다는 천혜(天惠)의 수자원이지만, 이 물길이 위대한 고대문명의 젖줄 노릇을 한 결정적 이유가 하나 더 있다. 강은 북으로 흐르고 바람은 남으로 분다. 물결에 맡기면 북으로 가고 돛을 달면 배가 남으로 향한다. 일년 내내 상시 교행(交行)이 가능했다는 이야기다. 물자의 유통이라는 면에서 보자면, 현대의 이집트는 고대 이집트에 비해 과연 얼마나 발전한 것일까?

이집트를 떠나는 날, '울기 싫다'며 헤밀리는 다른 기사에게 공항 행을 부탁했다. 그리고 택시 창 안으로 "네가 준 돈으로 믹서기 샀어. 우리 집사람이 만든 오렌지 주스야. 가면서 마셔"라며 커다란 페트병 하나를 던져놓고 길 반대편으로 마구 뛰어가며 모습을 감추었다. 룩소르의 치안이 예전 같지 않다는데, 관광객들이 끊어진 건 혹시 아닌지. 편지도 끊어지고, 주소도 잃어버리고… 소식 모르는 이집트 친구들의 행운을 빈다. 부디 잘 살아 있기를.

튀니지는 2002 한일 월드컵에 출전, 1무 2패로 예선에서 탈락했다. (일본 전 0-2패, 벨기에 전 1-1 무승부, 러시아 전 0-2패) 세 경기를 모두 일본에서 치러 한국에는 건너올 일이 없었다. 2006년 독일 월드컵 때도 역시 1무 2패. 사우디에 후반 추가시간에 동점골을 넣으며 2-2로 비겼고 스페인에게는 전반 8분 선제골을 넣고 1-3 역전패, 최종전 우크라이나에게는 0-1로 패했다. 튀니지 축구의 '가장 자랑스러운 순간'은 1978 아르헨티나 월드컵이다. 지역예선 1회전, 역시 북아프리카의 강호인 모로코와 두 경기 모두 1-1로 비긴 뒤 승부차기 5-4 승리로 2회전 진출, 알제리에 홈경기 2-0 승, 어웨이 1-1 무승부로 3회전 진출, 기니아에 어웨이 경기를 0-1로 내줬으나 홈경기를 3-1로 득승(得勝)하며 최종예선 진출. 이집트, 나이지리아와 풀리그로 맞붙은 튀니지는 2승1무1패를 기록하며 2승2패, 1승1무2패에 그친 이집트와 나이지리아를 따돌린다. 1977년 12월 11일 튀니스에서 벌어졌던 피차 간의 최종전 대 이집트 4-1 승리가 양 팀의 운명을 갈랐다. 마침내 본선 경기. 1978년 6월 2일 로사리오에서 열린 월드컵 데뷔전에서 우승배당률 1000/1이었던 튀니지는 멕시코를 3-1로 격파하며 파란을 일으킨다. 전반전 내내 우세한 경기를 펼치고도 페널티 킥을 허용하며 0-1로 뒤졌는데, 후반 10분, 80분, 87분의 연속 득점으로 역전에 성공한다. 이 경기 88분에 교체선수로 출전한 케마이스 라비디는 월드컵 통산출전 시간이 '2분'인데, 86년 월드컵 아르헨티나 대표였던 트로비아니와 더불어 '월드컵 역대 최단시간 출전기록'이기도 하다. 두 번째 경기는 같은 장소에서 6월 6일에 열린 폴란드와의 경기. 42분 폴란드 라토가 기록한 골이 이 날의 유일한 득점이다. 지기는 했지만, 튀니지는 이 경기에서도 대부분의 시간을 지배하며 아프리카 최강팀의 위용을 보였다. 6월 10일 코르도바에서 열린 '세계 챔피언' 서독과의 최종전. 대등한 경기 끝에 스코어보드에 새겨진 숫자는 0-0. 2승1무의 폴란드가 조 1위로, 1승2무의 서독이 조 2위로 2차 리그에 진출했고 튀니지는 '자존심과 위엄'을 갖춘 채 고국으로 돌아갔다.

이집트도 월드컵과 인연이 적지 않다. 1934년 아시아 아프리카 팀 최초로 본선에 나간 나라가 바로 이집트다. 1934년 카이로에서 팔레스타인에게 7-4 승, 4월 6일 텔 아비브에서 4-1 승으로 당당히 예선통과. 5월 27일 나폴리에서 열린 본선 1회전. 이집트는 잘 싸웠지만, 강호 헝가리에게 4-2로 패하며 짐을 꾸린다. 전반전 스코어는 2-1. 1924년 파리 올림픽 16강전에선 이집트가 3-0으로 이겼는데, 월드컵에선 헝가리가 승리를 가져갔다. 아직은 본선 경기가 토너먼트로 치러지던 시절이라, 이집트가 본선에서 역대 두 번째 경기를 치르기까지는 무려 52년의 시간이 필요했다. 1990년 이탈리아 월드컵 예선, 라이베리아, 말라위, 케냐와 한 조를 이뤄 격전을 벌인 끝에 3승2무1패로 다음 라운드 진출. 알제리와 맞대결에서 0-0, 1-0으로 본선행 티켓 획득. 이 대회 본선 진출국은 24, 아프리카에 배당된 티켓은 두 장이었는데, 또 다른 아프리카 출전국은 튀니지를 2-0, 1-0으로 꺾고 본선에서 아르헨티나, 루마니아, 콜롬비아 등을 연파하며 8강까지 내달은 카메룬이다. 이집트의 본선 성적도 나쁘지 않았다. 6월 12일 팔레르모에서 펼쳐진 경기에서 유럽 챔피언 네덜란드와 1-1. 58분 네덜란드가 선취점을 올렸다. 반 바스텐이 왼쪽에서 찔러준 크로스를 라이카르트가 놓쳤는데, 2선에 있던 후반 교체선수 키에프트가 재빠른 슛으로 이집트 골망을 갈랐다. 이후 경기를 압도하던 이집트는 82분 정당한 페널티 킥을 얻고 동점골로 연결한다. 굴리트, 퀘맨 등 유로 1988 우승멤버가 건재하던 네덜란드다. 소생의 이집트 택시 운전사 친구는 "반 바스텐, 그때 어디 있었어? 루드 굴리트는 어디 있었어? 우리 선수들 밖에 안 보였어"라며 당시의 무승부를 아쉬워하기도 했다. 17일 역시 팔레르모에서 열린 아일랜드와의 경기는 0-0으로 끝났다. 아일랜드의 감독 잭 찰튼(66년 잉글랜드의 월드컵 우승팀 멤버로, 보비 찰튼의 형이다)은 이집트의 전술을 파악하고 단 한 개의 슛도 허락하지 않았다. 물론 아일랜드도 그다지 공격적인 축구를 선보이지는 못했지만. 한 조에 속한 네 팀이 모두 16강 진출 가능성을 가지고 임했던 잉글랜드와의 마지막 경기(6월 21일 칼리가리), 이집트는 0-1로 패한다. 득점자는 아스널 구단 역사상 최다득점자인 이안 라이트다. 6경기 통틀어 단 일곱 골만 터진 '역대 최소득점 그룹'. 이집트는 또 쓸쓸하게 귀국길에 올랐다.

논어를 살펴보자.

窮自厚而薄責於人 則遠怨矣.(衛靈公/15)

궁자후이박책어인 즉원원의

해석) 제 자신을 스스로 중후히 하여 남에 대한 책망을 엷게 하면 원망을 멀리하게 된다.

전통적 해석은 "제 자신을 두터이 책망하고 남에 대한 책망을 엷게 하면 원망을 멀리하게 된다"고 새기지만, 소생의 글에서는 이수태의 새 번역을 취한다. 이수태는 "이율곡(栗谷)도 이 구절을 '몸을 스스로 후(厚)히 하고'라 언해하였다"고 밝히고, 궁자후(窮自厚)의 결과로 박책어인(薄責於人)이 유발된다고 보았다. 궁자후(窮自厚)는 자기 세계를 넓히고 이해심을 증진시키는 것을 말한다. 자기 세계가 엷으면 자연히 남에 대한 책망이 많아진다. 원원(遠怨)은 남들이 하는 원망이 아니라 자신이 하는 원망을 말한다.

대한민국 태극전사가 맞춤형 스파링파트너를 불러 최종점검을 하는 일이 바로 궁자후(窮自厚)다. 튀니지와 이집트가 실력을 길러 다음 월드컵 때 본선에 진출하고 본선에서 좋은 성적을 거두는 일도 역시 궁자후(窮自厚)다. 세 팀 모두 2018 러시아 월드컵에서 반갑게 조우할 수 있기를 기대한다. 남이든 자신이든 원망하지 말고, 실력을 길러 당당하게 만날 수 있기를.

4

홍명보를 지켜라

고대 일본에 태어났더라면, 역사에 남는 쇼군이 되었을 사람, 홍명보

– 이케다 세이고 코치와 홍명보 감독의 인연

2013년 9월, 일본 서점에 축구 신간 한 권이 나왔다. 이케다 세이고(池田誠剛: 53) 코치의 생애를 담은 자서전이다. 〈일본인 최초 한국대표팀 피지컬 코치 이케다 세이고의 삶의 방식〉 이라는 제목 뒤로, '일본인으로서 한국 대표로 싸우는 이유'라는 표지의 부제(副題)가 눈길을 잡아끈다. 스포츠서울에 기고하는 칼럼니스트 요시자키 에이지의 서평을 옮겨보자.

"이케다와 홍명보 감독은 어떻게 인연을 맺었을까. 글쓴이가 이케다에게 물었는데, 홍 감독이 1997~2001년 J리그에서 선수 생활을 할 무렵 지인과 식사자리에서 동석했다고 한다. 당시 이케다는 요코하마 마리노스의 코치로 일했다. 한솥밥을 먹은 유상철과 안정환을 통역하던 다카하시 켄토는 홍 감독이 벨마레 히라츠카(현 쇼난 벨마레)에 있을 때부터 통역했다. 두 사람 사이의 연결고리가 된 것이다. 그런데, 처음 만난 순간부터 느낌이 왔단다. 두 사람 모두 한국과 일본이 맞수면서도 아시아 축구 발전을 위해 의기투합해야 한다는 것에 공감했다. 홍 감독은 그 자리에서 '언젠가 제가 감독을 맡을 때 같이 일해 주시겠느냐'고 물었단다. 이케다는 자기와 같은 팀에서 활동하지 않은 홍 감독이 적극적인 제의를 한 것에 대해 '(한국 선수들이) J리그로 넘어오면서 몸 상태가 더 좋아졌다는 얘기를 종종 하더라. 그게 피지컬 코치 덕분이라는 생각을 한 것 같다'며 '홍 감독은 선수 시절부터 피지컬 코치에 관심을 가졌다'고 말했다."

2002년 월드컵 전 까지 축구계에서 통용되던 상식이 있다. 한국 선수들은 체력이 강한 대신 기술이 부족하다는 것. 이 '상식'을 뒤집은 것이 히딩크 감독이다. 그는 한국 선수들의 체력이 세계 수준에 비해 얼마나 뒤져있는지를 여러 가지 수치로 증명했다. 히딩크 노트에 의하면, 한국 대표팀은 월드컵 본선 경기를 기준으로 했을 경우 후반 17분 무렵에 팀 전체의 체력이 바닥나는 팀이었다. 100% 경기력을 보여주는 시간도 초반 15분에 불과하다는 분석. 우리가 '체력'이라고 생각했던 것은 사실은 '순간 스피드'였고, 86년과 94년 월드컵의 상대적 선전은 '고지대'와 '40도를 넘나드는 고온'이라는 변수에 힘입은 바 크다는 이야기였다.

2002년 이전의 한국축구엔 그래서 '피지컬 코치'라는 직종이 없었다. 과학적인 컨디션 관리, 부상 방지와 체계적 재활에 대한 인식 자체가 부족했다는 뜻이다. 피지컬 코치는 선수들의 운동능력을 최대치로 끌어 올리고 이를 유지하게 만드는 필수적인 전문 인력이다. 그렇다면 홍명보 감독은 왜 이케다 코치를 선택했을까? 다시 요시자키의 칼럼으로 돌아가 보자.

"이케다는 홍 감독과 2009년 청소년월드컵을 시작으로 4년째 깊은 인연을 맺고 있다. 자서전을 들여다보면 '한국 A대표팀 제의가 왔을 때 많은 고민을 했다. 런던 올림픽에서 추억은 모든 게 아름다웠다. 그러나 A대표팀의 책임감은 차원이 다르다. 올림픽 이후 일본 네티즌의 비난은 물론 가족들도 협박을 받을 정도였다. 다시 할 수 있을지 고민할 수밖에 없었다'는 이케다의 말이 실려 있다. 그러나 홍 감독과 약속한 이상 어떠한 외압에도 흔들리지 않는 게 이케다의 매력이다. 그의 자서전을 펴낸 프리랜서 기자 모토가와 에츠코는 '이케다는 한국에서 일하는 게 아시아 축구 수준 향상에 도움이 될 것으로 믿는다. 또한, 일본 축구 수준 향상으로 가는 길이라고 말하더라'며 '홍 감독에 대한 믿음도 흔들리지 않는다. 그 신념이 이케다의 가장 큰 매력'이라고 강조했다."

이케다는 '한국 축구의 강점은 자기희생과 헌신'이라고 말한다. 히딩크가 꼽았던 한국 축구의 강점이자 매력과 정확히 일치한다. 그렇다면 이케다는 왜 홍명보를 선택했을까. 런던 올림픽이 끝나고 '홍명보는 예전에 일본에서 태어났더라면 역사에 남는 쇼군(將軍)이 되었을 것'이라고 말할 정도로 이 '웃음기가 거의 없는 남자'에게 흠뻑 빠진 걸까. 이케다에 의하면 홍명보는 이케다를 감동시킨 남자다. 2009년 수원컵 청소년 대회 결승 한일전. 홍명보는 한국팀 감독이었고 이케다는 일본팀 피지컬 코치였다. 홍 감독은 킥오프 전 선수들에게 이렇게 말했다. 다시 요시자키 칼럼이다.

"'일본선수를 존경하라. 일본을 이기려는 마음이 얼마나 너희를 성장시켰는지 생각해라. 그래서 (일본을) 존경해야 한다. 깨끗한 플레이를 펼쳐 이겨라. 그래야 가치가 있는 것이다.' (당시 한국은 일본에 2-1로 이기고 전승 우승했다.) 글쓴이 또한 이 말이 정말 마음에 들어 2011년 1월에 엮은 한일 축구문화 관련 서적에 소개하기도 했다. 한국이 일본에 대한 라이벌 의식을 지닌 것을 고맙게 느끼기도 했다.

또한, 올(2013년) 6월 동아시안컵 한일전을 앞두고 파주국가대표트레이닝센터를 찾았을 때다. 이케다는 '홍 감독은 선수로서 월드컵 본선을 경험하고 국외에서 뛴 적이 있다. 아울러 지도자로 월드컵 본선 무대를 경험했다. 선수들에게 세계와 격차에 대해 실감 나게 설명할 자격을 지녔다. 일본에선 아직 선수와 감독으로서 이만한 경력을 가진 감독이 없다'고 말했다. 참, 일리 있는 말이다."

그렇다면 우리는 홍명보를 얼마만큼 지원하고 있는가. 그가 감독으로서의 역량을 충분히 발휘할 수 있도록 제도적 배려를 하고 있는가. 적어도, 일본 축구협회가 일본 대표팀을 위하는 것만큼의 지원을 대한축구협회는 홍명보 코리아에 투자하고 있는가.

FIFA의 홈페이지에 각국의 A매치 정보를 모아놓은 곳이 있다. 한국 대 브라질(10월 12일 서울 상암), 한국 대 말리(10월 15일 천안) 경기도 공식일정으로 잡혀있다. 일본은 10월 11일 세르비아, 15일 벨라로스와 2연전을 치른다. 모두 원정경기다. 이 점이 부럽다. 월드컵을 앞두고 정말로 필요한 것은 원정경기다. 월드컵 본선이 홈에서 열리지 않는 이상, 경험을 축척하는 데는 원정경기가 훨씬 더 도움이 된다. 조금 더 현실적인 이야기를 해보자. 이변이 없는 한, 아시아 팀은 월드컵 본선에서 유럽 1, 남미 1, 아프리카 1 팀과 상대하거나 유럽 두 팀 + 아프리카 한 팀과 한 조를 이룰 가능성이 99%다. (2014 월드컵의 경우 북중미와 아시아는 같은 포트에 속해 만날 확률이 거의 없다) 그렇다면, 유럽 팀과의 원정경기가 우리의 문제점을 점검하는 최적의 매치업이다. 유럽에서 아프리카 팀을 상대하는 것도 좋다. 홍명보 감독도 대한축구협회에 이러한 뜻을 여러 차례 전달한 것으로 소생은 전해 들었다.

2013년 11월 16일과 19일은 월드컵 플레이오프를 위해 FIFA가 비워 놓은 날이다. 이미 본선에 진출했거나 탈락한 팀에게는 2연전이 가능한 'A매치 데이'다. 일본은 11월 16일 네덜란드와 원정경기를 갖는다. 소생의 취재에 의하면, 일본 축구협회가 '출전료 필요 없고 항공료도 자비부담할테니 체제비만 네덜란드 협회가 부담해 달라'는 파격적인 조건을 내걸고 성사시킨 경기라 한다. 네덜란드 입장에서도 아시아 팀과 한 조가 될 가능성이 큰 만큼 충분히 매력적인 제안이었던 셈이다. 아직 FIFA 홈페이지에는 올라있지 않지만, 일본은 육로로 이웃나라인 벨기에로 이동, 19일에 경기를 치르기로 합의했다고 한다. 네덜란드는 늘 우승권을 맴도는 전통의 강팀이고, 벨기에는 이번 월드컵 다크호스 1순위로 꼽히는 돌풍 예비후보다.

아직 대한민국의 11월 일정은 오리무중이다. 16일은 서유럽의 한 팀과 국내에서, 19일은 유럽으로 날아가 남유럽의 강팀과 경기를 치르기로 막바지 협상을 하고 있다는 소식이 들린다. 이건 다소 무리한 추진이다. 만약 이 일정이 확정된다면, 유럽파들은 일주일 사이에 유럽과 한국을 왕복하며 시차적응이 되지 않은 상태에서 두 경기를 소화해야 한다. 신체적으로 무리가 가는 일이다. 19일 경기를 추진 중인 팀이 조 2위로 플레이오프에 나서는 경우가 생기면 부랴부랴 새로운 상대를 섭외해야 한다. 어지간한 강팀은 이미 일정을 모두 확정했으므로, 우리가 원하는 상대와 경기를 한다는 건 실현 가능성이 거의 없다.

만약 이번 11월을 흘려보낸다면, 대한민국 대표팀이 치를 수 있는 원정 경기 기회는 2014년 1월의 남미원정(예정)과 중간 기착지인 미국에서 치르는 두 경기가 전부다. 다만, 이 날짜는 FIFA 지정 A매치데이가 아니므로, 유럽파들의 합류를 기대할 수 없다. 미국에서 열릴 두 경기의 상대가 유럽이나 아프리카 팀이어야 제대로 인 월드컵 본선 대비 경기가 되리라는 건 앞서 설명한 바와 같다.

오해를 피하기 위해 분명히 말한다. 홍명보 감독은 이제까지 소생이 이 칼럼에서 제기한 문제에 대해 단 한 번도 대한축구협회에 섭섭한 마음을 토로하지 않았다. 이 칼럼은 홍 감독의 의사 및 의지와는 조금도 관계없이, 소생이 국제축구계의 흐름을 나름대로 취재해서 작성하는 글이다. 논어(論語)에 나온다.

子曰 孟之反 不伐 奔而殿 將入門 策其馬 曰 非敢後也 馬不進也.(雍也 6/15)

자왈 맹지반 불벌 분이전 장입문 책기마 왈 비감후야 마부진야

(해석) 공자께서 말씀하셨다. "맹지반은 제 공을 자랑하지 않았다. 싸움에 져 후퇴하자 맨 뒤에서 적을 막았고, 성문에 가까이 이르자 말을 채찍질하면서 이렇게 말했다 한다. '일부러 처져 오려던 것이 아니었는데[非敢後也] 말이 달리려 하지 않았다[馬不進也].'"

벌(伐)은 정벌하다, 찌르다, 비평하다 등 여러 가지 뜻이 있지만 여기서는 전공(戰功)을 자랑한다는 뜻이다. '분주(奔走)하다'라는 표현으로 익숙한 분(奔)은 '빨리 가다'의 뜻이지만 여기서는 '달아나다'라는 뜻으로 새긴다. 전(殿)은 후군(後軍) 즉 뒤에 쳐지는 것이고, 책(策)은 말[馬]을 채찍질하다. 후(後)는 이 글에서는 '뒤에 쳐져 아군을 추격하는 적을 막다'라는 동사로 쓰인다. 〈좌전(左傳)〉은 맹지반이 활약한 싸움을 노나라 애공(哀公) 11년 제나라와의 전쟁이라고 기록한다.

싸움에 이기고 지는 것은 장수에게 늘 있는 일이다. 싸움에 졌을 때도 공을 세우는 경우가 있으니, 그 중 최상은 끝까지 싸우다 가장 늦게 성으로 돌아오는 것이다. 6·25 때도 북한군이 기습남침하자 중화기(重火器)와 편제를 비교적 유지한 채 후퇴하여 전력을 보존하고 반격의 계기를 마련한 제1사단장 백선엽(白善燁) 장군의 신화가 있다. 맹지반은 공자의 조국인 노나라 대부의 한 사람이다. 지는 전투에서 끝까지 적에 맞서 싸웠는데, 성에 귀환할 때 '내가 용감해서 늦게 들어온 것이 아니라 말이 달리려 하지 않아 내 의지와는 무관하게 끝까지 남아서 싸웠을 뿐이다'라고 말했다 한다. 한마디로, 자신의 공을 자랑하지 않고, 구구한 핑계를 대지 않았다는 이야기다. 홍명보 감독은 A매치 후 감독 인터뷰에서 선수 탓, 잔디 탓, 판정 탓을 하지 않았다. 모두 "감독인 자신이 부족해서 흡족한 결과를 얻지 못했다"라고 했을 뿐이다. 그래서 묻는다. 월드컵을 앞두고 가장 중요한 '준비'라는 A매치의 추진 상황이 소생이 취재한 바와 같다면 독자 여러분들의 생각은 어떠신지. 적어도 일본보다는 한 계단 앞선 성적을 올려서 '아시아의 맹주'라는 자존심을 세워달라고 청할 수 있는 것인지. 홍 감독의 요청은 별로 들어주지 않고 무작정 16강+는 해줘야 한다고 이야기해도 괜찮은 것인지. 패전(敗戰)에서도 영웅이 나올 수 있지만, 우리가 그리는 것은 브라질에서 돌아오는 개선장군(凱旋將軍) 홍명보다. 홍 감독에겐 그의 능력을 그의 뜻대로 펼칠 수 있는 적절하고 섬세한 지원이 필요하다. 적절한 지원 없이 훌륭한 결과를 기대할 수는 없다.

* 이 글이 쓰여진 시점은 2013년 10월 초다. 당시의 분위기와 느낌을 살리기 위해 시점을 변경하지 않고 그대로 수록한다.

홍명보 호 태극전사 A매치 결과

(앞이 한국)

2013.

7. 20 상암	호주 0-0 동아시안컵
7. 24 화성	중국 0-0 동아시안컵
7. 28 잠실	일본 1-2 동아시안컵 (윤일록)
8. 14 수원	페루 0-0
9. 6 인천도원	아이티 4-1 (손흥민2, 구자철, 이근호)
9. 10 전주	크로아티아 1-2 (이근호)

10. 12 상암	브라질 0-2
11. 15 상암	스위스 2-1 (홍정호, 이청용)
11. 19 UAE 두바이	러시아 1-2 (김신욱)

2014.

1. 25 미국 LA	코스타리카 1-0 (김신욱)
1. 29 미국 샌안토니오	멕시코 0-4
2. 1 미국 카슨	미국 0-2
3. 5 그리스 아테네	그리스 2-0 (박주영, 손흥민)
5. 28 상암	튀니지(국내 최종 평가전)
6. 9 미국 마이애미	가나(월드컵 최종 평가전)

일본 대표팀 사무라이 재팬 월드컵 본선 진출 후 A매치 기록 및 성적

(앞이 일본)

2013.

7. 21 상암	중국 3-3 동아시안컵
7. 25 화성	호주 3-2 동아시안컵
7. 28 잠실	한국 2-1 동아시안컵
8. 14 미야기	우루과이 2-4
9. 6 오사카	과테말라 3-0
9. 10 요코하마	가나 3-1
10. 11 세르비아 노비사드	세르비아 0-2

10. 15	벨라루스 민스크	벨라루스 0-1
11. 16	벨기에 겡크	네덜란드 2-2
11. 19	벨기에 브뤼셀	벨기에 3-2

2014

3. 5	도쿄	뉴질랜드 4-2
5. 27	사이타마	사이프러스(일본 국내 최종 평가전)
6. 2	미국 덴버	코스타리카
6. 9	미국 덴버	잠비아 (월드컵 최종 평가전)

손흥민과 팀 플레이

- 차범근과 최순호가 처음 한 팀을 이뤄 뛰던 경기, 그리고 그들의 콤비 플레이

2013년 8월 16일, 홍명보 감독이 독일로 갔다. 구자철(볼프스부르크), 박주호(FSV 마인츠 05), 손흥민(레버쿠젠) 등을 점검하는 것이 목적이라 한다. 홍 감독의 A매치 성적은 네 경기 1득점이다. 팬들의 관심은 그래서 손흥민(孫興民)에게 쏠려있다. 분데스리가 공격수 중 최고의 유망주. 2008년 함부르크 16세팀 입단, 2010년 1군 데뷔, 2012/13 시즌 12골 2도움. 그가 과연 골가뭄에 시달리는 홍명보 호의 공격선봉장이 될 수 있을까. 기록만 놓고 보자면 손흥민의 성적은 전성기 박주영의 업적을 능가한다. 문제는….

홍 감독은 이렇게 말했다. "자기를 낮춰 팀에게 도움을 주는 선수가 있고, 자기만 잘하려고 하는 선수가 있다. 전자의 대표적인 모델이 박지성이다." 그렇다면, 후자의 샘플은 손흥민? 홍 감독은 아시안게임에, 올림픽 팀에 단 한 번도 손흥민을 선발하지 않았다. 잠시 시계를 27년 전으로 돌려보자.

1986년 월드컵 때 FIFA가 아시아에 배정한 본선진출권은 두 장. 아시아축구연맹은 아시아를 동서로 나누고 각각 한 장의 본선 티켓을 배정했다. 서부지역의 최종승자는 시리아를 0-0, 3-1로 물리친 이라크. 한국은 '놀랍게도' 1라운드에 시드배정을 받지 못했다. 말레이시아와의 어웨이 경기를 0-1로 내주고 여론이 들끓자, 대한축구협회는 문정식 감독을 해촉하고 김정남 감독에게 지휘봉을 맡긴다.

1986 월드컵 1라운드 3조A

1985. 3. 2 (카트만두) 네팔 0한국 2 (자책골, 이태호)

1985. 3. 10 (쿠알라룸프) 말레이시아 1 한국 0

1985. 3. 16 (카트만두) 네팔 0 말레이시아 0

1985. 3. 31 (쿠알라룸프) 말레이시아 5 한국 0

1985. 4. 6 (서울 동대문) 한국 4 네팔 0 (허정무2, 김석원, 정종수)

1985. 5. 19 (서울 잠실) 한국 2 말레이시아 0 (박창선, 조민국)

2라운드

1985. 7. 21 (서울 잠실) 한국 2 인도네시아 0(변병주, 김주성)

1985. 7. 30 (자카르타) 인도네시아 1한국 4 (변병주, 최순호, 허정무, 김주성)

드디어 대망의 최종 결전. 한 팀만 본선에 나가고, 한 팀은 그동안의 모든 성과와 노력이 무(無)로 화하는 외나무다리의 비정한 일

전(一戰). 대한민국의 상대는 1라운드에서 북한과 싱가포르를, 2라운드에서 홍콩을 넘어선 숙적(宿敵) 일본이었다. 일본은 당시까지 월드컵 본선에 단 한 번도 출전하지 못했다. 우리나라도 54년 스위스 대회가 마지막이자 유일한 본선 기록이었다. 그래서 축구인들은 이 경기를 역대 한일전 사상 가장 비중이 컸던 경기라고 평가한다. 그 다음으로 꼽는 경기가 대한민국이 박주영, 구자철의 연속골로 2-0으로 승리한 2012년 런던월드컵 동메달 결정전이다.

1985년 10월 26일 도쿄에서 대한민국은 정용환(鄭龍煥), 이태호(李泰鎬)의 연속골로 일본에 2-1 승리를 거뒀다. 11월 3일, 잠실 대첩에선 61분 골대를 퉁긴 최순호의 왼발슛을 허정무가 뛰어들며 골로 연결, 일본을 1-0으로 물리치고 32년 만에 '꿈에 그리던' 월드컵 티켓을 기어이 손에 넣었다. 전 국토가 열광의 도가니처럼 끓어오르던 바로 그 순간, 대한축구협회의 고민이 시작되었다. 이름하여 차범근 딜레마. 차범근을 대표팀에 선발할 것인가 말 것인가. 차범근은 자타가 공인하던 비유럽 비남미 출신 당대 최고의 축구선수였다. 여기까지는 아무런 이견이 없었다. 고민은 기량문제와는 다른 각도에서 시작되었다.

82년 월드컵 예선에서 한국은 1차 예선에서 짐을 쌌다. 81년 4월 쿠웨이트, 말레이시아, 태국이 쿠웨이트에 모여 단일리그로 벌인 결과물은 쿠웨이트 3승, 한국 2승1패.

1982 월드컵 아시아/오세아니아 3조 예선(전 경기 쿠웨이트 개최)

1981. 4. 21 말레이시아 1 한국 2 (홍성호, 이강조)

1981. 4. 22 쿠웨이트 6 태국 0

1981. 4. 24 한국 5 태국 1 (최순호 2, 최종덕, 오석재, 이태호)

1981. 4. 25 쿠웨이트 4 말레이시아 0

1981. 4. 27 말레이시아 2 태국 2

1981. 4. 29 쿠웨이트 2 한국 0

대한축구협회는 차범근의 합류를 요청했지만, 프랑크푸르트 구단은 한마디로 딱 잘라 이 제안을 거절했다. FIFA의 A매치 차출규정이 정교하지 않던 시절이었고, 시즌 막바지에 주전공격수를 2주나 빼달라는 건 무리라는 대답이었다. 문제는, 차범근이 계약서에 '대한축구협회의 요청이 있을 경우 구단은 차범근의 한국대표팀 차출을 허락해야 한다'는 문구를 넣지 않았다는 점이다. 유럽은 계약사회였다. 계약내용이 통사정보다 우위에 있었다. 이때의 일이 마음에 걸려서, 83년 레버쿠젠으로 팀을 옮길 때, 차범근은 "이 조항 없이는 계약서에 싸인을 하지 않겠다"고 버텼다. 제도적으로, 월드컵 예선 및 본선 출전이 가능하도록 길을 닦아놓은 것이다.

86년 예선 1차 예선 말레이시아와의 어웨이 경기를 0-1로 내주고 대한민국은 절체절명의 위기에 몰렸다. 강을 건널 때 말을 바꾸지 말라는 격언을 거스르고 감독을 바꿨다. 이때부터 차범근 합류 이야기가 나왔다. 갑론을박 끝에, 차범근 없이 가기로 했다. 대표팀이 소속팀에 복귀하지 않고, 몇 달 씩 집단합숙을 하던 시절이다. '아무리 실력이 뛰어나다 하더라도, 경기 하루 이틀 전에 팀에 합류해서 다른 선수들과 제대로 어울려 경기를 할 수 있을까?'라는 것이 당대 전문가들이 품었던 일관된 의문이다.

우여곡절 끝에 예선을 통과하자 국론이 갈렸다. 협회 내부의 기류는 차붐 합류에 부정적이었다. '예선에서 기여한 바가 없다', '스타의식에 젖어 팀워크를 해칠지 모른다' …해가 바뀌고, 86년 봄이 다 가도록 차붐 선발 건은 결론이 나지 않았다. 눈에 띄게 의기소침한 차붐에게 말을 걸었다가, 독일 축구인들도 비로소 전후사정을 파악했다. 아마, 포크츠 감독이었을 것이다, 차범근을 위해 총대를 맨 사람은. 독일에서 발행되는 세계 유수의 축구잡지 〈키커〉에 실린 그의 기명칼럼. "한국의 32년 만의 본선진출을 축하한다. 나는 한국 팀의 최근 경기를 본 적이 없다. 따라서, 한국의 축구실력이 어느 수준인지를 판단할 수 없다. 다만, 이 점만큼은 확실하게 말할 수 있다. 만약 한국이 차범근 같은 선수를 빼고도 대표팀을 꾸릴 수 있는 수준이라면, 나는 86년 월드컵의 가장 강력한 우승후보가 한국이라고 생각한다."

1986년 당시의 차범근의 경기력은, 세계 어느 팀의 주전 공격수로 뽑혀도 전혀 이상하지 않은 수준이었다. 독일에서는 차범근을 루메니게와 동급으로 평가했다. 차붐의 한국 대표팀 탈락은 분데스리가 전체의 자존심이 걸린 문제이기도 했다. 차붐 문제가 국제적으로 비화할 움직임을 보이자 대한축구협회는 차범근을 대표팀에 선발하기로 최종 결정을 내린다.

1985년 12월 9일부터 13일까지 멕시코에서 열린 멕시코(1-2, 김종부), 헝가리(0-1), 알제리(2-0, 김종부, 최순호), 한국의 4개국 초청대회. 19일 멕시코 아틀란테와의 친선경기(1-1. 김주성). 86년 2월 홍콩(2-0. 최순호, 김용세), 파라과이(1-3. 조민국)와 어울린 홍콩 구정대회. 4월 2일(마산, 2-1. 김용세, 노수진), 5일(대구, 3-2. 김주성 2. 최순호), 9일(인천, 0-0)등 공설운동장 세 곳을 순회한 실업선발과의 마지막 국내 평가전에도 출전선수 명단에 차범근의 이름은 없다. 월드컵 대회개막을 3주 앞둔 5월 18일 LA에서 열린 페루의 프로팀 알리 안사와의 평가전에서 차범근은 드디어 태극마크를 가슴에 단다. 1978년 12월 20일, 방콕아시안 게임 결승전 대 북한 전 이후 7년 5개월만의 대표팀 복귀. 이 평가전에서 한국은 차범근, 최순호의 연속골로 상대를 2-0으로 제압한다. 허정무와 박창선으로 이어진 논스톱 패스를 받아 차범근이 상대 오른쪽을 깊숙이 돌파하고, 뛰어들던 최순호의 스피드에 맞춰 1/8 박자를 멈칫한 뒤 허리 아래 높이로 크로스, 최순호가 쇄도하던 탄력 그대로 몸을 던지며 다이빙 헤딩슛으로 득점한 두 번째 골이 이날 경기의 백미(白眉)였다. 경기 후 소감을 묻는 기자들의 질문에 최순호는 '차범근 선배와는 오늘이 첫 공식경기지만, 마치 20년 이상 함께 발을 맞춰온 사람처럼 편안하게 플레이했다'라고 답했다.

선수 선발권은 감독의 고유권한이다. 하지만, 홍명보 감독에게 며칠 전 차범근 감독이 했다는 말을 이 칼럼 말미에 조심스레 덧붙이고 싶다. "축구는, 아직까지는 독일이 한국보다 선진국 아닌가. 그 축구 선진국 사람들이 하나같이 손흥민을 높이 평가한다. 그들이 왜 그렇게 생각하는지, 홍명보 감독이 한 번 쯤은 숙고해 주었으면 어떨까 싶다."

논어 미자(微子) 편에 나온다.

周公 謂魯公曰君子不施其親 不使大臣怨乎不以 故舊無大故 則不棄也無求備於一人.(微子/10)

주공 위노공왈 군자불시기친 불사대신원호불이 고구무대고 칙불기야 (무구비어일인

해석) 주공이 노공에게 말했다.

"군자는 그 친족에게만 편중하지 않아 대신들로 하여금 써주지 않는다고 원망하게 하지 않는다. 오래 함께 해온 사람은 큰 문제가 없는 한 버리지 않는다. 한 사람에게 모든 것이 갖추어져 있기를

요구하지 않는다."

여기서 시(施)는 '제거하다, 버리다', 불이(不以)는 '쓰여지지 않다, 참여하도록 기회를 주지 않다'라는 뜻이다. 고구(故舊)는 옛 벗 혹은 오래 함께 해온 사람이라는 뜻이다. 이 글이 기록된 시대는 왕정시대다. 왕족과 친족들의 특권이 어마어마했던 신분사회였다. '치우치지 않음'이란 친족에게만 특별히 은혜를 베풀지 않아야 한다는 뜻이다. 그것이 공정한 일처리 방식이다. 모든 CEO의 꿈은 모든 분야에 탁월한 전문성을 지니고 일처리에 빈틈이 없는 부하 직원을 만나는 것이다. 하지만, 모든 분야에 초일류(超一流)의 전문성을 보유한 사람은 지구상에 없다. 유능한 CEO는 인재들을 선발하고 그들의 재능이 최대치로 펼쳐질 수 있도록 이끄는 사람이지 불가능한 목표를 설정하고 그 기대에 맞춰 존재하지도 않는 누군가를 찾아다니는 사람이 아니다. 허황된 기대를 한다는 것 자체가 CEO로서는 이미 낙제점이다. '한 사람에게 모든 것이 갖추어져 있기를 요구해서는 안 된다'는 이야기다.

누가 뭐래도 소생은 홍명보 감독의 팬이다. 그가 동북고 시절에 보여준 프리킥에 반해, 홍명보의 행적을 따라다닌 시간이 어언 30년이다. 2014년 브라질 월드컵, '명보의 미소'를 다시 한 번 보고 싶다.

손흥민과 차범근과 분데스리가

손흥민(레버쿠젠)의 기세가 무섭다. 2013년 11월 9일 함부르크전 3골 득점 1도움으로 팀 5-3 승리에 기여했고 30일 뉘른베르크와의 경기에선 전반 36분과 후반 32분 팀의 1호, 3호골을 성공시키며 3-0 승리를 견인했다. 2014년 5월 10일 2013-14시즌 최종전 베르더브레멘과의 홈경기에서 후반 7분 역전 결승골을 터뜨리며 두 시즌 연속 두 자리수 득점에 성공했다. 팀에게 UEFA챔피언스리그 플레이오프 진출권까지 안긴 실로 귀중한 득점이다. 만 21세의 파릇파릇한 청년의 활약을 보며 한국 축구팬들은 자연스레 한 사나이의 이름을 떠올린다. 차범근. 한국 최초의 유럽리거. 독일 분데스리가에 진출해 10년 이상 팀의 주전으로 활약하며 '20세기 최고의 아시아 축구선수'로 꼽힌 전설적인 공격수.

차범근은 1978년 다름슈다트 98(1경기/0골)에 입단한 뒤 프랑크푸르트(1979-1983: 156경기/58골)를 거쳐 레버쿠젠(1983-1989: 215경기/63골)에서 은퇴했다. 가장 많은 시즌을 보내고 가장 많은 골을 터뜨린 팀이 바로 지금 손흥민의 소속팀이다. 레버쿠젠 선수단 장비실에 걸려있는 차범근의 대형사진을 보고 손흥민은 왈칵 눈물이 나더란다. 팀에 공헌한 역대 최고의 선수들에게만 부여하는, 스타디움의 특정공간에 그의 이름과 사진을 걸어 영원히 그를 기억하겠다는 최상급 예우. 그것은 마치 불천위(不遷位) 제사 같은 것이다. 레버쿠젠 시민들은 아직도 차범근을 잊지 못한다. 거리를 걸어가면 수많은 팬들이 사인을 요청하고, 손흥민의 경기를 보러 경기장에 나타나면 관중들은 곧바로 '차붐-차차붐'을 연호하며 기립박수를 친다. 그렇다면 차범근과 손흥민 가운데 누가 더 위대한 선수인가?

두 사람은 공히 공격수다. 그런데 체형은 많이 다르다. 차범근이 두터운 허벅지 근육으로 무장한 스프린터형 공격수라면 손흥민은 상대적으로 마른 체형의 마라토너형 공격수다. 차범근은 몸싸움으로 상대를 무너뜨리고 손흥민은 빈 공간으로 수비진의 배후를 바람처럼 파고든다. 이 차이는 어디로부터 비롯하였는가?

시대가 바뀌었다는 것이 문제의 본질이다. 차범근 시대의 축구는 모든 선수가 자기의 전문성을 극대화하는 것이 세계적인 유행이었다. 수비수는 수비만 하고, 미드필더의 최고덕목은 공수를 조화롭게 연결하는 것이라고 모두가 믿던 시대. 정해진 포지션 없이 '알아서 마음대로' 움직이는 '리베로'라는 역할은 오직 베켄바우어 같은 예외적 천재에게만 허여되던 특권이었다. 분업형 축구에서 공격수의 역할은 하나다. 상대의 골문 앞 중앙부근에서 주로 움직이며 문전으로 연결된 공을 득점으로 마무리하는 것. 1998년 월드컵 득점왕 수케르(크로아티아)나 2002년 득점왕 호나우두(브라질)가 이러한 유형의 마지막 스트라이커다. 어쩌면 이동국도 이러한 유형에 해당하리라. 차범근은 그러나 당대의 관습을 뛰어 넘는 선수였다. 마무리 능력은 초일급이 아니었지만, 빠른 스피드를 이용한 공간침투 능력이 돋보였고, 윙플레이와 스트라이커를 오가며 플레이가 가능한 당시 세계 유일의 멀티 플레이어였다. 마치 사륜구동과 스포츠카가 한 차체에 장착된 것과 비슷한 경우였다.

손흥민의 시대는 전원공격-전원수비가 세계축구계의 주류다. 요즈음은 아무리 공격능력이 뛰어나도 수비가담 능력이 떨어지는 공격수는 경기에 나설 수 없다는 것이 상식으로 통한다. 전문형 인재가 아니라 융합형 인재가 더 대우를 받는 것이다. 여러 선수가 경기 내내 번갈아가며 전문 스트라이커 역할을 나누어 맡는 전술에 이어 최근에는 아예 최전방 스트라이커 없이 경기를 하는 '제로톱 전술'까지 등장했다. 과거 같았으면 체형상 공격형 미드필더로 뛰었을 손흥민이 최전방 언저리에서 플레이할 수 있는 이유다. 손흥민의 장점은 여럿이다. 어떤 공이든 슛으로 연결하는 능력이 발군이라는 것. 구시대 스트라이커들의 덕목이었으되 이제는 '보기 어려운 재능'이 돼버린, 드리블에 이어 마무리 슈팅까지를 '혼자서 해결하는' 힘도 갖추고 있다는 것. 이렇게 설명해 보자. 어떤 과목이 과거에는 필수과목이었다가 선택과목으로 바뀌었다면, 효율적인 수험전략은 새 필수과목에 치중하는 것이다. 그런데, 새 필수과목에서도 좋은 점수를 받고 이제는 선택과목인 옛 필수과목에서도 좋은 점수를 맡는다면? 손흥민은 그런 점에서 새 길을 열어간 개척자다. 기본기술을 익히는 외에, 옛 기술에 '다소 무모해 보이는 시간투자'를 하고 결국 이 모든 것들을 하나의 장점으로 엮어낸 선수이기 때문이다.

손흥민의 장래가 촉망되는 것은 분명한 사실이다. 그는 세계적인 선수가 될 수 있는 가능성이 충만하다. 하지만, 아직까지의 업적으로만 보자면 아직은 차범근이다. 분데스리가는 매년 시즌이 끝나고 감독들과 기자들이 선수들의 평점을 매긴다. 월드컵에서 통하는 월드 클라스, 유럽 클럽대항전에서 인터내셔널 클라스, 국내리그에서 통하는 도매스틱 클라스. 차범근은 월드 클라스에서 거의 벗어난 적이 없다. 82, 86년 준우승, 90년 우승이 독일 국가대표팀의 월드컵 성적표다. 대표선수 국적규정이 느슨하던 시절이라 독일 축구협회는 차범근의 귀화를 끈질기게 추진했다. 그들은 차붐을 독일국가대표팀의 주전 라이트윙으로 쓰고 싶어 했다. 독일 기자와 축구인들은 차범근을 '의심할 바 없는 80년대 최고 선수

가운데 하나'라고 평가한다. 차범근은 루메니게와 동급의 선수였던 것이다. 7시즌 연속 10골 이상 득점을 올리고, 372경기 출장에 121골을 모두 필드골로만 득점한 글자 그대로의 '전설(傳說).'

지금은 중하위권으로 전락했지만, 손흥민의 전 소속 함부르크는 차범근의 전성기엔 바이에른 뮌헨과 함께 분데스리가를 호령하던 양강(兩强)이었다. 차범근에게도 당연히 스카우트 제의를 한 적이 있다. 1983년, 차범근과 이적협상을 마치고 가계약까지 마친 팀은 레버쿠젠이 아니었다. 밀라노를 연고지로 하는 이탈리아의 AC 밀란이었다. 차범근의 이적을 막은 것은 축구 외적인 문제다. 프랑크푸르트 구단 시절 선수들이 연대보증하고 단체로 구입한 주택의 세금문제가 해결되지 않아 차범근이 독일 밖으로 이적하는 경우에는 거의 그 집을 날려야 했다. 그래서 '독일 내 계속 거주'를 상정하고 계약을 맺은 팀이 레버쿠젠이다.

그렇다면 손흥민에 대한 평가는? 손흥민이 한국 대표팀에서 자리를 잡지 못하는 듯 보이자 차범근은 즉각 지원사격을 했다. "손흥민은 분데스리가 전체가 주목하는 선수다. 유럽 전문가들의 감식안을 한 번 믿어보자." 그리고 덧붙인 차범근의 한 마디가 가슴을 울린다. "손흥민은 그 나이 때의 나보다 훨씬 나은 선수다."

포크츠(전 독일 대표팀 감독) "차범근은 무리가 통하는 육체를 가진 선수다. 그를 사랑하지 않는 감독은 지구상에 없다."

포크츠 "차범근을 빼고 국가대표팀을 꾸리는 것을 고려 중이라고? 차범근이 뽑히지 못할 정도라면, 86년 월드컵의 가장 강력한 우승후보는 한국이다."

베켄바우어 "차범근은 의심할 바 없는 당대 최고 중의 하나다. 그는 모든 수비수들에게 공포의 대상이다."

볼프강 홀츠하우저(레버쿠젠 회장) "손흥민의 경기력? 별명대로 손세이셔널이다. 세계를 뒤흔들만한 젊은 재능이 나타났다."

베켄바우어 "손흥민은 함부르크 구단 사상 최연소 득점기록을 갈아 치웠다. 결정적인 장면에서도 서두르지 않는다. 10대 후반의 공격수가 아니라, 마치 30대 중반의 노련한 공격수처럼 움직였다. 믿을 수 없다."

헌문(憲問)에 나온다.

子曰 驥 不稱其力 稱其德也.(憲問/35)

자왈 기 불칭기력 칭기덕야

해석)공자께서 말씀하셨다. "우리가 어떤 말을 준마라고 부르는 것은 그 힘을 지칭해서가 아니라 그 다움을 지칭해서다."

기(驥)는 하루에 천 리를 달린다는 전설의 명마, 즉 천리마다. 이

문맥에서는 뛰어난 인물, 인재를 지칭한다고 볼 수도 있다. 우리가 어떤 말[馬]을 명마(名馬)라고 부를 때는 그 힘만이 아니라 준마의 준마다움[德], 즉 빼어남을 고려한다. 이수태의 풀이다. "덕과 힘은 두 개의 병렬된 요소가 아니다. 덕은 힘의 근원이며 현실적인 모든 힘의 출현과 소멸에 작용하고 있다. 그것은 마치 나무 속에 흐르는 수액이 보이지 않게 나무를 자라게 하고 무성하게 하듯 현실의 표면적인 힘을 엮어 내고 연출한다."

知之者 不如好之者 好之者 不如樂之者.(雍也18)
지지자 불여호지자 호지자 불여낙지자

해석)공자님께서 말씀하셨다. "아는 사람은 좋아하는 사람만 못하고, 좋아하는 사람은 즐기는 사람만 못하다."

골을 넣고, 연습장에서, 대표팀 소집 때 파주훈련장 정문에서, 손흥민은 이제 자주 웃음을 보인다. 어떤 경우든, 여유를 잃지 않는 모습이다. 경기만 즐기는 것이 아니라 손흥민은 축구 자체를 즐기는 듯하다. 축구장의 분위기를 즐기고 동료들과의 관계를 즐기며 월드컵의 중압감조차 즐기는 사람. 그 모든 것을 자신의 자연스러운 일부로 받아들인 적극적인 편안함. 손흥민의 웃음은 그래서 즐거움과 편안함이 어우러진 여유의 상징이 아닐까.

즐거움은 내면의 움직임이다. 위장할 수 없는 감정상태다. 그래서 순수하다. 모든 스포츠가 마찬가지지만 경기력은 체력과 순발력, 기타 신체 능력만의 총합이 아니다. 정신력과 성격, 친화력 그리고 자신의 일을 아느냐 좋아하느냐 즐기느냐의 차이가 빚어내는 전체적인 분위기가 선수의 성적과 일생을 좌우한다. 손흥민, 이제 월드컵을 즐겨라.

	차범근(車範根: 1953. 5. 22~)	손흥민(孫興民: 1992. 7. 8~)
A매치 출전/골:	121(55)	23(6)
분데스리가	308(98)	104(30)
독일 FA컵, 리그컵	27(13)	8(2)
유럽클럽대항전	37(10)	8(0)
	372(121)	120(30)

* 2013-14 시즌 종료시점 기준

박주영,
한국축구의 에이스

소속팀 경기에도 뛰지 못하는 선수를 선발했다는 '특혜논란'부터 코치진을 동원한 '1인용 황제 회복훈련'까지, 박주영을 둘러 싼 논란이 끊이지 않는다. 일부의 지적처럼, 홍명보 감독은 박주영을 특별대우하는 건가? 소생이 보기에는 '그렇다.' 그렇다면, 박주영이 이런 특별하고 극진한 대우를 받을 만큼 우리 대표팀에 꼭 필요한 선수인가. 소생이 보기에는 역시 '그렇다.' 그 근거는?

전통적인 의미에서의 스트라이커, 상대 문전 언저리에 주로 머물며 패스를 받아 골로 연결하는 유형의 선수들은 세계적으로 희귀하다. 월드컵을 기준으로 하면 1998년의 수케르, 2002년의 호나우두가 마지막이다. 우수한 스트라이커 자원이 배출되지 않는 것이 아니라, 세계 축구의 스타일이 바뀌었다는 것이 이러한 현상의 배경이다. 월드컵에선 어느 팀이나 찬스 자체를 많이 만들지 못한다. 수비들도 세계적인 선수가 출전하기 때문이다. 수케르나 호나우두는 '골 결정력'이 매우 뛰어났기에 그나마 살아남을 수 있었던 것이다. 사정이 그러하기에, 어느 나라의 감독이든, 공격기능만으로 특화된 선수보다는 수비가담 능력도 뛰어나고, 2선 선수들과의 연계, 뒷공간을 파고드는 능력, 정확한 패싱력에 때로는 드리블부터 마무리까지 모두 혼자서 할 수 있는 선수를 선호할 수 밖에 없는 것이다.

현재 대한민국에서 이 기준을 충족시키는 선수는 박주영이 유일하다는 것이 전문가들의 일치된 견해이다. 홍명보 감독에게는 달리 선택의 여지가 없었을 터이다.

2013년 3월 6일 아테네에서 열린 그리스와의 친선 경기. 소속팀에선 벤치만 달구다 오랜만에 실전에 나선 박주영은 손흥민의 로빙볼 패스에 스텝의 스피드를 조절하고 논스톱 슛으로 선제골을 터뜨렸다. 공의 흐름에 자신을 맞추어 갔다는 점에서 박주영의 골은 도교(道教)적인 골이다. 무위자연(無爲自然)! 사각(死角)이라 슛하기가 쉽지 않았음에도 끝까지 자신의 소임을 다한 손흥민의 왼발 강타는 그렇다면 유교(儒教)적인 골이라 할 수 있을까. 스포츠의 묘미는, 이겼을 때 이렇게 '오바'를 해도 된다는 점이다. 홍이 오른 김에 박주영에 대한 이야기를 조금만 더 해보자.

한국 축구의 고질병 가운데 하나는 문전처리가 미숙하다는 점이었다. 엄밀히 말하면, 정확성이 떨어지는 것이 아니라 침착성이 부족했다. 찰나에 모든 상황이 종결되는데다 공은 잠시라도 가만 있지 않고 살아서 꿈틀거리는데 상대 수비수가 눈에 불을 켜고 들러드는 와중. 이런 상황에서 냉정을 잃지 않고 중심을 흩트리지 않으면서 볼처리를 한다는 건 말처럼 그렇게 쉬운 일이 아니다.

박주영은 어떤 경우든 자기가 원하는 방식으로 공을 처리하는 특별한 능력의 소유자다. 그의 슛은 거의 골문 안으로 들어가는 유효슈팅(on-target attempt)이다. 박주영은 슛을 날리면서 발의 스윙이 나가는 중에도 발목의 각도를 미세하게 비틀어서 공을 골문 안으로 넣는 탁월한 능력이 있다. 강도는 떨어지더라도 일단 정확하게 간다는 것. 약하게 차더라도 정확하게 차면 득점 확률이 있지만 강하게 차더라도 골대를 벗어나 버리면 득점이 안 된다는 이치를 간파하고 있는 것이다. 강하게 슛을 날리는 능력이 모자란 것이 아니고 항상 파워의 65~70%정도로 관리를 하면서 정확하게 밀어내는 플레이. 야구로 치면 이치로와 비교할 수 있겠다. 타율을 높이기 위해 정확히 때리는 것에 집중을 하다 보니 장타가 안 나는 것이지, 파워가 없기 때문에 홈런이 적은 건 아니라는 이야기다. 2012 런던 올림픽 동메달 결정전 대 일본 전 선제골도 사실은 살짝 빗맞은 슛이었다.

드리블에 관해서도 박주영은 일가견이 있다. 그의 드리블의 핵심은 '엇박자'와 '자유자재의 기어변속'이다. 드리블이 됐든, 돌파가 됐든, 결국 핵심은 상대 수비를 속이든지 헷갈리게 하든지 따돌리는 것이다. 그래서 시간과 공간을 마련하고 정확한 슛을 할 수 있는 여지를 마련하는 것인데, 박주영은 드리블을 할 때, 그리고 더 놀라운 것은 직선 드리블이 아니라 휘어들어갈 때도 스피드를 죽이지 않는다는 사실이다. 그것만이 아니다. 아주 빠르게도 갔다가 느리게도 갔다가, 말하자면 급발진도 했다가 순간적으로 멈추기도 했다가, 구사하는 리듬이 워낙 다양하기에 수비진이 그를 따라가는데 엄청난 애를 먹는다.

황선홍이 서있는 상태에서 몸 페인팅을 써서 공간을 만들어 치고 들어가는, 배구로 말하면 시간차 공격으로 상대의 혼을 빼는 공격수라면, 박주영은 자체 리듬을 갖고 주행 속도를 바꿔가며 수비의 타이밍을 뺏는 스타일이다. 배구로 치면 황선홍은 '개인 시간차' 공격에 통달했던, 76년 올림픽 여자배구 동메달의 주역 변경자(邊京子)의 환생이고 박주영은 점프속도를 조절하며 볼을 때리는 손목 각도를 조절해 코트 구석구석으로 유효타를 날리던 79년 세계선수권 4강의 주포 강두태(姜斗泰)의 재림이다.

침착하고 서두르는 법이 없는 것은 이창호 바둑에서 느낄 수 있는 기운과 흡사하다. 언제 어떤 상황에서도 흔들리지 않는 부동의 평정심! 이러한 플레이를 통해 틈을 만들고 또 어떤 경우에는 본인이 직접 해결하고, 어떤 경우에는 패스를 만들기도 하고, 그래서 박주영이 다음에 어떤 플레이를 할지를 심지어 우리 편도 예측하지 못하는 경우가 있다.

그를 한 번 더 칭찬하고 싶은 것은, 종래의 한국 국가대표 선수들이 도전하지 않았던 미지의 영역을 하나 개척하고 있다는 사실 때문이다. 다소 거창하게 말해 도교적인 플레이, 노자(老子)와 장자(莊子)의 사상을 반영한 플레이를 펼친다는 점이다. 최전방의 박주영에게 공이 연결되는 경우를 가정하고 설명을 해보자. 일반적인 패턴은 일단 공을 자기 앞에 멈춰 세우거나 흐름을 죽여 놓고 드리블을 하던 슛을 하던 패스를 하던 결정을 하는 것이다. 박주영은 공이 흘러가는 결에 자기의 리듬을 맞춰가지고 공을 건드리지 않고도 전진 후진을 한다. 이건 탁월한 재능이다. 석수(石手)들도 돌의 결을 알면 훨씬 작업하기 편하다는데, 박주영은 공이 굴러가는 결을 한 눈에 알아보는 능력을 타고났다는 것인지. 공에 발을 대지 않고도 유효한 플레이를 한다는 건 어지간한 자신감 없이는 펼치기 어려운 기술이다.

한편으로는, 정말 한 사람밖에 플레이를 할 수 없는 좁은 공간, 상대 3명이 압박해오는 상황에서도 자체회전, 즉 360도 회전 사양이 장착돼 있기 때문에 발끝치, 발등, 발바닥 등을 이용해서 공을 빼고 돌고 난관을 타파하는 재능도 있다. 박주영은 이제까지 한국 축구에서 흔히 볼 수 없었던, 시간과 공간을 매우 창조적으로 활용하는 능력을 보유한 선수다. 2010년 월드컵 대 나이지리아 전 프리킥 득점 이후, 이번 대회에 박주영의 다연발포(多連發砲)가 터지기를 기대하는 이유다.

그가 언론과의 접촉을 꺼리고, 프로선수의 의무인 '수훈선수 인터뷰'도 하기 싫어한다는 이야기가 있다. 셀타 비고 시절의 박주영을 취재한 스페인 기자들도 비슷한 이야기를 했으니 아주 근거 없는 소문은 아닐 것이다. 이 점에 대해, 오로지 소생의 개인적 추측에 바탕을 둔 변명 한자락을 해주기로 한다.

논어 자장(子張) 편에 나온다.

君子之過也 如日月之食焉 過也 人皆見之 更也 人皆仰之.(子張/21)
군자지과야 여일월지식언 과야 인개견지 경야 인개앙지

해석) 군자의 잘못은 마치 일식이나 월식과 같아서 잘못이 있으면 모든 사람들이 다 그것을 보게 되고 허물을 바로잡으면 모든 사람들이 다 그것을 우러러본다.

여기서 식(食)은 식(蝕 좀먹을 식)과 같다. 국가대표 주전공격수의 자리는 단순한 자리가 아니다. 팬들에게 일거수 일투족이 드러나는 자리다. 모든 팬들이 쳐다보고 기대하며 월드컵에서 최상의 경기력을 보여주기를 기대하는 특별한 자리다. 자연히, 박주영의 말 하나, 행동 하나가 사회적으로 증폭이 되기 쉽다. 따라서, 자신의 임무수행이 지니는 사회적 파장을 고려하지 않고 '개인적 안일(安逸)'에 젖을 경우 팬들은 분노하게 마련이다. '허물을 바로 잡으면' 모든 사람들이 그것을 우러르게 된다는 점도 특별한 사람들이 지니는 또 다른 특권이다.

한국 최초의 두 체급 세계제패(74년 WBA 밴텀급, 77년 WBA 주니어 페더급)에 빛나는 영원한 챔피언 홍수환(洪秀煥)은 "어떤 선수가 세계 챔피언이 될 가능성이 높은가"라는 소생의 질문에 "링 밖에선 얌전하다가도 일단 링 위에 올라가면 돌변하는 선수"라고 답했다. 경기장 밖에서는 더할 나위 없이 얌전하고 수줍어하는데, 일단 판이 벌어지면 180도 돌변하는 선수가 최고라는 것. 자신의 재능과 집중력을 경기장 안에서 응축시켜 폭발시킨다는 건 어느 종목을 막론하고 일류들이 간직한 전가(傳家)의 보도(寶刀)같은 비방(秘方)일 터이다. 축구로 치자면 바로 박주영 같은 선수가 아닐까. 물론, 매스컴에 대한 프로선수로서의 의무를 다하고 경기장에서도 최상의 결과를 낸다면 더할 나위 없이 훌륭한 일이겠지만. 박주영의 비상(飛翔)을 기대 기원 희망한다.

월드컵과 이청용

이청용(李靑龍)을 상징하는 한 마디가 있다. '소녀 슛'이다. 슛을 할 타이밍인데도 패스를 하고, 어쩌다 슛을 하더라도 강하고 빠르게 때리는 파워 실린 구질이 아니라 부드럽게 상대 골문의 빈틈을 찌른다고 해서 나온 말이다. 거친 태클과 몸싸움이 난무하는 축구장에서 부드러움을 유지하는 것은 보통 일이 아니다. 부드러움을 유지하면서도 득점을 올리고 성적을 내는 일은 더더욱 보통 일이 아니다. 그래서 이청용이다.

이청용은 좀 거창하게 말하자면, 한국 사회의 패러다임을 바꾼 인물이다. 1988년 서울생이니 아직 이십대 중반의 창창한 나이다. 나이로만 따지자면 대표팀에서도 어린 축에 든다. 그런데 팬들의 감각으로는 중견 플레이어다. 선수 경력이 길기 때문이다. 그 이전의 축구선수들이 밟는 일반적인 경로는 중고교를 졸업하고 대학팀을 거친 뒤 프로팀에 입단하는 것이었다. 이청용은 이러한 관습을 혁파했다. 그의 최종학력은 도봉중학교 중퇴다. 조광래(趙廣來) 감독의 권유로 2004년 FC 서울에 입단하면서 학교를 자퇴했다. 사상 최연소 프로팀 입단이었다. 학력이 개인의 사회적 평판의 기초 자료로 기능하는 한국 사회에서, 중학교를 중퇴한다는 건 축구에 모든 것을 걸었다는 뜻이다. 축구 선수들은 중학교 무렵부터 합숙을 한다. 자연히 같은 학교 출신끼리는 성격이나 재능, 버릇이나 일상생활의 장단점을 피차 간에 속속들이 파악하게 된다. 현역 은퇴 이후 지도자로 나설 때는, 이때의 평판과 인맥이 큰 역할을 한다. 이청용은 이런 이점을 모두 버렸다. 안정적인 길을 놓아두고 모험에 나선 것이다. 이청용 이전까지는 아무도 프로팀 조기 입단이라는 시도를 하지 않았다. 누구도 관습을 깨려 하지 않았다. 사실은 그런 생각 자체를 하지 못했고, 청소년 연령의 선수가 성인 축구에서 기량을 발휘하는 것은 애당초 무리라는 것이 당시의 통념이었다. 호주로 조기유학을 떠나 세계적인 경지로 발돋움한 기성용이나, 축구코치인 아버지 밑에서 기본기 개인훈련을 받고 혼자서 길을 개척한 손흥민과 더불어, 이청용이 한국 축구의 등산로를 열어간 기념비적 인물이라고 말할 수 있는 근거다.

이청용은 2년 동안 프로 2군에서 실력을 가다듬었다. K리그 데뷔는 2006년. 이장수 감독은 이청용을 수비형 미드필더로 기용했고, 그 해 4경기에 출전한 이 소년을 두고 전문가들은 '나이에 비해 그런대로 선전했다'는 정도의 평가를 내렸다. 2007년 FC 서울에 새로 부임한 셰놀 귀네슈 감독(터키)은 이 어린 선수에게서 '특별한 재능'을 발견했다. '섬세함'이다. 이청용의 패스는 수비수의 예측을 벗어난다. 일단 논스톱으로 찔러주는 패스가 많다. 상대 수비 사이로 공을 굴려주는 빈도도 높다. 패스의 각도와 방향도 상식을 벗어난 경우가 대부분이다. 그런데도 패스 성공률이 월등한 비결은? 패스의 구질이다. 그의 패스는 느리고 부드럽다. 축구 역사상 공보다 빨리 달리는 선수는 존재하지 않았다. 공격수가 수비수의 등 뒤로, 양 옆으로, 혹은 수비진의 사이를 뚫고 골키퍼와 맞서는 지점까지 나아가더라도, 패스가 빠르면 공은 골키퍼의 차지가 되기 마련이다. 아니면 공을 잡더라도 대개는 오프사이드에 걸리거나. 이청용은 공격수가 급발진을 하기 직전에 패스를 연결하며 오프사이드의 굴레를 벗긴다. 그의 패스는 느리게 굴러가거나 날아가므로, 공격수는 공이 도달하기 직전에 위험지역에 당도해서 원활한 공급을 받을 수 있다. 이것은 흔치 않은 재능이다. 17세 6개월로 사상 최연소 프로복싱 세계 챔피언을 지냈던 윌프레드 베니테즈는 '상대의 가슴 근육의 특정 부위가 미세하게 떨리는 것을 보고 펀치를 피한다'고 했다. 주먹이 움직이기 훨씬 이전부터 상대의 움직임을 정확하게 예측했다는 뜻이다. 어쩌면 이청용은 축구경기의 시공간을 파악하고 지배하는 그만의 독특한 능력을 가진 선수인 것은 아닐까?

2007년 이청용은 팀의 주전으로 시즌 내내 펄펄 날았다. 개막전에서 데뷔골을 터뜨렸고, FC 서울의 연승행진을 이끌며 공격의 핵으로 기능했다. 축구팬들은 설문조사에서 이청용을 한국축구 최고의 유망주로 뽑았다. 이듬해 이청용은 고른 활약을 펼치며 팀의 준우승에 기여했다. 2008년에는 K-리그 베스트 일레븐에 당당히 이름을 올리기도 했다.

2009년 7월 19일은 한국 축구사에 또 다른 기념비다. 이청용에게 들어온 프리미어리그의 볼턴 원더러스의 입단제의. K 리그 시즌은 3월에 시작해 11월에 끝난다. 서유럽 리그는 대부분 8월에 시작해 이듬해 5월까지 이어진다. FC서울은 아직 시즌이 끝나지 않았음에도 이청용의 미래를 위해 유럽 시즌에 맞춰 그를 영국으로 보내기로 결정한다. 8월 14일 워크퍼밋을 발급받고 입단 확정. 워크퍼밋은 영국 정부가 발행하는 외국인 노동 허가증이다. 프로축구 선수도 '고용계약'을 맺고 활동하는 직업인이므로, 워크퍼밋을 받지 못하면 경기에 나설 수 없다. 이청용의 워크퍼밋 발급에 한 달이 걸린 이유가 있다. 영국 정부는 직업적 전문성이 떨어지는 외국인이 고액의 연봉을 수령하는 것을 규제한다. 자국민이 얼마든지 할 수 있는 분야에 외국인을 고용하려면 후보자의 전문성을 증빙하는 서류를 제출하고 별도의 허가를 받아야 한다. 축구의 경우, 원칙적으로 '스카우트 시점으로부터 지난 3년 간 자국팀 국가대표 경기의 75%이상 출전한 기록'이 있어야 한다. 프리미어 리그는 세계 최고의 리그 가운데 하나다. 자국팀 대표 주전으로 선발될 실력이 아니라면, 진지한 고용대상으로 보기 어렵다고 판단한다는 뜻이다. 이청용의 A매치 데뷔전은 2008년 5월 31일 2010 남아공 월드컵 예선 요르단과의 경기다(1도움). 워크퍼밋 기본자격 미달이다. 이런 경우, 구단은 별도의 증빙서류를 제출하고 영국 정부의 허가를 기다려야 한다. 사실 상 대표팀 주전급이나 부상으로 선발이 어려웠다든가, 세계 축구계 주요인사의 추천서를 첨부한다든가 하는 사유서를 첨부해서. 볼튼이 제출한 서류는 2007년 FIFA U-20 월드컵 직후 FIFA가 작성한 기술보고서다. FIFA는 이청용을 기술적 완성도가 뛰어난 선수(Outstanding Player)라고 평가했다. 아스날과 벤피카가 이청용 스카우트에 뛰어들었다는 점도 워크퍼밋 발급에 고려해달라고 청한 참고사항이었다.

이청용은 강원 FC와의 경기를 끝으로 영국으로 건너가 볼튼의 훈련캠프에 합류한다. 이적료는 K리그 사상 최고의 금액인 44억원. 대한민국 최연소(만 21세)이자 한국인 제7호 프리미어 리거의 탄생이었다. 유소년 시스템으로 한국 프로구단이 육성한 선수가 완제품으로 수출계약을 맺은 사상 첫 사례다. 그것은 이영표나 박지성, 설기현이 유럽 중소리그를 거쳐 우회상장으로 프리미어 리그에 입성한 것과는 완전히 다른 차원의 업적이었다. 한국 축구가 유럽 최고의 무대에서 공신력을 인정받았다는 분명한 증거였기 때문이다.

볼튼 원더러스의 경기복을 입은 이청용의 행보도 탄탄대로였다. 2009년 9월 26일, 프리미어리그 제7라운드 버밍엄 시티와의 어웨이 경기 후반 9분에 교체로 투입돼 41분 결승골로 시즌 1호골이자 프리미어리그 데뷔골을 기록하며 팀의 2-1 승리에 기여했고, 10월 25일 대 에버턴 전에서는 선제골을 터뜨리며 팀의 3-2 승리를 이끌었다. 2010년 1월 27일, '감독 빼가기'(볼튼 감독의 바로 전 직장이 번리였다) 논쟁으로 화제를 모은 번리와의 경기에서 크로스바를 맞고 떨어지는 감각적이고 섬세한 골로 1-0 승리에 결정적으로 공헌. 볼턴 팬들은 이청용에 열광했다. 이청용의 가세로 볼튼의 선수들이 비로소 유기적으로 움직이게 되었다는 평가가 나왔고 '소녀처럼 수줍게' 경기를 하는데 사실은 무시무시한 성적을 올린다며 '조용한 암살자'라는 별명도 붙여주었다. '이청용이 지금처럼 활약하면 리버풀이나 맨유 같은 빅 클럽으로 이적할 테니, 마냥 좋아할 수만은 없다'는 골수팬들의 걱정 아닌 걱정이 나올 정도였다.

이청용의 진가(眞價)가 드러난 때는 2010년 FIFA 월드컵이다. 볼튼의 중심으로 우뚝 선 이 동양인은 첫 경기 그리스 전부터 맹활약했다. 발끝으로 발등으로 툭툭 찔러주는 패스에 그리스 수비진은 당황했고, 경기 후 세계 축구계는 '이청용의 플레이로 한국이 세련된 경기를 펼치며 그리스를 지배했다. 주심의 판정이 정확했다면, 전반에 적어도 하나 이상의 페널티킥이 이청용에게 주어져야 했다'고 평했다. 섬세하고 미묘한 터치, 다른 공격수들의 전진

시간에 맞춰 볼배급을 하다가도 때로는 본인이 직접 돌파를 감행하는 변칙에 그리스 수비진은 속수무책이었다. 아르헨티나와의 조별리그 2차전, 상대 수비진의 실수를 응징하며 월드컵 데뷔 골을 터뜨렸지만, 팀의 1-4패배로 이청용은 웃을 수 없었다. 그리고, 우루과이와의 16강전. 코너킥에 이은 혼전 상황에서 소유권이 불분명한 공중볼이 떠오르자 이청용은 득달같이 달려들며 상대의 타이밍을 빼앗는 헤딩슛으로 동점골을 득점했다. 선취골과 후반부터 내리기 시작한 빗속에서 우리의 왼쪽 골대를 맞고 들어간 절묘한 감아차기 결승골 등, 2득점한 수아레스의 활약으로 최종결과는 한국의 1-2패배. 경기가 끝나고 그 자리에 서서 온 비를 다 맞으며 소년처럼 펑펑 눈물을 흘리는 이청용의 모습이 카메라에 잡혔다. 경기에 진 것도 진 것이지만, 1-1 동점인 상황에서 맞이한 골키퍼와 맞선 절호의 찬스를 섬세한 슛을 시도하다 날려버린 아쉬움에 무작정 눈물이 쏟아졌다고 한다. 이동국의 슛과 이청용의 슛 가운데 하나만 들어갔더라면 한국 축구의 역사가 달라지지 않았을까? 월드컵 대회 후 독일의 키커지(誌)는 이청용에게 한국 팀이 치른 4경기 전체평점 7.78의 점수를 매겼다. 태극전사 중 최고의 평점이었다.

2014년 월드컵에서 이 소년은 세계적인 스타가 될 것이라고 했다. 기성용의 강인하고 힘찬 플레이와 이청용의 섬세하고 부드러운 플레이가 조화를 이루면, 한국은 브라질에서 깜짝 놀랄 성적을 거둘 것이라는 전망이 이어졌다. 남아공 월드컵이 끝나고, 2010-11 시즌에서 볼튼은 이청용을 중심으로 팀 전술을 꾸렸다. 그런데… 2011-12 시즌 개막 전 연습경기로 2011년 7월 30일에 벌어진 4부 리그팀 뉴포트 카운티와의 친선 경기. 상대편 수비수 톰 밀러는 두 발을 모두 들고 공중으로 날아오르는 플라잉 태클을 감행했다. 이청용은 복합골절이라는 중상을 당했다. 비신사적인 플레이였다. 톰 밀러는 이 플레이 후 바로 교체되었고, 나중에 '내가 미쳤었나 보다. 절대 부상을 입힐 의도가 아니었다. 이청용에게 용서를 빌고 싶다'며 흐느끼는 동영상 편지를 볼튼 팬들에게 보내기도 했다. 바람처럼 가볍게 상대진영을 날아다녔기에, 이청용은 부상은 커녕 거친 접촉 자체를 영리하게 피하는 선수였다. 이 경기는 사실 뉴포트의 운영경비 마련을 위해 볼튼이 서비스로 마련해 준 경기다. 수술은 성공적으로 끝났지만, 이청용이 경기장으로 돌아온 것은 8개월 후인 이듬해 5월 6일 WBA와의 리그 37라운드 경기였다. 후반 35분 교체 출전. 이청용은 다음 경기인 시즌 최종전에서도 전반 17분 교체 투입되어 73분을 뛰었지만, 팀은 강등을 막을 수는 없었다.

이청용은 팀에 잔류했다. 리버풀 등 많은 강팀들이 그를 원했지만 '나의 재활을 도와준 분들게 보답을 하고 싶나. 훈련장에서, 거리에서, 경기상에서 모두가 나를 팀의 중심으로 대우해 주는 것은 특별한 경험이다'라며 프리미어 리그 승격을 자기 발로 달성하고 싶다고 했다. 시즌 초반의 부진으로 감독이 경질된 상황에서도 볼턴은 후반기 대분전으로 6위에 올랐다. 1, 2위 팀이 자동승격하고 3-6위팀이 준플레이오프, 플레이오프를 거쳐 그 중 한 팀이 프리미어 리그에 오르는 구도해서 준플레오프 탈락이 2012-13 시즌 볼턴이 거둔 최종 성적이다. 2013-14 시즌에도 이청용은 팀에 남았다. 3골을 득점하며 팀의 붙박이 주전으로 활약했지만, 팀은 다시 한 번 승격에 실패했다. 볼튼 팬들은 수입과 경력 양면에서 엄청난 손해를 감수하고 팀에 남아 두 시즌을 활약해 준 이청용을 흠모한다. 이청용은 볼튼 팬들과 동료선수들과 코칭스테프의 마음을 얻었다.

논어(論語) 위정(爲政) 편에 나온다.

子曰 視其所以 觀其所由 察其所安 人焉廋哉 人焉廋哉
자왈 시기소이 관기소유 찰기소안 인언수재 인언수재

해석) 공자께서 말씀하셨다. "무엇을 하는지 보며, 그 일을 왜 하는지를 살피고, 무엇을 편안하게 생각하는지를 관찰하면, 사람이 어떻게 자신을 숨길 수 있겠느냐? 사람이 어떻게 자신을 숨길 수 있겠느냐?"

공자께서 제시한, 사람됨을 면밀하게 살피는 방법이다. 시(視)

는 살펴보는 것, 관(觀)은 자세하게 들여다보는 것, 찰(察)은 주도면밀하게 하나하나 뜯어보는 것이다. 공자는 이렇듯 단계적으로 심화하며 누군가를 들여다보면, 그 사람은 본 모습을 숨길 수 없다고 했다. 인언수재(人焉廋哉)를 두 번이나 반복한 점에서, 이 방법에 대한 공자의 확신이 무게를 더한다. 수(廋)는 숨기다, 찾다, 등의 뜻이다. 소이(所以)는 여기서는 어떤 상황에서 각자가 취하는 태도 내지 행동을 말한다. 소유(所由)는 행동을 하는 원인, 그러한 태도나 행동을 선택한 동기다. 논어 연구가인 이수태는 소안(所安)을 다음과 같이 풀이한다. '소안은 편안히 여기는 바, 그가 취하는 행동에 관한 그 나름의 지향점으로서 그를 만족시키는 가치관이 반영된 것을 말한다.'

이 구절 전체에 대한 이수태의 해석이다. "선생님께서 말씀하셨다. '그가 하는 바를 보고 그 동기를 살피며 그가 흡족히 여기는 바를 관찰하면 사람이 어떻게 자기 자신을 숨길 수 있겠느냐! 사람이 어떻게 자기 자신을 숨길 수 있겠느냐!"

그럼 공자님의 사람됨을 보는 방법을 가지고 이청용을 논해보자. 무엇을 하는가. 이청용은 아주 어린 나이에 축구를 평생의 업으로 단호하게 선택했다. 왜 하는가. 부와 명예를 얻기도 했지만, 이청용은 축구가 재미있어서 한다고 했다. 찰기소안(察其所安)은 무엇을 편안해 하는가, 무엇을 즐거워하는가를 보라는 말이다. 즐거움이란 억지로 꾸며서 나올 수 있는 마음이 아니다. 시종일관 엄숙한 표정을 짓고 힘든 내색을 하지 않으며 묵묵히 고통을 감내하는 구도자(求道者)같은 선수도 있지만, 이청용은 경기장에서 잘 웃는다. 축구 자체를 편안해하고 즐긴다는 이야기다. 좀 더 기술적인 측면으로 들어가면 이런 해석도 가능하다. 무엇을 하는가. 공격형 미드필더를 한다. 왜 하는가. 공격수들에게 결정적 기회를 만들어 주고, 때로는 자기가 직접 득점을 하려고 한다. 무엇을 편안해하는가. 남들이 생각하지 못한 방향과 방법으로 창의적인 패스를 넣어주고, 느리고 부드러운 연결로 공격수들이 결정적인 찬스에서 상대적으로 '편안하게 슛을 하게 도와주는 것을 편안해 한다.' 이청용이 지난 월드컵에서 득점한 두 골은 모두 부드러운 슛이었다. 대한민국 선수 가운데 월드컵 역대 최다 득점자는 각각 3골을 넣은 안정환과 박지성이다. 이번 출전 선수 가운데 본선 두 골 득점자는 이청용이 유일하다. 그가 이번 대회에서 한국선수 최다득점의 신기원(新紀元)을 이룩할 수 있기를. 그것도 그의 전매특허인 상대의 허(虛)를 찌르는 경공술(輕攻術) '소녀 슛'으로.

내 마음의 별, 주호에게

끝내 박주호의 이름은 불리지 않았다. 전화를 걸기가 조심스러워 문자만 보냈어. 주호, 괜찮은 거지?

숭실대 신입생으로 처음 만나던 날을 기억한다. 2005년 봄이었지. 다른 학과 교수가 입학면접에 참여해야 한다는 학사규정에 따라 그때 나는 생활체육학과 면접위원으로 처음 주호를 대면했다. 고등학교 때부터 주목받는 선수여서 난 네가 내 질문에 어떻게 답할지가 참 궁금했어. 대학대회는 넷, 전국체전까지 치면 다섯. 매년 하나씩은 우승컵을 가져오고 싶다고 약간은 수줍게 그러나 당차게 결심을 밝히던 스무 살 청년.

대학팀이 70팀을 넘으니 확률적으로 쉽지 않은 일이었는데, 주호는 자신의 다짐을 현실로 만들었다. 신입생이던 2005년 추계연맹전 우승, 제60회 대학선수권 우승으로 2관왕, 2006년에는 전국 대학선수권 대회 우승, 2007년에는 추계연맹전과 전국체전 우승. 전국체전 결승전이 열렸던 곳이 바로 광주 무등경기장, 바로 지금의 챔피언스 필드 자리였어. 2006년 전국대학선수권 대회 숭실대의 상대는 성균관대였다. 2005년 대학선수권 대회 때도 결승전에서 만났던 상대. 경기 장소는 일산에 있는 고양종합운동장이었지. 우리는 0-1로 끌려갔다. 종료 10초를 남기고 혼자 패스를 줄듯 줄듯 멈칫멈칫 상대진영을 돌파하다 페널티 에어리어 좌측에서 왼발로 번개처럼 차 넣은 주호의 동점골을 잊지 못한다. 연장전 결승골은 (곽)광선이가 넣었었지?

그 해 봄, 광양에서의 아픔도 있다. 1-0으로 앞서다 종료 3분을 남기고 한양대한테 연속 두 골을 실점하며 준우승에 그쳤던 춘계연맹전. 전남 드래곤즈의 홈구장인 광양 경기장, 후반전에 발목을 살짝 다쳤던 주호는 경기가 끝나고 아이싱을 한 채로 시상식이 진행되는 동안 라커룸에 혼자 남아 씩씩거리며 울었지. 다 큰 녀석이. 다음엔 꼭 우승하자, 넌 네 몫을 했다고 위로하는데도 주호는 결국 엉엉 울고 말았다.

2학년을 마치고 당시 경남구단 감독이던 박항서 감독이 주호를 원했지. 자기만 생각했다면 가는 것이 맞았어. 일본에서도 입단요청이 있었지만 주호는 (박)종진이랑 숭실대에 남았다. 윤성효 감독님께 보답하고 싶다고 했지. 선생님께 은혜를 꼭 갚고 싶다고, 대학 4년 다니는 동안 우승컵 네 개는 가져오는 것이 목표였는데 아직 세 개밖에 수집을 못했다며 주호는 수줍게 웃었다. 그리고 이듬해에 정말로 두 대회에서 우승하며 펄펄 날았다.

2007년 추계연맹전 연세대와의 결승전, 추가골을 넣고 마음의 짐을 벗은 듯 어린아이들처럼 웃고 나서 단체 큰 절 세레모니를 하며 부모님들과 코칭스테프를 울리던 우리팀의 주장 주호야. 네가 뛰던 시절의 숭실대는 유독 막판 동점골 역전골을 많이 넣었어.

초조하게 아들들의 경기를 보다 막판 골이 터지고 울음과 박수를 치시던 주호랑 다른 선수들 어머니 모습이 아직도 눈에 선하다. 오죽하면 내가 '야, 이거 한 두 번도 아니고, 기왕 넣을 거 5분만 먼저 넣어주면 안되냐? 가슴 떨려서 볼 수가 있어야지!'라고 소리를 질렀더니 학부형들이 일제히 '맞아! 맞아!'라고 울면서 웃으면서 모두들 한 목소리로 동시에 대답하셨겠니.

대학축구대회가 열리는 도시를 따라 부모님들도 나도 광주로, 양구로, 부천으로 수원으로, 참 여러 곳을 돌아다녔다. 주호 같은 선수가 우리팀 소속인 것이 우리 모두의 자랑이었어.

그래서 주호는 여전히 내 마음의 별이다. 사람 일은 모르는 것이다. 포기하지 말고, 혹시 모를 경우에 대비해 회복에 최선을 다하기 바란다. 4년 후에 열릴 러시아 월드컵, 그때 주호는 지금의 안타까운 경험을 살려 다른 선수들을 다독이는 리더 역할을 하게 될 거야.

신께서 주호를 나중에 정말로 크게 한 번 쓰시려고 하필이면 이럴 때 아프게 만드셨네. 울지 마라 주호야. 360도 공중회전 롱드로잉과 수비와 공격을 넘나들며 상대팀을 초토화시키는 능력이며 보기만 해도 저 선수는 정말 스마트하다는 생각이 들게 하는 패스까지, 주호의 플레이에 굶주려 있는 팬들이 많단다. 한국에도 독일에도 전 세계에도.

그 분들과 부모님을 생각해서라도 4년 후에는 세계를 깜짝 놀라게 해야 하지 않겠니? 지금은 우선 부상을 다스려라. 그리고 뒷날을 기약하자. 3분 사이에 두 골을 먹고 역전패했다가 이듬해 시즌에 사상 최고의 성적을 올렸듯이, 나는 주호의 능력을 믿는다.

논어 이인(里仁) 편에 나온다.

德不孤必有隣

덕불고필유린

해석) 덕은 외롭지 않고 반드시 이웃이 있다.(4/25)

주호를 아끼고 성원하는 응원단이 이웃에, 주변에, 둘레에 적지 않다는 사실을 잊지 말았으면 한다. 언제라도 좋으니 저녁 한 번 살 기회를 주렴. 초등학교 6학년 내 아들한테 주호가 아빠 제자라고 자랑했거든. 박주호, 내 마음의 별, 화이팅.

홍명보 감독,
박지성 마음 속의 소년을 깨워라!

“그리스 전에서 박지성(朴智星)이 뛸 수도 있다.” 홍명보(洪明甫) 감독이 이렇게 말했다. 2014년 1월 17일 전지훈련장인 브라질에서 나온 일성(一聲)이다. “박지성을 만나 복귀 의사를 묻겠다. 박지성의 최종결정을 내 귀로 듣고 싶다”고 말한 지 열흘 만에 다시 나온 ‘박지성 관련발언’이다. 2014년 3월 5일 유럽에서 열리는 그리스와의 평가전은 월드컵 최종명단이 확정되기 이전에 치르는 마지막 A 매치다. 그래서 중요하다. 박지성은 다시 태극마크를 달고 우리에게 돌아올 수 있을 것인가.

월드컵 본선에 처음 참가하는 모든 선수들이 이구동성(異口同聲)으로 하는 이야기가 있다. ‘어렸을 때부터 늘 꿈꿔오던 월드컵에 내가 실제로 출전했다는 사실이 믿기지 않는다.’ 브라질이나 독일, 이탈리아나 아르헨티나 같은 단골출전국 선수로부터 월드컵에 첫 출전하는 아프리카 소국(小國)의 선수들에게 이르기까지, 단 한 선수의 예외도 없다. 팬들은, 눈보라와 폭우가 쏟아지는 와중에도, 이마와 입술이 찢어지고 흐르는 피를 붕대로 싸맨 가운데서도 처절하게 맡은 바 임무를 수행하는 '진짜 남자'의 이미지로 축구선수들을 추억한다. 하지만, 저 강인한 전사(戰士)들의 마음 안에는, 꿈을 이루기 위해 어둑어둑한 마당에서 홀로 낡고 바람 빠진 공을 다루던 소년(少年)이 살고 있다. 그래서 선수들은, 생각보다 자주 눈물을 흘린다.

본명 에드손 아란테스 도 나시멘토. 별명 펠레. 1956년, 15세 11개월의 나이로 성인축구계에 데뷔한 이래 4회 월드컵 출전에 3회 우승을 달성한 아직까지는 유일한 선수. 펠레의 국가대표 데뷔는 16세 9개월이던 1957년 7월 7일(리우 데 자네이루. 1-2패), 10일(상 파울루, 2-0승)에 펼쳐진 아르헨티나와의 2연전이다. 그는 두 경기 모두 한 골씩 득점했다. 1958년 월드컵 전까지 국가대표 8경기 출전에 5골을 기록 중이던 이 소년의 월드컵 본선 데뷔는 브라질의 4조 마지막 경기, 1958년 6월 15일 궤텐버그에서 열린 대 소련 전이다. 오스트리아(2-0승), 잉글랜드(0-0), 소련(2-0승)에 이어 6월 19일 브라질이 8강에서 맞이한 상대는 월드컵 첫 출전, 그리고 아직까지는 본섬에 복귀하지 못하고 있는 웨일즈. 1-0으로 끝난 이 경기의 득점자가 바로 펠레다. 6월24일, 브라질은 준결승에서 프랑스를 5-2로 격파했다. 경기 개시 후 1분 만에 1-0으로 앞서던 브라질은 8분 프랑스에 동점골을 내주는데, 이 골은 이 대회에서 브라질이 허용한 첫 실점이다. 이 골의 득점자가 저스트 퐁테인. 단일월드컵 개인최다 득점기록인 13골로 득점왕에 오른 전설의 골잡이, 바로 그 사람이다. 전반전 스코어는 39분에 터진 디디의 골로 브라질 2-1 리드. 후반 시작부터 20분 사이에 혼자 세 골을 몰아치며 브라질 승리의 디딤돌을 놓은 선수가 바로 펠레다. 29일 홈팀 스웨덴과의 결승전. 펠레는 팀의 3호, 5호골을 몰아치며 팀의 5-2 승리에 기여한다. '3호골'이 바로 달려오는 수비를 보고 공을 공중으로 3미터 수직상승 시켜 태클을 따돌린 뒤 땅볼에 가까운 빠르고 낮은 오른발 슛으로 마무리한 '전설의 발리킥'이다. 가린샤의 우측 돌파에 이은 패스를 받아 거의 비슷한 패턴으로 기록한 바바의 두 골, 그리고 '선수와 감독'으로 월드컵을 제패한 첫 지구인 자갈로가 터뜨린 4호골이 브라질 5득점의 세부내역이다. 축구왕국 브라질의 사상 첫 월드컵 우승. 경기 종료 휘슬과 동시에, '17세 소년' 펠레는 '형들'의 품에 안겨 엉엉 울었다. 감격에 겨워, 수줍어서, 너무 좋아서, 어쩔 줄 몰라 하며 두 손으로 얼굴을 가리고 흐느끼는 소년을 형들이 달래는데, 소년의 울음은 멈추지 않았다. 고국으로 돌아오는 개선비행기, 줄리메 컵을 소중히 품에 안고 비행기 트랩을 가장 먼저 내려온 선수가 바로 펠레다. 공항에서 보여준 소년의 해맑은 미소와 경기장에서 흩날린 소년의 눈물은 지금도 올드팬 사이에서 회자(膾炙)되는 추억의 이미지다.

70년 멕시코 대회를 끝으로 월드컵 은퇴를 선언한 펠레는 1971년 7월 11일 상 파울루에서 열린 오스트리아와의 친선경기를 끝으로 '대표팀 영구은퇴'를 선언했다. 1-1로 끝난 이 경기의 득점은 펠레의 대표팀 97호골(111회 출장)이다. 펠레의 대표팀 복귀문제가 불거진 것은 1974년 서독 월드컵이다. 클로도알도, 토스타오, 펠레, 게르손이 다 은퇴한 브라질은 예전의 브라질이 아니었다. 언제나 압도적인 공격적으로 상대를 압도하던 브라질이 열 명, 심지어는 열한 명의 선수가 모두 볼 뒤 쪽에서 경기를 하는 '수비형' 팀으로 변해 있었다. 그래서 생긴 74년 브라질 팀의 별칭이 '겁장이들'이다. 팬들은 펠레의 복귀를 원했다. 협회장도, 대통령도 메시지를 보냈다. 74년 월드컵 당시 펠레는 여전히 현역이었다. 그가 처음 몸담았던 산토스 FC의 주전 공격수. 빗발치는 요청에도 펠레의 대답은 여전히 '노'였다. 월드컵이 주는 긴장감을 더 이상 이겨낼 자신이 없다고 했다. 62년, 66년 월드컵에서 상대의 표적태클에 당해 두 번이나 '심각한 부상'으로 끝까지 대회를 마칠 수 없었던 사정을 모르지 않았기에, 브라질 국민들은 펠레의 은퇴결정을 받아들였다. 브라질은 본선 첫 두 경기 대 유고슬라비아 전과 스코틀랜드 전을 0-0으로 비겼다. 아프리카 대표 자이르를 3-0으로 이기고 가까스로 2차 리그 진출. 동독을 1-0, 숙적 아르헨티나를 2-1로 꺾으며 위태로운 항해를 이어갔지만 크루이프의 저 유명한 '크루이프 턴'에 이은 패스로 네스켄스(50분)가, 크롤의 크로스를 발을 쭉 뻗은 자세로 앞 쪽으로 날아오르며 크루이프(65분)가 골 안으로 차넣은 '롱 점프 발리'를 성공시키며 브라질의 꿈은 사라졌다. 펠레의 저택 유리창이 처음 돌맹이의 공격을 받은 건 바로 이 순간이다. 결승전 진출팀은 네덜란드였다. 브라질 팬들은 분노했다. '전혀 브라질답지 않은 축구'를 하다 처참하게 무너졌기 때문이다. 팬들은 그 서러움을 펠레에게 쏟아냈다. 그로부터 두 어 달 간, 펠레 저택의 유리창은 성할 날이 없었다고 한다.

78년 아르헨티나 월드컵. 이번에는 펠레가 먼저 대표팀 복귀 의사를 밝혔다. 'NASL의 뉴욕코스모스에서 77년 연말까지 현역으로 뛰었으니, 조금만 더 몸을 만들면 경기당 15분 정도는 최고의 컨디션으로 뛸 수 있다, 결정적일 때 교체멤버로 출전하는 역할이라면 얼마든지 가능하다.' 브라질대표팀의 반응은 '고맙지만 사양하겠다'였다. 팀의 구성이 모두 마무리된 뒤라 새 멤버를 들일 여유가 없다는 이야기였다. 펠레는 '브라질의 영원한 라이벌 아르헨티나에서 열리는 월드컵대회에서 나의 골로 아르헨티나를 결승에서 물리치고 우승하는 건 소년시절부터 그려왔던 나만의 판타지였다. 대표팀 복귀 이야기를 꺼냈던 까닭이 여기에 있다'라며 브라질의 장도를 축복했다. 그리고 살짝 눈물을 비쳤다. 그것은 혹시 '소년 펠레'의 마지막 눈물은 아니었을지.

또 다른 축구영웅이 '소년처럼 흘렸던 눈물'도 소개해보자. 축구선수들뿐 아니라 전 유럽인의 꿈의 축제라는 유러피안 챔피언스컵. 1962년 대회의 결승전은 5월 2일 암스테르담 올림픽 스타디움에서 거행되었다. 포르투갈의 벤피카와 전통의 명문팀 레알 마드리드(스페인)의 대결. 경기시작 전 양 팀이 운동장에 나와 몸을 푸는 사이, 다소 의아한 일이 벌어졌다. 어쩔 줄 몰라 하며 경기장 여기저기를 맴돌던 벤피카의 한 젊은 선수가 뭔가 결심한 듯 엉뚱한 방향으로 거듭해서 공을 내찬 것이다.

공을 회수하러 가는 척하며 상대방 진영으로 건너간 청년은, 은퇴를 눈앞에 둔 전설적인 공격수 디 스테파노(아르헨티나)에게 수줍게 말을 건넸다. '경기가 끝난 뒤 셔츠를 줄 수 있겠느냐'고, 조심스럽게 노병의 의사를 타진했던 것이다. 그가 부탁을 들어주겠노라고 흔쾌히 응낙하자, 청년의 입가에 미소가 번졌다.

이윽고 결승전. 3대 3으로 팽팽하게 맞서던 후반 20분, 벤피카의 9번 셔츠를 입은 청년이 비호같이 적진을 휘저으며 골을 터뜨렸다. 3분 뒤, 당년 21세의 청년은 마지막 쐐기 골까지 뽑아내며 이날의 영웅이 된다. 심판의 경기종료 휘슬이 울리고, 벤피카의 사상 첫 우승이 확정되던 바로 그 순간, 청년은 골을 기록하던 움직임보다 더 빠른 속도로 적진 쪽을 향하여 경기장을 가로지른다.

디 스테파노가 약속을 잊어버리면 어쩌나. 경기에 졌다고 그가 마음을 바꿔 버리면 어쩌나. 청년의 질주를 바라보던 디 스테파노는 따뜻한 말로 청년을 격려하며 약속대로 셔츠를 벗어 선물로 준다.

옷을 건네받은 청년은 변변히 인사를 차리지도 않고, 허겁지겁 탈의실까지 달려간다. 굳게 잠긴 문 저쪽에서 들려오는 감격 어린 흐느낌. 팀 동료들은 청년이 승리의 감격을 주체하지 못해 뜨거운 눈물을 떨구는 것이라고 생각했단다. 청년의 회고에 따르면 그 셔츠에는 희미한 온기가 남아 있었다고 한다. 디 스테파노의 체온이 느껴지는, 그의 땀으로 흠뻑 젖은 레알 마드리드의 경기복. 청년은 어린 시절 영웅을 그렇게 만나고, 영웅의 체취를 그렇게 느끼고, 온몸으로 영웅과 마주했던 감격을 도저히 주체할 수 없었던 것이다.

그 청년의 이름은 에우제비오.

60년대 초반 유럽 무대를 평정하고 66년 월드컵에서 대 북한전 4득점을 포함, 총 아홉 골을 터뜨리며 득점왕에 올랐던 바로 그 선수다. 62년 유럽 컵 결승 당시 그는 이미 세계가 알아주는 당대 최고 스타 가운데 한 사람이었다. 그런 스타가 말로만 듣던 어린 시절의 우상을 눈앞에 마주 대하고, 자기도 모르는 사이에 순수하기 그지없는 동심의 세계로 꿈처럼 동화처럼 돌아갔던 것이다.

논어에 보인다.

君子之於天下也 無適也 無莫也 義之與比.(里仁 /10)

군자지어천하야 무적야 무모야 의지여비

해석) 군자가 천하를 대함에 있어서는 절대적으로 긍정하는 것도 없고 절대적으로 부정하는 것도 없다. 오직 옳음(義)에 견줄 따름이다.

적(適)은 꼭 들어맞다, 바로 이것이라고 여기다, 라는 뜻이다. 곧 절대적 긍정이다. 막(莫)은 이것은 어떤 일이 있어도 안 된다고 하는 절대적 부정이다. 의지여비(義之與比)를 정약용은 이렇게 풀었다. 이수태의 번역이다. "군자는 천하의 모든 사물에 대하여 꼭 해야 한다는 것도 없고 꼭 말아야 한다는 것도 없다. 오직 의로움에 비교하여 의로움에 맞으면 이를 행하고 위배되면 그만두는 것이다."

결국 박지성은 홍명보 감독과의 면담을 통해 '월드컵 참가가 불가능하다'고 최종결정을 내렸다. 홍명보 감독도 '박지성의 무릎 상태가 생각했던 것보다 많이 좋지 않은 상황'이라며 캡틴 박의 결정을 이해했다. 월드컵 선수단의 강도 높은 훈련과 빡빡한 일정을 감당하기가 쉽지 않다는데 동의한 것이다. 그래서 소생은 홍명보 감독께 조심스레 부탁했었다. '홍 감독, 캡틴 박 마음속의 소년(少年)을 깨워주세요!'라고. 직접 만나 확실하게 '박지성 합류 건'을 매듭지은 건 홍명보나 박지성 두 사람에게 모두 필요한 일이었다. 박지성은 그만큼 비중 있는 선수이고, 그가 '현역'으로 뛰고 있는 이상 어떤 방식으로든 그의 대표팀 내 거취를 '팬들과 선수들이 수긍할 수 있는 방식'으로 처리해야 했다는 뜻이다. 혹시 모를 오해와 잡음을 사전 차단하고 일을 깔끔하게 마무리했다는 점에서 두 사람에게 박수를 보내고 싶다.

그렇다면 박지성은 이 정도의 특별대우(?)를 받은 자격이 있는가. 물론이다. 박지성은 한국축구에 크게 공헌했다. 잠시 시계를 2005년으로 돌려보자. 맨체스터 유나이티드와 신형엔진 박지성, 유럽 정상급의 빅클럽과 계약을 체결한 최초의 한국인. 1969년 7월 15일, 미국의 우주 비행사 닐 암스트롱이 인류 최초로 달 표면에 발자국을 남겼다. 전 세계의 TV방송이 정규방송을 중단하고 이 장면을 내보냈다. 전쟁 중이던 온두라스와 엘살바도르 역시 '하루 휴전'에 합의하고 '인류 최초의 달착륙'을 함께 기념했다. 늘 눈으로 보아왔으되, 도저히 갈 수 없다고 생각했던 불가능의 영역에 우리 가운데 누군가가 발을 디뎠다는 감격.

2005년 6월 22일, 박지성이 맨체스터 유나이티드와 4년 계약에 합의했을 때, 소생이 느낀 감격도 이와 비슷했다. 이것은 한국

축구의 장엄한 성취고 단순한 이적이 아니었기 때문이다. 세계 최고의 프로축구 리그인 잉글랜드의 프리미어 리그. 맨체스터 유나이티드는 그 중에서도 손꼽히는 명문구단이다. 당시까지의 기록이 리그 15회 우승, FA컵 11회 우승….

그래서 홈 경기장인 올드 트래포드는 '꿈의 생산공장'이라는 별호를 얻었다. 맨체스터 유나이티드의 경기만을 중계하는 별도의 방송국이 만들어졌고, 구단 매각설이 떠돌자 수만의 시민들이 시청 앞 광장에서 시위를 벌였을 정도였다. 1994년 가을 맨체스터 유나이티드에 시즌 티켓 신청서를 우송했더니 대기자가 20,000명이 넘는다는 편지가 날아왔다. 30년쯤 기다리면 혹시 구입할 기회를 잡을지도 모르겠다.

박지성의 맨체스터 유나이티드 입단이 세계 축구계의 관심을 끌었던 이유는 퍼거슨 감독이 그를 콕 집어 선택했다는 사실 때문이다. 선수를 보는 눈에 관한 한, 그리고 원석의 잠재력을 정확히 판단하는 안목에 관한 한, 이 스코틀랜드 출신의 거장을 따라올 사람이 지구상에는 존재하지 않는다는 것이 세계 축구계의 한결같은 평가다. 그렇다면, 퍼거슨이라는 세계적인 명장의 마음을 홀려놓은 박지성의 특징은 어떤 것인가.

박지성은 에인트호번 시절 동료들이 '몸에 산소 호흡기를 달고 있는 것이 아니냐'고 농담을 했을 만큼 90분 내내 비교적 전력투구에 가까운 에너지를 뿜어내는 강철심장의 소유자다. 네덜란드 리그에서 뛸 당시 활동량 기준 세계최고의 미드필더라는 평가를 획득한 건 기록이 뒷받침한다. 퍼거슨이 박지성을 스카우트한 것은 주행거리가 가장 많으면서도 효율적인 플레이를 한다는 점이 하나다. 그 다음으로는 멀티플 플레이어, 즉 굉장히 여러 가지 포지션을 동시에 소화할 수 있다는 특징을 높이 산 것이다. 무엇보다도, 나이가 젊어 앞으로 10여년 이상 가용할 수 있다는 것도 스카우트의 굉장히 중요한 부분이었을 터이다.

박지성의 맨유 입단 당시 미드필더진의 로이 킨(아일랜드), 라이언 긱스(웨일즈) 등의 세계적인 스타들 사이에서 과연 이 젊은 한국인이 어디까지 살아남을 수 있을 것인가를 염려하는 전문가들이 많았다. 아일랜드의 황태자로 불리는 로이 킨은 2002년 월드컵에서 맥카시 감독과 선수기용을 놓고 일전을 벌였다가 중간에 쫓겨난 전력이 있다. 뭘 믿고 그렇게 방자하게 감독에게 대들었던 걸까. 당시 〈월드사커〉지가 전 유렵 감독들에게 '만약에 돈에 관계없이 한 선수를 보강하고 싶으면 누구를 보강하겠는가'라는 설문을 진행했던 적이 있다. 그 투표에서 압도적으로 1위를 차지했던 게 로이 킨이었다. 이유는? 로이 킨은 세계 최고의 볼 위너였기 때문이다.

축구경기는 속성상 미드필드에서 우리 편 공도 아니고 저쪽 편 공도 아니고 소유권이 애매해지는 상황이 자주 발생한다. 그 경우에 우리 편으로 소유권을 제일 많이 가지고 오는 선수, 그리고 경기가 안 풀리거나 뒤져 있을 때 마구 힘을 내면서 선수단 전체를 견인해 줄 수 있는, 그런 능력에서 로이 킨은 당대 최고로 뽑혔던 선수였던 것이다. 그러한 독보적인 평가를 바탕으로, '나를 빼고 대표팀 구성이 가능하겠어?'라며 감독에게 대들었으리라는 추측이 가능하다.

그리고 2014년 4월 맨체스터 유나이티드의 임시감독으로 전격 발령을 받고 시즌 종료시까지 임무를 수행한 '웨일즈의 별' 라이언 긱스. 긱스 부모의 이혼이 영국축구 최대의 손실 가운데 하나라는 이야기가 있을 정도로 긱스의 현역시절 경기력은 압도적이었다. 럭비선수 출신인 긱스의 아버지는 영국사람, 어머니는 웨일즈 사람이다. 그런데 이혼을 하면서 어머니의 성을 따라 긱스로 바꾸었고, 월드컵에도 웨일즈 선수로 참가했던 것이다. 월드컵에 출전하지 못한 역사상 가장 위대한 선수로 뽑으면 항상 세 명 가운데 하나로 꼽히는 그런 대선수를 상대로 박지성은 한 시즌을 주전으로 버텨낸 것이다. (나머지 두 사람은 북아일랜드의 조지 베스트, 라이베리아의 조지 웨아다.)

물론 나이도 중요한 변수이기는 했다. 킨이 서른 넷, 긱스가 서른 둘, 그리고 공격형 미드필더로서 비교적 골도 많이 넣고 잉글랜드 대표선수로도 붙박이 주전인 폴 스콜스가 서른 하나. 박지성이 맨유에 입단할 당시, 맨체스터 유나이티드의 미드필더진이 전체적으로 굉장히 노쇠한 것은 사실이다. 여기에 문제의 핵심이 있다. 2005-2006 시즌 맨체스터 유나이티드 최대의 강점은 포르투갈의 신성 호나우두와 네덜란드의 반 니스텔루이의 존재였다. 공격수치고는 굉장히 날렵하고 빠른 자원을 보유했다는 것. 그런데 이 장점을 극대화하기 위해서는 미드필더도 자동차 피스톤처럼 끊임없이 움직이며 빠르게 최전방으로 공을 찔러 넣어주어야 한다.

노쇠한 미드필더진으로서는 굉장히 안정적인 공격은 할 수 있지만 스피디한 공격은 좀 무리가 아닌가, 퍼거슨 감독이 그렇게 판단했던 것은 혹시 아닐까. 예컨대 비유하자면 이런 이야기다. 6기통짜리 차로서는 굉장히 성능이 좋은 차지만, 8기통으로 업그레이드하지 않으면 세계 정상정복은 불가능하다. 엔진을 업그레드하려면 전 세계에서 박지성만한 사람이 없다는 판단을 내리고 몇 년 간의 주도면밀한 관찰 끝에 퍼거슨 감독이 직접 박지성의 영입을 확정한 것이라는 뜻이다.

90년대를 호령했던 절대강자 맨유는 21세기 들어서는 프리미어 리그 타이틀도 연이어 내주며 첼시와 아스널에 밀려 리그 3위권 팀으로 주저앉았다. 항간에 떠돌던 충동구매설, 아시아 마케팅

용 선수로 구입했다는 설 등은 박지성 본인이 7년 동안 경기장 안에서 실력으로 증명하며 사실이 아니라는 걸 명쾌하게 보여주었지만, 지금이라도 왜 이런 이야기가 나왔는지를, 왜 그것이 터무니없는 억측이었는지를 한 번 쯤은 짚고 넘어갈 필요가 있다. 맨체스터 유나이티드가 어떤 구단인지를 고려하면, 이러한 의문은 단정적으로 말해서 어불성설(語不成說)이다. 맨체스터 유나이티드 구단은 어떤 기준(역사, 성적, 자산규모, 평균관중)을 적용하더라도 유럽 톱 텐 클럽 안에 항상 뽑히는 세계축구계의 최정상급 구단이다. 이런 구단은 항상 완성품, 기성품을 사다가 활용하는 구단이지, 선수 스카우트와 실전 배치에 관한 한 성적과 실력을 떠난 마케팅 차원의 구매나 별도의 경기 외적인 고려를 하지 않는다. 최상의 품질을 구입해서 경기에 승리한다는 목표에 매진하는 팀이라는 이야기다. 최소한 3~4년에 걸친 관찰이 없었다면 맨체스터 유나이티드는 박지성을 구매하지 않았을 것이다. 박지성은 퍼거슨의 안목이 그르지 않았음을 증명했다. 팀이 2006-07 시즌에 우승함에 따라 아시아 선수 최초로 프리미어리그 우승 메달을 받았고 (최초의 프리미어리그 우승 경험자는 2001-02 시즌 일본의 이나모토 준이치이다. 당시 이나모토는 아스널 FC 소속이었지만, 리그 경기의 4분의 1 이상 출전해야 한다는 규정을 만족시키지 못해 메달을 받지 못했다. 둥팡쥐도 같은 이유로 메달을 받지 못했다.) 2007-8 시즌엔 팀의 UEFA 챔피언스 리그 우승에 톡톡히 기여했다.

2002년 한일 월드컵을 앞두고 한국은 스코틀랜드, 프랑스, 잉글랜드와 연속으로 마지막 평가전을 치렀다. 박지성은 세 경기 다 출전해서 프랑스전에서 한 골, 잉글랜드전에서 동점골을 넣는 혁혁한 전과를 올렸다. 프랑스전에서는 후방에서 연결된 공을 단 한 번의 오른발 터치로 '접어놓고' 두어 스텝을 뛰어가다 깨끗한 왼발 대각선 슛으로 골문을 갈랐으며 잉글랜드전에서는 최진철이 떨어뜨려준 코너킥을 다이빙 헤딩을 통해 득점으로 연결했다. 그리고 월드컵 본선에서 기록한 빛나는 한 골. 조예선 마지막 경기 대 포르투갈 전, 이영표의 공을 받아 가슴 트래핑을 하고 오른발로 아주 강하게 때려 넣은 슛을 기억하시는지. 스페인전에서도 이천수의 슛이 수비 몸을 맞고 굴절되자 이 공을 그대로 가슴 트래핑한 뒤 날린 고난도 슈팅이 있다. 골키퍼의 선방에 막혀 비록 득점으로 연결되지는 못했지만. 박지성이 포르투갈전에서 기록한 골은 2002년 월드컵 당시 BBC에 의해서 월드컵 예선 라운드에서 기록된 가장 멋진 골로 뽑힌 바 있다. 그 이유는 그 골의 미학적 완성도가 높기 때문이다. 우선 이영표로부터 박지성에게 날아간 공중패스의 궤적이 아름답다는 것이고, 박지성이 가슴으로 트래핑하고 재차 허벅지로 트래핑, 트래핑이 거듭될 때마다 한국팀 골키퍼 이운재를 제외한 나머지 21명의 선수가 굉장히 리드미컬하게 움직인다는 것. 지휘자의 지휘봉이 살짝 살짝 움직이는데 따라서 오케스트라가 거기에 반응을 하는 것 같은 축구 미학의 절정. 그리고 그러한 긴박한 상황에서도 몸을 리드미컬하게 움직이며 공의 통제권을 계속 유지했단 점이 높은 평가를 받은 것이다.

결론적으로 말해서 맨유가 충동구매를 했다는 건 말도 안 된다. 한일 월드컵 전부터 퍼거슨 감독이나 맨유가 박지성을 주시하고 있었을 가능성이 높고, 한일 월드컵을 성공적으로 마친 다음에, 박지성이 네덜란드 에인트호벤으로 진출한 다음에는 스카우팅 리포트의 관찰단계를 높였을 가능성이 크다. 2004-5 시즌 아인트호벤의 네덜란드 리그 우승이 박지성 영입의 결정타였다는 이야기도 있다. 이적료를 다소 더 물더라도, 유럽 리그에서 적응이 끝날 때까지 기다리면 확실한 검증에 들어가는 비용을 절약할 수 있으리라고 판단한 것이다.

박지성의 출장 횟수를 두고도 약간의 이견이 있다. 전 경기 출전은 아니지 않느냐는 지적 그리고 경기에 따라 1분 미만의 출전시간을 기록한 경기도 있지 않느냐는 반문이다. 프리미어리그 같은 경우 중하위권 팀들은 연간 45경기 내외의 경기를 한다. 단, 맨체스터 유나이티드나 첼시, 아스날 같은 최상위 팀들은 구조적으로 약 70경기 정도를 치른다. 프리미어리그 정규리그 38경기 외에 FA컵, 리그컵 같은 국내 타이틀전, 그리고 유럽 클럽 대항전까지 매주 평균 두 경기가 넘는 페이스로 경기를 소화해야 하기 때문이다. 축구라는 경기가 갖는 속성은 체력 소모가 많다는 것이다. 더구나 활동량이 엄청난 공격형 미드필더임에랴. 어웨이 경기가 영국에서만 벌어지는 것이 아니라 비행기로 세 시간 이상이 걸리는 동유럽에서 펼쳐지기도 한다는 사정도 있다. 이러한 사정을 감안하면 열 명 이상의 미드필더들이 그때그때 플래툰 시스템처럼 구조적으로 번갈아 가면서 출전할 수밖에 없는 운영이 불가피하다.

물론 거기서도 특 A급, 그러니까 가능한 한 많은 경기를 출전하는 선수가 있고 이른바 백업 멤버들이 있는데, 박지성은 특 A급은 아니지만 A급으로 미드필더 자원 중에는 출장횟수가 상당히 많은 축에 속한다. 박지성이 세계적인 스타였다는 또 다른 증거도 있다. 퍼거슨 감독은 이미 94-95년 시즌에 엄청난 실험을 한 적이 있다. 프리미어리그 우승을 차지했음에도 불구하고, 폴 잉스(당시 잉글랜드 대표팀 주장), 마크 휴즈(당시 웨일즈 대표팀 주장), 칸첼스키(당시 러시아 대표팀 주전공격수)같은 주전 선수들을 전부 내보냈던 것. 그래서 시민들이 데모를 하고, '과연 우리가 알고 있는 맨유가 다음 시즌의 맨유와 같은 팀이냐'며 격렬히 비난했다. 퍼거슨 감독은 '이 멤버로서 국내리그는 석권할 수 있지만 유럽리그는 석권할 수 없다, 그렇기 때문에 나는 시간이 걸리더라도 새로운 팀을 만들어야 한다'며 꿈쩍도 하지 않았다.

그리고 받아들였던 선수가 당시 19~20살이던 데이비드 베컴, 폴 스콜스, 게리 네빌 같은 유소년 구단 출신의 샛별들이다. 퍼거슨이 장기간의 관찰 끝에 박지성을 영입했다는 것은 박지성을 중심에 놓고 2008년 쯤 유럽 정복이 가능한 새로운 팀을 한 번 조립해 보겠다는 의지를 표명한 것에 다름이 아니었다. 결국 그 구상이 현실로 화하지 않았는가. 박지성의 영입은 전면 개각의 신호탄이었던 것이다.

과연 그럴까? 다시 94-95 시즌으로 돌아가 보자. 폴 잉스의 이적 구단은 이탈리아의 명문 인터밀란. 마크 휴즈는 첼시로 옮겼고, 칸첼스키스는 에버튼으로 갔다가 역시 세리아A로 가서 활약을 했다. 다시 말하면 절정기를 지나지 않은, 즉 내구연한이 충분한 선수들을 내보내고 당시 20대 초반이던 선수들을 중심으로 팀을 재건을 했다는 이야기다. 바로 그 점 때문에 퍼거슨이 명감독이라는 추앙을 받는 것이다. 재건 비용을 최소화하면서도 아무도 생각하지 못한 방식으로 세계 일류팀을 만들어 냈다는 것. 그런 감독이 박지성을 낙점했다는 것은 그래서 예삿일이 아니다.

2006년 그리고 2010년, FIFA가 공식 가이드북에서 박지성을 월드컵에서 빛낼 6대스타로 손꼽은 건 지역배려를 고려한 아시아 선수 띄워주기가 절대 아니다. 2006년 대 프랑스 전 동점골, 2010년 그리스 전 상대의 패스를 가로챈 뒤 적진을 반 넘어 홀로 진군하고 터뜨린 부드러운 왼발 땅볼슛과 탈춤 세레머니. 박지성은 세 차례 월드컵에서 득점한 아직까지는 유일한 한국인이다.

어떤 경우든, 그의 결정을 존중하는 것이 성숙한 축구팬의 태도라는 사실에도 변함이 없다. 다만, 이것 하나는 바라고 싶다. 선수로서 출전은 물 건너 갔지만, 스텝으로 참여하는 것도 거절했지만, 방송 해설자나 기타 다른 방법으로 월드컵에 참여하는 것까지 '절대불가'라고는 말하지 말았으면. '절대적으로 긍정하는 것도 없고 절대적으로 부정하는 것도 없이, 오직 옳음(義)에 견주어' 결정을 내려 주었으면. 사람들은 안다, 원정경기 최초 16강 달성이라는 위업을 이룬 2010년 월드컵에 '캡틴 박지성'이 기여한 바가 적지 않았음을. 그의 리더십이 선수들 사이에서 접착제요 피로회복제로 작용했음을. '캡틴 박'이 월드컵 현장 어딘가에 있다는 사실만으로도 후배들은 '마음의 평안과 든든함'을 느끼지 않을까. 코칭스테프와의 합의 아래, 한 번 쯤은 숙소에 나타나 경험담을 들려주며 가벼운 격려를 할 수도 있지 않을까.

참고로 덧붙인다. 역대 한국인 월드컵 본선 최다출전 기록은 1990년 이탈리아 대회부터 2002년 한일 월드컵까지 배번 20번을 달고 한국 수비진을 이끌었던 홍명보가 기록한 16경기다. 배번이 21번에서 7번으로 바뀌기는 했지만, 역대 2위 기록이 바로 2002년부터 2010년까지 '캡틴 박'이 기록한 14경기다. 브라질 월드컵에서 이 기록의 보유자가 바뀌기를 기대했던 건 필자만의 과욕이었을까?

5

월드컵 본선, 브라질로 가자

제1차전: 2014년 6월 17일 한국 대 러시아
–러시아와 한국 축구의 인연

러시아가 국보(國寶)처럼 생각하는 귀중품이 대한민국 정부 소유다. 혹시, '러시아 함대 깃발'에 대해 알고 계시는지. 1904년 2월, 인천 앞바다에서 일본함대와 러시아 함대가 전투를 벌였다. 사실상 조선(朝鮮)의 영유권을 두고 일본과 러시아가 격돌한 벌인 러일전쟁이다. 러시아 군함 바리야크(Varyag)호는 패전이 임박하자 자폭(自爆)의 길을 택했다. 배를 일본에 전리품으로 넘겨주지 않기 위해 선장(船長)과 수병(水兵)들이 목숨을 바친 것이다. 바리야크호의 자폭은 러시아 국민들 사이에서 '국가에 대한 헌신과 희생의 상징'으로 지금도 널리 회자(膾炙)되는 이야기다. 그런 까닭에, 바로 이 바리야크호에 걸려있던 가로 257㎝, 세로 200㎝ 크기의 깃발은 그야말로 러시아의 애국혼(愛國魂)이 담긴 '살아있는 증거품'인 것이다.

이 깃발은 러일전쟁 후 일본 해군이 수거했다. 보관 장소는 인천향토관이었다. 1946년 인천시립박물관이 개관할 때 이 깃발도 인수품목 가운데 하나였다. 이 깃발은 현재 국내에 없다. 러시아 중앙해군박물관 요청에 따라 '대여 중'이다. '러시아 측에서는 역사적 의미가 큰 바리야크호 깃발의 영구반환을 원하고 있지만, 현행 문화재보호법에 따라 문화재청 허가를 받아 국외 반출 최장 기간인 2년간 대여하기로 결정했다'는 것이 인천시 측의 공식입장이다.

서두에 이 이야기를 꺼낸 이유가 있다. 역사적으로, 특히 근대사의 격동기에 러시아와 한국의 관계가 생각보다 복잡하고 밀접하게 얽혀 있다는 이야기를 하기 위해서다. 아관파천(俄館播遷) 이라는 역사적 사건이 있다. 두산백과사전의 해설을 들어보자.

"명성황후 시해사건, 즉 을미사변(乙未事變) 이후 일본의 영향 아래에서 조직된 제4차 김홍집(金弘集)내각은 일세일원연호(一世一元年號), 태양력 사용, 군제개혁, 단발령의 실시 등 급진적인 개혁을 단행하였다. 하지만, 명성황후의 시해와 단발령의 실시는 친일내각과 그 배후세력인 일본에 대한 국민의 감정을 극단적으로 자극하여 전국 각지에서 의병항쟁이 일어났다. 이범진(李範晋) · 이완용(李完用) 등 친러파 세력은 친위대(親衛隊)가 의병을 진압하기 위해 지방으로 이동한 틈을 이용하여, 자신들의 세력만회와 신변에 불안을 느끼고 있던 고종의 희망에 따라 러시아 공사 베베르(Waeber)

와 협의하여 보다 안전한 러시아 공관(공사관)으로 이동(파천)하였다.

이들은 인천에 와 있던 러시아 수병(水兵) 150명과 포(砲) 1문을 서울로 이동하고 (1896년) 2월 11일 새벽 국왕과 왕세자를 극비리에 정동(貞洞)에 있던 러시아 공관으로 옮겼다. 일국의 왕과 왕세자가 자국의 왕궁에 있지 못하고 타국의 공관에 피신하여 타국 군대의 보호를 받고 있으니 그 처지가 말이 아니었다.

러시아 공사관에 도착한 고종은 즉시 친일파 대신들인 김홍집(총리대신) · 유길준(俞吉濬) · 정병하(鄭秉夏 농상공부대신) · 조희연(趙羲淵) · 장박(張博)의 5대신을 역적으로 규정하고 그들을 체포하여 처형하도록 명령하였다. 이러한 참담한 분위기 속에서 시민들을 자극하는 방(榜)이 나붙고, 그 속에 고급 관료들을 거명하며 참수하라는 내용도 있었다. 순검들과 흥분한 군중들은 퇴청하던 김홍집 · 정병하를 체포하여 바로 타살하였고, 피신한 어윤중(魚允中 탁지부대신)은 다음날 지방에서 붙잡혀 살해되었다. 유길준 · 조희연 · 권형진(權瀅鎭) · 우범선(禹範善) 등은 일본인의 보호하에 일본으로 망명하였다. 한 동안 잠적했던 김윤식(金允植 외부대신)은 결국 체포되어 다음해에 제주도로 종신 유배당하였다.

이로써 친일내각은 몰락하고, 박정양(朴定陽) · 이완용 · 조병직

(趙秉稷) · 이윤용(李允用) · 윤용구(尹用求) · 이재정(李在正) 등 친러 친미파 인사로 내각을 구성하였다. 신정부는 의병항쟁을 불문에 부치고, 죄수들을 석방하는 등 민심수습에 힘쓰는 한편, 친일정권 하에서 일본식으로 개혁하였던 '내각'제도를 구제(舊制)인 '의정부' 제로 환원하였다. 일시에 지지기반을 상실한 일본측은 독립국가의 체면을 내세워 국왕의 조속한 환궁을 요청하였으나 고종은 '불안 · 공포가 도사린 궁전보다는 노국공관의 일실(一室)이 안정하니 당분간 환궁할 수 없다'고 거절하였다.

조선 정부가 이와 같이 나약하여 조선의 보호국을 자처하게 된 러시아는 이러한 시점을 계기로 조선정부에 압력을 가하여 압록강 연안과 울릉도의 삼림채벌권을 비롯하여 경원(慶源) · 종성(鐘城)의 광산채굴권, 경원전신선(京元電信線)을 시베리아 전선에 연결하는 권리, 인천 월미도 저탄소 설치권 등 경제적 이권을 차지했다. 이에 구미열강(歐美列强)도 동등한 권리를 요구하여 경인(京仁) 및 경의선(京義線) 철도부설권 등 중요 이권이 값싼 조건으로 외국에 넘어갔다.

아관파천 1년간은 내정에 있어서도 러시아의 강한 영향력 밑에 놓이게 되어 정부 각부에 러시아인 고문과 사관(士官)이 초빙되고, 러시아 무기가 구입되어 중앙 군제도 러시아식으로 개편되었으며, 재정도 러시아인 재정고문에 의해 농단되었다. 탁지부 고문으로 있던 러시아인 알렉세예프(K. Alexeev)는 탁지부대신처럼 행세하였다. 1897년 2월 25일, 고종은 러시아의 영향에서 벗어나라는 내외의 압력에 따라 러시아 공관을 떠나 경복궁이 아닌 경운궁(慶運宮-지금의 덕수궁)으로 환궁하고 국호를 '대한제국(大韓帝國)', 연호를 '광무'(光武)로 고치고, 황제 즉위식을 하여 독립제국임을 내외에 선포하였다."

아관(俄館)은 '러시아 공사관'이다. 러시아의 한자(漢子) 표기가 로서아(露西俄)였기 때문이다. 아관의 본 건물은 유실되었고, 종탑(鐘塔)은 남아있다. 소재지는 정동 경향신문사 뒤편, 옛 이화여고 맞은 편 방향이다. 러시아가 소련(蘇聯)으로 바뀌고, 1945년 8월 15일 일본의 항복 이후 소련군이 한반도 북쪽에 진주해 오늘날의 북한을 세운 건 또 다른 역사다. 소련 당국은 김일성과 박헌영을 직접 면접하고, 김일성을 북한의 리더로 낙점하였다.

한국과 소련이 맞붙은 역대 최고의 빅게임은 무엇일까. 아마도 88 서울올림픽 핸드볼 결승이 아닐까. 남자는 소련이 한국을 32-25로 물리쳤고 여자는 한국이 21-19로 소련을 따돌리며 금메달을 목에 걸었다. 좀 더 정확히 말하자면, 남자는 결승전, 여자는 결승리그 최종전이다. 남자는 8팀이 2개조로 나뉘어 예선리그를 벌이고, 각조 두 팀이 4강에 올라 준결승, 결승을 벌이는 제도였다. 여자는 8팀 조별리그 후 각 조 상위 두 팀이 결승리그에 오르는데, 예선 성적을 그대로 안고 상대 조 두 팀과 경기하여 결과를 합산하는 방식이었다. 한국과 유고슬라비아는 예선에서 노르웨이와 소련에게 패해 '1승'을 확보하고 결승리그에 오른 두 팀에 비해 한 발 뒤진 상태였다. 결승리그 첫 라운드가 끝난 뒤의 순위표는 소련 2승, 한국, 노르웨이 1승1패, 유고슬라비아 2패. 결승리그 마지막 날, 한국 대 소련의 경기가 열리기 직전에 펼쳐진 경기에서 노르웨이가 유고슬라비아를 잡아 2승1패로 모든 일정을 마쳤다. 결승에서 한국이 소련을 잡으면 세 팀이 물고 물려 승자승 원칙을 적용할 수 없게 된다. 골 득실을 따져야 하는데, 한 골 차로라도 한국이 이기기만 하면 우승을 하는 구조였다. 한국이 이기면 금, 은, 동은 한국, 노르웨이, 소련. 소련이 이기면 소련, 노르웨이, 한국. 말하자면, 승자는 금메달, 패자는 동메달로 떨어지는 단두대 매치였다. 한국 핸드볼 사상 최초로 만원관중을 기록한 이 경기에서 한국 낭자들은 정말로 펄펄 날아다녔다. 그리고, 한국 올림픽 출전 사상 최초의 구기종목 금메달 획득이라는 쾌거를 달성하고 체육관 바닥에 엎드려 펑펑 눈물을 마구 쏟아냈다. 그 자랑스러운 이름들을 다시 불러보자.

송지현, 한현숙, 김춘례, 김명순, 이기순, 김현미, 김미숙, 석민희, 손미나, 임미경, 김경순, 성경화.

손미나, 김경순, 김미숙, 김춘례, 성경화는 84년 LA 올림픽 은

메달 멤버이기도 하다. (금메달은 유고슬라비아.) 한국 구기종목은 76년 몬트리올 올림픽에서 여자배구가 동메달을 획득한 것이 첫 수확이고, 동유럽 공산권 대부분이 불참했던 84년 여자농구 은(금메달은 미국)와 여자 핸드볼이 그 다음이다.

88년 홈 코트의 이점이 작용한 것이 아니냐는 일각의 의심은 한국 여자핸드볼이 92년 바르셀로나 올림픽에서 당당히 금메달을 차지함으로써 일거에 불식된다. 남자 핸드볼과 동일한 제도로 바뀌어 처음 치러진 이 대회에서 한국은 예선 대 오스트리아 전을 비겼지만 나머지 경기를 전승으로 장식하고 결승에서도 노르웨이를 28-21로 물리치며 시상대 맨 꼭대기에서 태극기를 휘날린다. 그럼 그때의 자랑스러운 이름을 한 번 더?

문향자, 장리나, 남은영, 이호연, 이미영, 홍정호, 임오경, 민혜숙, 박정림, 오성옥, 김화숙, 박갑숙, 차재경.

그 이후로도 한국 여자 핸드볼은 올림픽 4강을 벗어난 적이 없다.

축구에 관해서라면, 88 서울올림픽이 우리와 소련의 첫 대결이다. 80년 모스크바 올림픽은 서방측이 보이콧(한국도 불참), 84년 LA올림픽은 공산권이 보이콧, 88 서울 올림픽은 그래서 76년 몬트리올 올림픽 이후 12년 만에 '제대로 치러진' 올림픽이다. 64년 도쿄 올림픽 참가를 마지막으로 늘 예선탈락을 거듭하다 주최국 자격으로 본선에 오른 한국 축구의 첫 상대가 바로 소련이었다. (88년 이후에는 사정이 달라졌다. 한국축구는 92년 바르셀로나 올림픽부터 2012년 런던 올림픽에 이르기까지 단 한 번도 지역예선에서 탈락하지 않았다.) 86년 월드컵 출전 멤버를 주축으로, 역시 월드컵 당시의 감독이었던 김정남이 지휘한 우리 대표팀은 수비에 중점을 두고 조심스레 경기를 풀어갔고 당초 목표대로 0-0 무승부로 경기를 마칠 수 있었다. 다음 경기, 반드시 이겨야 했던 대 미국 전을 또 0-0으로 비기고, 아르헨티나에게 1-2(노수진)로 패하면서 한국축구 최초의 올림픽 메달획득의 꿈은 허무하게 사라졌다. '서울' 올림픽이었지만, 일부 경기는 다른 도시에서도 열렸다. 예컨대 요트는 부산. 16팀이 참가한 축구경기도 광주, 대전 등에서 조별예선을 치렀다. 한국의 세 경기는 모두 부산 구덕운동장에서 열렸다. 소련은 8강전에서 호주를 3-0, 준결승에서 이탈리아를 3-2(전후반을 1-1로 마치고 연장전에서 결판), 결승에서 서독을 연장전에 이은 승부차기로 꺾고 올라온 브라질을 다시 연장전 끝에 2-1로 물리치고 금메달을 목에 건다. 이때 브라질의 공격을 이끌던 듀오가 94년 월드컵 우승의 주역 베베토와 로마리오다. 로마리오는 7골을 득점하며 88올림픽 축구득점왕에 오르기도 했는데, 결승전 전반 30분 브라질이 터뜨린 선제골의 주인공이기도 하다.

2013년 UAE 두바이에서 만나 경기 시작 1분 만에 김신욱의 번개 같은 득점으로 앞서가다 우리가 1-2로 역전패한 경기가 두 나라 사이의 두 번째 A매치다.

하지만, 축구 외적인 사연으로 화제를 모았던 경기가 있다. 1990년 월드컵 지역예선은 89년 5월부터 시작. 태극전사의 최종 리허설 상대로 한국 땅을 밟은 팀은 소련리그의 강자 스파르타쿠스 모스크바였다. 3월 2일 부산 구덕경기장. 스파르타쿠스는 한국을 압도했다. 체격과 체력을 활용한 압박이 무엇인지를 여실히 보여주었다. 수비에 치중하다가도, 롱 볼에 이어 공격진 서 넛이 이대일 패스와 침투패스를 이어가며 두 골을 득점했다. 입장료가 하나도 아깝지 않다, 정말 열심히 한다, 어떻게 우리는 변변한 슈팅을 하나도 못날리느냐, 는 탄성과 아쉬움이 관중석에서 번져가던 무렵, 후반 종료를 얼마 남기지 않고 한국이 기어이 한 골을 넣었다. 이태호(李泰鎬)였다. 그리고, 상대적으로 단신인 이태호가 장신 수비 숲 사이를 헤치고 다시 동점골을 득점했다. 관중들은 열광했다. 문제가 터진 것은 다음날 아침이었던가 그 다음날 아침이었던가. 한 스포츠지가 '이 경기는 사전에 조작된 정황이 있다'며 문제를 제기했다. 축구협회의 조사 결과, 한 임원이 소련 팀 관계자와 환영만찬을 하는 자리에서 '첫 경기가 무승부로 끝나면 두 번째 경기에선 관중들이 엄청나게 들어찰 텐데…'라고 한국어로 혼잣말을 했다는 것이 밝혀졌다. 통역이 이 말을 그대로 옮겼는지, 소련팀 관계자가 이 말을 알아들었는지는 지금도 미스터리다. 스파르타쿠스 관계자는 '시차적응 등 여독이 풀리지 않아 후반 중반 이후 우리 선수들의 체력이 급격하게 떨어진 것이 실점의 원인이다. 이태호는 우리가 스카우트하고 싶을 만큼 볼센스가 탁월한 공격수다. 스피드는 느리지만 온 몸을 이용해서 득점을 올리던 서독의 게르하르트 뮬러와 비슷한 스타일이다. 2차전에서는 우리의 진짜 실력을 보여주겠다'고 기자회견에서 해명을 했다. 3월 5일 동대문 운동장에서 열린 2차전, 스파르타쿠스는 만원관중 앞에서 한국을 2-0으로 제압했다. 잘 훈련된 로봇들이 유기적으로 움직이며 사전에 약속된 루트를 따라 공격과 수비를 펼치는, 교과서 같은 축구였다. 1992년 일화 천마에 입단(현 성남), 98년 안양 LG 치타스(현 FC 서울)로 옮겨 2004년까지 현역으로 활약하고, 2009년 청소년 대표팀 코치를 거쳐 지금은 부산 아이파크 코치로 일하는 K리그 전설의 수문장(守門將) 신의손도 러시아 사람이다. 본명은 발레리 사리체프. 2000년인가, 한국 국적 취득 귀화시험을 우수한 성적으로 통과했는데, 한국어 및 한국문화 역사 문제 중 '2002년 한국과 일본에서 열리는 세계적인 스포츠 이벤트는?'이라는 문제를 틀렸다며 분해하던 표정이 지금도 눈에 선하다. 이순신, 안중근 등 고난도 문제는 모두 맞혔다.

홍명보 감독이 이끄는 한국대표팀은 6월 18일 오전 7시 러시아와 2014월드컵 H조 첫 경기를 갖는다. 16강 진출을 위해서는 러시아를 꺾거나 최소한 무승부라도 해야 한다. 홍명보 감독은 취임 이후 4-2-3-1 포메이션을 집중적으로 실험하고 다듬었다. 필자의 생각으로는 이 포진은 대 러시아 전에 대비한 맞춤형 전술이다. 그렇다면, 이 포진의 특징은 무엇인가?

수비진을 포백으로 할 것이냐 쓰리백으로 할 것이냐는 대표팀이 구성될 때마다 늘 논란의 핵심이다. 쓰리백은 기본적으로 맨투맨, 포백은 지역방어다. 실수를 하면 쓰리백은 단독돌파를 허용하고, 포백은 수비수 숫자는 많은데 한쪽으로 쏠려 골을 먹는 경우가 나온다. 쓰리백은 상대적으로 수비수들의 개인기량에 의지하고 포백은 선수들 사이의 조직력에 기댄다. 그래서 포백은 조직력을 갖추는데 상당한 시간을 투자해야 한다. 문제는, 당장 실전에 적용 가능하지만 쓰리백의 경우 수비수 개개인의 체력소모가 막대하다는 사실이다. 그래서 유사시에 수비수로 쓸 수 있는, 수비수에 준하는 방어능력을 갖춘 미드필더들을 대량 보유하지 않고서는 쓰리백으로 16강 이상의 항해를 하는 것은 불가능에 가깝다. 한국 선수로 이 기준에 부합하는 유일한 경우였던 박주호가 부상으로 낙마하면서, 홍명보 감독의 수비전술 사용폭은 그만큼 줄어들었다. 히딩크 감독은 2002년 월드컵에서 쓰리백으로 4강을 달성했는데? 히딩크가 3-4-3을 쓸 수 있었던 비결은 '압도적인 체력의 확보'다. 히딩크는 '대표팀 18개월 간 합숙훈련'이라는, 지금으로서는 가능하지 않은 시간과 전권을 확보했고, 체력훈련에 시간의 상당부분을 할애했다. 그런데도 한국은 미국 전 이후 수비진의 체력이 사실상 바닥나며 위태로운 항해를 해야 했다. 홍명보 감독이 김진수-홍정호-김영권-이용으로 이어지는 포백을 쓴다는 의미는 수비진의 체력소모를 줄여 16강 이상을 바라보겠다는 의미다.

수비수 바로 앞에 기성용과 하대성 혹은 박종우가 선다. 러시아의 공격을 봉쇄하는 1차 저지선이다. 킥 앤 러쉬 스타일의 체력과 체격을 중시하는 선이 굵은 축구가 러시아의 특징이다. 땅따먹기를 하듯 잔 패스를 통해 야금야금 점유지역을 늘리는 스타일이 아니다. 성격 상 볼의 소유권이 불분명한 상황이 피차 간에 다소 발생할 수밖에 없다. 기성용과 하대성은 50-50의 상황에서 볼의 소유권을 우리에게 가져오는 볼 위너(ball winner)의 역할을 수행해야 한다. 매번 월드컵엔 '그 선수가 부상당할 경우 작전 자체가 흐트러지는' 대체불가 선수가 있다. 2006년엔 최진철이었고 2010년엔 박지성이었다. 월드컵은 아니지만, 2000년 시드니 올림픽에서 공수전환의 핵심이었던 와일드카드 선발멤버 홍명보가 대회직전 부상으로 낙마하면서, 허정무의 올림픽 사단은 준비했던 전술의 50% 이상을 단 한 번도 써먹지 못하고 사장(死藏)시켜야 했다. 2014 홍명보호는 백업 멤버들의 기량이 고른 편이다. 그래도 대체불가 선수를 꼽자면 필자는 기성용을 들고 싶다. 수비진 사이에서 공을 가지고 있는 경우를 제외하면, 러시아와의 경기에서 우리의 유효점유율은 상대적으로 40% 초반일 터이다. 전방으로 연결할 기회 자체가 많지 않을 것이라는 얘기다. 체력적으로 무리를 견디며 90분 내내 몸싸움을 하고, 패스의 낭비가 없는 가운데 달려가는 선수의 스피드에 맞춰 빠른 패스를 찔러주며, 코너킥과 프리킥의 전담 키커로 찬스를 만들어가는 다양한 능력을 세계적 경쟁력을 갖춘 수준에서 확보한 선수가 지금 우리 대표팀에는 기성용 이외에는 없다.

그렇다면 러시아의 약점은 무엇일까? 러시아 스포츠전문매체 '스포르트복스'가 5월 초 '파비오 카펠로(68 · 이탈리아) 감독의 두통은 무엇인가?'라며 자국대표팀의 단점을 분석한 적이 있다. 다음은 기사 내용을 축약한 것이다.

가장 눈에 띄는 것은 러시아의 핵심 미드필더 로만 시로코프(33 · FC 크라스노다르)가 정상이 아니라는 점이다. 러시아 기자는 "뒤꿈치 · 무릎 · 아킬레스건 부상 경력이 있는데다가 이번 시즌 적잖은 결장으로 충분한 훈련을 하지 못했고 실전경험이 당연히 부족하다"면서 "좋은 징조가 아니다"고 걱정했다. 월드컵 예선 10경기에서 시로코프는 거의 전 경기 전 시간을 출전했다. 단 9분만 쉬면서 3골 4도움을 올렸고, 예선 통과 후 열린 평가전 3경기에서 모두 주장 완장을 차고 중앙 미드필더로 선발 출전하며 팀을 이끌었다. 2013년 11월 19일 UAE에서 열린 한국과의 평가전(2-1 러시아 승: 한국 득점자는 김신욱)에서 4-3-3 대형의 중앙 미드필더로 풀타임을 뛰며 경기 시작 12분 만에 동점 골을 도운 선수가 바로 시로코프다. 이렇듯 대표팀 전술의 핵심이지만, 시로코프는 자국 프로리그 경기에서 16경기를 결장했다. 사타구니와 고관절에 이상이 있다는 소문도 들린다. 한국으로 치자면, 2010년 월드컵 멤버 중 박지성과 기성용이 모두 정상이 아닌 것과 비슷한 상황이다. 러시아의 약점은 공격력이다. 예선 10경기 성적이 20득점 5실점이다. 수비는 단단하지만 골잡이가 없다. 무엇보다도 측면 공격이 위협적이지 않고, 현역 선수 가운데 A매치 최다득점(78경기 24골)자인 중앙 공격수 알렉산드르 케르자코프(32 · 제니트 상트페테르부르크)가 최근 들어 부진의 늪에 빠졌다. “4월 한 달 러시아 1부 리그에서 90분 남짓 뛴 것이 (출전기록의) 전부”다. 2008년 유럽선수권 당시 부상으로 첫 두 경기 출장이 불가능한데도 히딩크 감독이 기어이 선발했고, 네덜란드와의 준준결승에서 1골 1도움으로 맹활약하며 대감독의 안목이 틀리지 않았음을 증명한 안드레이 아르샤빈(33 · 제니트 상트페테르부르크)은 여전히 러시아 최고의 스타다. 잉글랜드 프리미어리그 아스널 소속으로 144경기 출전 31골 46도움을 올린 시절의 추억을 회상하는 팬들이 많다. 하지만 ‘스포르트복스’의 평가는 냉정하다. “아르샤빈의 이름이 꾸준히 거론되고 있으나 후반기에도 소속팀에서 이렇다 할 활약이 없어 희망을 품는 것은 타당하지 않다.” 단적으로 말해 아르샤빈은 2014년 단 한 골의 득점도 도움도 기록하지 못했다. 월드컵 예선에도 나서지 못했고 2012년 8월 15일 코트디부아르와의 친선경기(1-1무) 이후로는 대표팀 경기복을 입은 사실이 없다. 중원과 중앙 공격에 이어 '스포르트복스'가 심각하게 다룬 부분은 측면 수비다. 주전 왼쪽 수비수 드미트리 콤바로프(27 · 스파르타크 모스크바)는 예선 10경기 3도움을 기록했고 평가전에서도 좋은 활약을 펼쳤지만, 소속팀이 최악의 부진을 겪으며 정신적 신체적 스트레스가 심하다. 그의 소속팀인 명문 스파르타크 모스크바의 최근 성적은 리그 9경기 1승 2무 6패. 콤바로프는 팀의 주장이기도 하다. 오른쪽 수비수로 예선 5경기(경기당 84분)를 소화한 알렉세이 코졸로프(28 · 디나모 모스크바)는 다혈질인 성격이 문제다. 스포츠심리학자들은 '축구에서 가장 공격적 성향의 성격은 수비수들에게 적합하다. 최전방 공격수들은 오히려 이타적이고 성직자 같은 성격을 지녀야 한다'고 평한다. 아무리 그렇다 해도 코졸로프는 지나치다. 코졸로프는 리그 26라운드에서 경기 시작 49분 만에 퇴장을 당해 3경기 출장정지 명령을 받았다. 팀 간 전력차가 크지 않은 월드컵에서, 레드카드는 팀에게 치명상을 줄 수 있다.

'러시아의 손흥민'인 알렉산드르 코코린(23·디나모 모스크바)은 경계대상이다. 파비오 카펠로 감독의 황태자로 불리는 이 '어린 왕자'는 지난해 9월 룩셈부르크와의 월드컵 예선에선 19초 만에 골을 터뜨려 러시아 대표팀 역대 최단 시간 득점 기록을 갈아치웠다. 체력, 스피드, 활동량, 공간을 파고드는 움직임, 슈팅능력이 발군으로 이번 월드컵 예선에서도 8경기에 나서 4골 1도움을 기록했다.

생애 월드컵 첫 출전이라는 점도 손흥민과 닮았다. 그는 4월 로이터통신과 인터뷰에서 "조별리그 통과는 기본이며, 월드컵에서 3위 안에 드는 것이 목표다. 한국은 강한 팀인 것은 분명하지만 후반에 체력이 떨어지는 약점이 있다"고 말했다. 과연 그럴까?

한국이 러시아에게 전반적으로 밀리는 경기를 할 가능성이 높다. 하지만 골 결정력에 관한 한 한국은 탁월한 선수를 보유하고 있다. 박주영이다. 박주영에 대해서는 이 책의 앞 장을 참고하셨으면 한다.

그리고 이제 월드컵 본선. 러시아에서는 이번 조 편성이 2002년 H조와 너무 흡사하다, 그래서 무언가 불안하다는 이야기가 안개처럼 퍼지는 중이라고 한다. 2014년은 한국, 러시아, 벨기에, 튀니지 2002년은 일본, 러시아, 벨기에, 알제리. 왜 러시아 팬들이 불안해하는 걸까. 2002년의 경기 결과를 복기해 보자.

6. 4 (사이타마)	일본 2-2 벨기에
6. 5 (고베)	러시아 2-0 튀니지
6. 9 (요코하마)	일본 1-0 러시아
6. 10 (오이타)	튀니지 1-1 벨기에
6. 14 (오사카)	일본 2-0 튀니지
6. 14 (시즈오카)	벨기에 3-2 러시아

논어 술이(述而) 편에 나온다.

子不語 怪力亂神.(述而/22)
자불어 괴력난신

해석) 선생님께서는 괴이한 것과 힘센 것과 변란과 신(神)에 관해서는 말씀하시지 않으셨다.

력(力)은 정치적 혹은 육체적인 힘을 말하는데, 덕(德)의 반대개념이다. 란(亂)은 변란, 정변, 신(神)은 신령, 자연의 정령이다. 이수태의 풀이다. "개보(介甫)는 '괴이한 것은 평상의 것이 아닌 것이다'라고 하였다. 대개 성인은 평상의 것에 대해 말하고 괴이한 것에 대해 말하지 않으며 사람에 대해 말하고 귀신에 대해 말하지 않는다." 괴력난신은 인간의 범위를 넘어서는 것이다. 러시아에 이런 소문이 퍼진다는 것은 팬들이 느끼기에 무언가 준비에 미진한 부분이 있기 때문은 아닐까. 때로는, 사람들의 집단무의식이 소문(所聞)의 형태를 하고 퍼져나가는 경우도 있는 법. 고대(古代)의 왕국에서 정치적 정변이 잇을 때마다 어린이들이 불렀다는 참요(讖謠)가 그 증거다. 〈삼국유사(三國遺事)〉에 나오는 서동요(薯童謠)의 경우가 아니더라도, 참요는 대개 나중에 가사 내용과 비슷한 사건이 일어나곤 했다지 않는가. 지금 러시아에 퍼지고 있다는 소문은 물론 누군가가 재미있으라고, 웃자고 하는 이야기이겠지만, '일말의 진실'

을 담고 있기에 생각보다 빠른 속도로 퍼지는 것은 아닐 것인지. 이것은 근거 없는 유언비어(流言蜚語)의 확산과는 완전히 다른 차원의 문제다. 러시아는 지금 내분의 조짐을 보이고 있다.

또 다른 문제도 있다. 2000년대 이후 세계 축구계의 흐름이 달라졌다는 사실이다. 이제는 축구를 두고 '스포츠'보다는 '산업'의 측면에서 접근하는 경우가 많다. 프로축구계 자체가 미세분업과 고도화, 국제적 네트워크로 통합되면서 '어설픈 편법'으로 성적을 올리는 길이 아예 없어졌다. 16세 이후에나 선수들과 계약을 맺던 유럽 구단들은 지금은 8세 선수들부터 자기들 캠프로 데려다 훈련을 시킨다. 좋은 성적이 곧 '엄청난 명예와 수입'으로 직결되기에, '조직적 관리'의 수준도 그에 따라 가파르게 상승했다. 축구에 관한 한, 거의 모든 나라가 동원가능한 모든 역량을 쏟아 부어 경기력을 끌어 올린다. 과거 공산권 국가처럼, 국가가 선수들을 관리하는 전략은 적어도 축구에서는 더 이상 효과적이지 않다. 민간기업인 구단들의 역량이 '국가관리 체제'보다 우월하기 때문이다. 더구나 이쪽은 모든 구성원이 '자발적 참여자'이고, 오직 축구 실력을 키우겠다는 동일한 목표의식을 가지고 있다. 66년 북한이 3년 이상 '결혼금지, 외출금지'의 합숙훈련으로 월드컵 8강의 신화를 창조하고, 동유럽 국가들이 올림픽 축구에서 연이어 금메달을 따던 시절의 이야기는 이제 용도폐기다. 유럽구단 소속 선수들이 많은 나라는 '소유권 충돌'로 인해 그런 방법을 쓸래야 쓸 수가 없고(규정상 소속

구단은 FIFA가 정하는 A매치 때만 소속 선수들을 풀어주면 된다) 설령 그런 방법을 쓴다 하더라도 지금은 투자대비 성적을 기대하기가 불가능하다. 최근 세계축구계의 화두는 '예측불가능한 플레이'다. 공격권을 가진 팀에서, 1회의 공격에 수비나 골키퍼가 예측하지 못하는 플레이가 2회는 나와야 골찬스가 생긴다는 이론이다. 수비가 예측하는 루트를 따라 전진하려면 압도적인 스피드나 체력이 필요한데, 현대 축구의 수비전략은 협력플레이로 수비수들의 약점을 보충하는 쪽으로 진화했다. 공격수들이 수비수들을 따돌리기가 쉽지 않은 것이다. 따라서, 논스톱 패스나 힐킥 패스, 더미플레이(흔히 미스플레이라고 부르는), 페인팅에 이은 단독돌파 등을 써서 수비진의 허를 찌르는 전략이 아니고는 '결정적 찬스'를 만들기 어렵다. 요즈음은 창의력, 아이디어, 임기응변 능력 등이 공격수들의 필수불가결한 재능인 것이다. 문제는, 경직된 사회에서 성장기를 보낸 선수들은 뇌구조상 이런 플레이를 펼치기가 쉽지 않다는 점이다. 그런 점에서 생각해보자. 7, 80년대의 대한민국보다는 2014년의 대한민국이 보다 자유롭고 너그러우며 유연한 사회다. 경제발전이 '여유'를 선물했다. 그만큼, 창의적이고 멋진 축구를 펼칠 토양이 러시아에 비해 비옥한 것이다. 다른 분야와 마찬가지로, 축구도 '체력과 근력'의 경기에서 '체력과 근력을 바탕으로 한 아이디어와 창의력의 경쟁'으로 진화하는 중이다.

그래서 우리 조의 16강 진출팀은 대한민국과 벨기에다.

제2차전 : 2014년 6월 22일 한국 대 알제리
–알제리와 한국 축구의 인연

벨기에, 러시아, 알제리와 한 조. 우리와 그들의 인연 그리고 한 팀, 한 팀, 그들이 월드컵에서 가장 빛났던 순간을 조망해보면 어떨까 하는 생각이 들었다.

알제리 출신으로 세계인의 가슴을 적신 인물이 적지 않다. 골키퍼 출신으로 "단 한 번도, 내가 예상한 방향으로 공이 날아온 적이 없다", "축구란, 상대방 팀 11명의 존재로 모든 것이 혼란스러워 지는 경기"라는 말을 남긴 〈이방인〉과 〈페스트〉의 작가 알베르 까뮈. 비 미국인 최초로 프로복싱 미들급 세계챔피언을 지냈고, 1949년 10월 27일, 경기를 마치고 '역대 최고의 샹송가수지만 매춘부의 딸로 본인 역시 마약과 예술 사이에서 방황했던' 연인(戀人) 에디프 피아프를 만나기 위해 떠난 길에서 비행기 사고로 유명을 달리한 마르셀 세르당, 프랑스 태생이지만 부모가 모두 알제리 사람이었던 98년 월드컵 프랑스 우승의 주역 지네딘 지단.

한국과 알제리가 단 한 번 맞붙은 A매치는 중립경기였다. 1985년 12월 14일 멕시코시티에서의 일전. 1986년 월드컵 6개월을 앞두고, 대회조직위원회는 4개국 초청대회를 기획했다. 개최국, 유럽(헝가리), 아시아, 아프리카 팀을 불러 팀 이동부터 선수단 경호, 경기장 안전관리 등을 총 점검하는 월드컵 조별리그의 예행연습. 본래 이 대회의 개최 예정국은 콜롬비아였다. 1983년, 나라살림이 파산직전에 이른 콜롬비아가 개최권을 반납하자, 멕시코, 브라질, 미국, 캐나다가 유치전에 뛰어들었다. 상대적으로 축구 역사가 뒤지는 미국과 캐나다가 일찌감치 탈락하고 브라질이 막판에 기권을 선언하면서 월드컵은 1970년 대회에 이어 16년 만에 아즈테카 문명의 본거지에서 열리게 됐다. 상대적으로 준비기간이 짧았기에, 멕시코에게는 실전처럼 치르며 대회운영을 전반적으로 점검하는 행사가 필요했던 것이다. 이 네 팀은 모두 월드컵 본선 진출국이었다. 친선대회였지만 월드컵 본선의 룰을 따라 이라푸아토, 몬테레이, 과달라하라, 멕시코시티 등 네 도시를 거치며 진행된 대회. 한국은 12월 8일 이라푸아토에서 헝거리에게 0-1로 패했다. 1954년 스위스 월드컵 본선에서 0-9로 패한 뒤 처음가진 맞대결이었다. 유럽 국가대표팀과 경기를 하는 일이 드물던 시절이라, '32년 동안 여덟 골을 줄였다', '세계 정상권과의 격차는 단 한 골'이라고 제목을 붙인 신문도 있었다. 두 번 째 경기는 11일 과달라하라에서 멕시코에게 1-2패. 득점자는 김종부(金鍾夫)다. 한국과 멕시코는 이 경기 1주일 전인 12월 4일, LA에서 만나 역시 멕시코가 2-1로 승리를 거뒀다. 그 경기 한국의 득점자는 김주성(金鑄城). 4개국 대항전 대한민국의 마지막 상대가 바로 알제리다. 알제리는 12월 7일 멕시코에 0-2, 11일 헝가리에 1-3으로 패한 상태였다.

알제리는 바로 직전 82 스페인 월드컵에서 2승1패를 기록하고도 억울하게 탈락한 다크호스였다.

이때만 해도 시드 배정 팀은 한 곳에서 경기를 치르고, 나머지 팀들은 두 곳 이상의 경기장을 오가며 경기를 치르던 시절이다. 그것은 시드 배정 팀들의 당연한 권리였다. 월드컵 본선에 처음 얼굴을 내민 알제리는 첫 경기에서 막강 함대 서독을 2-1로 격파하였다. 81년 아프리카 최우수 선수 발루미가 그 경기의 영웅이다. 두 번째 경기 대 오스트리아 전을 0-2로 내준 알제리는 마지막 경기 대 칠레 전에서 전반 3득점으로 승세를 굳히자 주전 둘을 벤치로 불러들이며 다음 경기를 대비한다. 막판 칠레의 맹추격으로 최종 스코어는 3-2.

같은 조의 마지막 경기 서독 대 오스트리아 전은 24시간 뒤에 거행되었다. 전반 10분 서독의 미드필더 후루베쉬의 헤딩슛이 골로 연결된 이후, 양 팀 선수들은 걷다시피 하며 나머지 80분을 소비하였다. 1:0의 스코어는 양 팀 모두 2회전에 진출할 수 있는 보증수표. 알제리는 이 경기가 사전에 조작되었다며 거칠게 항의했고, 세계 축구계에서도 스포츠맨십을 져버린 이들 두 팀을 실격처리 해야 한다는 여론이 일었다. '노벨 평화상 감이다'라고 비꼰 감독도 있을 정도였다. FIFA의 결정은 '증거 불충분에 의한 무혐의.' 그러나 FIFA는 86년 대회부터 '각 조의 마지막 두 경기는 같은 시간에 킥오프해야 한다'는 강제규정을 삽입함으로써 뒤늦게나마 알제리의 자존심과 명예를 살려주었다.

1982 (스페인) 월드컵 2조 전적

6. 16 (기용)	알제리 2-1 서독
6. 17 (오비에도)	오스트리아 1-0 칠레
6. 20 (기용)	서독 4-1 칠레
6. 21 (오비에도)	오스트리아 2-0 알제리
6. 24 (오비에도)	알제리 3-2 칠레
6. 25 (기용)	서독 1-0 오스트리아

FIFA의 이러한 결정 사항이 세계로 타전되던 순간, 뒤늦게 회한의 눈물을 떨구는 일군의 청년들이 있었다.

바로 1978년 월드컵에 출전했었던 브라질 대표팀. 1978년 아르헨티나 월드컵은 1974년 서독 월드컵의 선례를 따라, 8강 리그제로 치러졌다. 각조 예선을 통과한 조 1, 2위 팀이 네 팀씩 나뉘어 다시 조별 리그를 벌이고, 각 조 1위팀 끼리 결승전을, 각조 2위팀 끼리 3-4위전을 치렀다. 8강 토너먼트의 경우, 실력이 뛰어난 진정한 강자가 한순간의 실수로 탈락해 버리는 경우가 있으니, 이를 제도적으로 막아보자는 것이 이 제도의 근본취지였다. 그러나, 악용을 하려고 마음을 먹으면, 제도의 맹점을 얼마든지 이용하여 선의를 왜곡할 수 있다는 것이 문제였다.

2차 리그 첫 경기, 페루를 3-0으로 물리친 브라질은 두 번째 경기 대 아르헨티나 전을 처절한 사투 끝에 0-0으로 마감한다. 마지막 경기 폴란드전은 3-1의 득승. 아르헨티나는 첫 경기 대 폴란드전을 2-0으로 승리하고, 브라질 대 폴란드전이 끝난 몇 시간 후에 페루를 상대로 건곤일척(乾坤一擲)의 한 판 승부를 벌였다. 같은 시각에 경기를 진행하는 것은 텔레비전 중계에 무리가 있다는 것이 이유였으나, 어쨌거나 아르헨티나 선수들은, 정확히 몇 골 차 이상으로 이겨야 결승에 나갈 수 있다는 사실을 사전에 알고 경기에 임할 수 있었다.

필요한 골은 네 골. 2차 리그 2전 2패로 이미 탈락이 확정되었다고는 해도, 1차 리그에서 강력한 우승후보 네덜란드에 맞서 90분을 0-0으로 버틴 페루가 여섯 골이나 허용하며 무너져 내릴 줄을 그 누가 알았으랴. 브라질 언론이 '결승 진출권을 도둑맞았다'라고 흥분하는 가운데, 진실이 무엇인지는 끝내 명쾌하게 규명되지 않았다.

다시 86년 멕시코 4개국 대항전 이야기로 돌아가 보자. 한국은 32년 만에 월드컵으로 돌아온 미지의 팀. FIFA 랭킹이 아직 없던 시절이지만, 알제리의 전력은 한국보다 위였다는 것이 당시의 평가다. 전반전은 0-0으로 끝났다. 고지대(高地帶)여서 일까, 선수들의 움직임이 정교하지 못했다. 이 경기의 흐름을 바꾼 건 후반 시작과 동시에 교체선수로 들어온 한국의 14번 선수다. 이 선수는 사실 발목부상이 도져 경기 참가가 쉽지 않았다. 그런데, 이탈리아 유벤투스 스카우터들이 한국 팀 한홍기(韓洪基) 단장에게 접근, 사정사정을 했다. "유럽에서 그 선수 하나 보려고 여기까지 날아왔다. 우리더러 그냥 가라는 말이냐." "1981년부터 5년 간 그 선수를 주목했다. 하지만, 아시아 선수라 실전을 참관할 기회가 없었다. 우리의 성의를 고려해 달라."

그래서 한홍기 단장은 김정남(金正男) 감독과 협의, 최순호(崔淳鎬)를 후반전에만 투입하기로 하고 유벤투스 스카우터들의 양해를 구했다. 1981년부터 5년 동안 관심의 대상이었다니, 이 말은 무슨 뜻일까. 1981년 호주에서 열렸던 U-20 월드컵 첫 경기 한국의 상대가 이탈리아였다. '일방적으로 밀릴 것'이라던 예상평을 뒤엎고, 한국은 두 점을 먼저 넣고 멀리 달아났다. 한 골을 허용하며 이내

역전될 분위기였지만, 일대일 대결에서 최순호가 '조금의 서두름도 없이' 침착하게 골을 성공시키며 3-1을 만들고 종료직전 한 골을 더 보태며 4-1로 완승했다. 이 경기 최순호의 성적표는 두 골 득점 두 골 어시스트. 나머지 두 골의 득점자는 이경남과 곽성호다.

다시 알제리 전. 최순호는 오케스트라 지휘자처럼 경기를 이끌었다. 사방으로 공을 갈라주고, 때에 따라 전방으로 올라가 고공점프를 선보이며 크로스를 중앙으로 배급하기도 했다. 김종부의 선취골도 최순호의 어시스트다. 조광래(趙廣來)의 패스를 등지고 받은 최순호가 골문 왼편의 김종부에게 논스톱으로 연결한 뒤 수비 오른편을 돌아 중앙으로 돌진. 퍼스트터치가 살짝 길어지면서 공은 사각으로 굴렀는데, 알제리 수비진은 김종부와 최순호를 동시에 막느라 약간의 틈을 보였다. 김종부가 이 빈틈을 놓치지 않고, 중앙의 최순호에게 패스를 하는 대신 거의 각이 없는 지점에서 무릎 아래 높이의 '짧고 강력한' 슛으로 네트를 흔들었다. 두 번 째 골은 최순호의 득점이다. 한국 대표팀이 기록한 역대 모든 골들 가운데 필자는 이 골을 '개인 플레이의 기술적 완성도'가 가장 높았던 골 가운데 하나라고 생각한다. 오프사이드 트렙을 뚫고 왼쪽 진영에서 중앙으로 연결된 대각선 전진패스. 최순호가 뛰어들며 골키퍼와 일대일 상황이 됐다. 최순호가 공을 터치한 지점은 페널티박스 바깥이다. 알제리 골키퍼는 패스가 들어오는 걸 보고 달려 나가 몸으로 막을 기세였다. 최순호는 공을 잡는 척, 순간적으로 멈칫하며 골키퍼의 라르비 엘 하디의 육탄방어 전진타이밍을 빼앗았다. 그리고, 멈칫 하는 몸짓과 동시에, 거의 보이지 않는 움직임으로 발끝으로 공을 밀어 넣는 토킥 슛을 선보였다. 골문 뒤에서 보면 공을 향해 달려오던 최순호가 갑자기 멈춰서고, 최순호를 향해 달려가던 알제리 골키퍼도 같이 멈춰서는데, 공만 데굴데굴 골키퍼 왼편으로 굴러들어가는 '마술같은 골'이었다. 그렇게 한국은 첫 만남에서 알제리를 2-0으로 물리쳤다. 경기가 끝나고 한국 팀 라커룸을 찾아온 유벤투스 관계자들이 "최순호는 축구가 뭔지를 아는 선수("He knows how to play.")라고 평했다던가. 병역의무와 당대의 국민정서가 최순호를 속박하지 않았더라면, 한국 최초의 세리아A 플레이어는 안정환이 아니라 최순호가 되었을 터이다.

논어 안연(顔淵) 편에 나온다.

司馬牛問君子 子曰 君子不憂不懼 曰 不憂不懼 斯謂之君子已乎 子曰 內省不疚 夫何憂何懼.(顔淵/4)

사마우문군자 자왈 군자불우불구 왈 불우불구 사위지군자이호 자왈 내성불구 부하우하구

해석) 사마우가 군자에 대해 묻자 선생님께서 말씀하셨다.

"군자는 근심하지 않고 두려워하지 않는다."

사마우가 말했다.

"근심하지 않고 두려워하지 않으면 군자라 할 수 있겠습니까?"

선생님께서 말씀하셨다.

"안으로 살펴보아 병통이 없으면 무엇을 근심하고 무엇을 두려워하겠느냐?"

구(疚)는 고질병을 뜻하는 글자인데 이수태는 '병통(病痛), 인간 됨됨이에 있어서의 결점, 부끄러운 점, 왜곡된 점'이라고 해석한다. 그렇다면, 근심의 대상은 무엇인가. 학이(學而/16)에서는 不患人之不己知 患不知人也(불환인지불기지 환부지인야), "남이 나를 (제대로) 알아주지 않는 것을 걱정하지 말고, 오히려 내가 남을 제대로 알지 못하는 것, 혹은 남을 제대로 평가해 주지 못하는 것을 걱정하라"고 했고 이인(里仁/14)에서는 "자리에 있지 못함을 걱정하지 말라[不患無位]"고 했다.

'두려움'에 대해서는 다음 구절을 보자. 술이(述而/10) 편이다.

자로가 물었다. "만일 스승님께서 삼군을 통솔하신다면 누구와 함께 하시겠습니까?"

공자는 말했다. "맨손으로 호랑이를 때려잡고 맨몸으로 강을 건너려 하여 죽어도 후회할 줄 모르는 사람과 나는 함께 할 수 없을 것이니, 반드시 일에 임하여서는 두려워하고 치밀한 전략과 전술을 세우기를 즐겨하여 일을 성공으로 이끄는 사람과 함께 할 것이다."

용감함과 무모함은 다르다. 준비를 치밀하게 하고, 원래의 의도가 100% 구현되지 않을 경우를 대비하여 '두려워하는 마음'으로 2차, 3차, 4차 시행안까지를 마련하여 어떻게든 일을 성공으로 이끄는 것이 군자다. 두려움은 '진정한 용기'의 다른 얼굴이다.

86년에 한국은 세계축구계의 변방이었다. 무엇을 어떻게 준비해야 하는지, 아는 사람도 알려줄 사람도 전무했던 나라. 선수들이 직접 장비도 챙기고 공에 바람도 넣고 경기복 빨래를 하는 것을 보고 멕시코 관계자들이 경악했다는 일화가 있다. 지금은 다르다. 여전히 아쉬운 점이 없지는 않지만, 그래도 우리 스스로의 준비부족을 '두려워하고 근심할' 정도는 아니다. 안으로 살펴보아 병통이 없으니 이제는 태극전사들의 무운장구(武運長久)를 빌 밖에. 이제 상대가 정해졌으니, 맞춤형 대비책을 준비할 시점이다.

자, 이제 86 멕시코 월드컵의 뒷이야기를 하기로 하자. 당초 개최국이었던 콜롬비아는 지역예선에 참가, 아르헨티나, 페루, 베네수엘라 등과 한 조를 이뤄 2승2무2패 조 3위로 플레이오프로 밀려난 뒤 파라과이와 어웨이경기 0-3패, 홈경기 2-1승의 성적으로 지역에선 탈락의 고배를 들었다. 한국은 본선 A조에서 아르헨티나(1-3: 박창선), 불가리아(1-1: 김종부), 이탈리아(2-3: 최순호, 허정무)와 1무2패 조 4위로 탈락.

멕시코는 B조 세 경기를 벨기에(2-1), 파라과이(1-1), 이라크(1-0)를 맞아 2승 1무로 통과한 뒤 16강전에서 불가리아를 2-0으로 물리쳤다. 8강전에서 서독과 0-0으로 비긴 뒤 승부차기에서 1-4로 패하며 탈락.

헝가리는 C조에서 소련(0-6), 캐나다(2-0), 프랑스(0-3)와 1승2패, 조3위로 예선탈락. 당시는 6개조 3위팀 가운데 4개국이 와일드카드로 16강에 나가는 것이 규정이었는데, 헝가리는 골득실에 밀려 다음 경기에 나서지 못했다. 경기 일정을 마치고, 다른 조 3위 팀의 최종성적을 기다리려 며칠을 더 멕시코에 머무르며 초조하게 TV를 시청하던 헝가리 선수들의 모습이 화제를 모았었다. 다른 팀의 득점과 실점에 일희일비하는 선수들의 표정과 자세가 압권!

알제리는 D조에서 북아일랜드와 1-1, 브라질에 0-1로 패하며 16강 진출의 실낱같은 희망을 이어갔지만, 마지막 경기를 스페인에 0-3으로 대패하며 쓸쓸하게 귀국길에 올라야 했다.

사족(蛇足) 하나: 86년 멕시코 월드컵 각 조 3위팀 성적.

A조 불가리아	0승	2무	1패	승점 2	득2	실4	차-2
B조 벨기에	1승	1무	1패	승점 3	득5	실5	차 0
C조 헝가리	1승	0무	2패	승점 2	득2	실9	차-7
D조 북 아일랜드	0승	1무	2패	승점 1	득2	실6	차-4

E조 우루과이	0승 2무 1패 승점 2	득2 실7 차-5
F조 폴란드	1승 1무 1패 승점 3	득1 실3 차-2

탈락 팀은 북아일랜드와 헝가리였다. 승리는 2점, 무승부에는 1점의 승점이 부여되던 시절이다. 여담이지만, 한국이 1-1 상황에서 수비로 전환, 이탈리아와 비긴 채 경기를 마칠 수 있었다면 한국은 2무1패, 3득점 5실점으로 A조 3위 와일드카드 16강행 티켓을 손에 넣을 수도 있었다. 그랬다면, 16강 상대는 홈팀 멕시코였을 터이다.

반드시 이겨야 16강에 간다. 그건 알제리도 마찬가지이리라. 그래서 중요한 일전이다. 알제리의 주축 선수들은 대부분 유럽리거다. 전력이 만만치 않다는 뜻이다. FIFA의 규정은 선수 본인의 의사에 따라 부모, 혹은 조부모의 국적을 택할 수 있다. 최근 알제리 대표팀을 택한 잉글랜드 프리미어리그(EPL) 토트넘의 나빌 벤탈렙(20)은 이번 월드컵 실전에 나설 수 있을까? 아프리카 예선에서 5골을 몰아친 주포 이슬람 슬리마니(26 · 스포르팅 리스본)와 소피앙 페굴리(25 · 발렌시아) 등도 상대 팀의 경계 대상 1호로 꼽힌다. 페굴리는 알제리의 이청용이다. 체력에 다소 문제가 있지만, 스페인리그 최고의 테크니션 가운데 하나로 통하는, '알제리의 김두현' 야친 브라히미(24 · 그라나다)도 요주의 인물이다. 지난겨울 이탈리아 세리에A 명문 인테르 밀라노에서 리보르노로 임대된 공격수 이샤크

벨포딜은 최종엔트리에 이름을 올리지 못할 것으로 보인다. 2002년 한국대표팀의 홍명보, 2010년 박지성과 이영표가 수행했던 역할을 혼자서 구현하는 '알제리 대표팀의 정신적인 지주'가 있다. 마지드 부게라(32·레크위야)다. 센터백으로서 수비진을 이끄는 그는 알제리의 주장이다. 허리에 공백이 생기면 미드필드까지 치고 올라간다. 마치 홍명보가 1994 월드컵에 대 스페인 전, 대 독일 전에서 중거리 슛으로 2득점을 올린 것처럼. 2002년 첫 경기 폴란드전도 전반 11분 홍명보가 최전방까지 올라가 중거리포를 날리면서 경기의 흐름을 우리 쪽으로 돌려놓았다. 부게라는 30대 노장이지만 브라질 월드컵 아프리카 예선 6경기를 교체 없이 풀 타임으로 뛰었다. 알제리가 경기당 1실점 미만의 탄탄한 수비력을 자랑하는 데는 부게라의 존재가 핵심적이다. 부게라의 대표팀 데뷔는 2004년. 2010년 남아공월드컵 등, A매치 경력은 60경기 출전에 4골 득점이다. 부게리는 지단과 마찬가지로 프랑스 출생이다. 둘 다 알제리계 부모 밑에서 태어났지만 지단은 프랑스를, 부게리는 알제리를 택했다. 2002~2006년까지는 프랑스 구에농(3부 리그)에서 활약, 2007년 잉글랜드 셰필드 유나이티드, 런던 동부의 찰턴 애슬레틱스를 거쳐 2008년 스코틀랜드 레인저스로 둥지를 옮겼다. 차두리, 기성용이 뛰던 셀틱과 더불어 글라스고를 본거지로 스코틀랜드 리그를 양분하는 명문구단이다. 3시즌 연속 리그 우승이 그의 성적표. 스코틀랜드 FA컵과 리그컵에서도 한 차례씩 우승을 차지했다. 부게라는 이후 2011년 카타르 레크위야로 이적해 중동에서 선수생활을 이어가고 있다. 190cm · 몸무게 93kg의 당당한 체격으로 코너킥이나 프리킥 등 세트 피스 상황에선 공격에 적극 가담해 헤딩골을 노리기도 한다. 거친 플레이에 능하면서도 온화한 성격이라 선수들 사이에서 신망이 높다. 유럽과 아시아 축구를 경험한 알제리 유일의 현역. 그렇다면 알제리를 무너뜨릴 우리의 비책은? 손흥민과 이청용이다. 그 둘의 특징과 장점은 앞에서 이미 분석했으므로, 여기서는 이 둘이 알제리와의 경기에서 태극전사의 승리를 견인(牽引)할 키 플레이어가 될 듯하다는 예상을 하는 것으로 문장을 마무리하자.

알제리 전 경기 후반, 김신욱의 투입 가능성도 있다. 김신욱은 16강전 이후 우리가 뒤지는 상황에서 공격에 올인해야 할 경우 대한민국이 선택할 수 있는 유일한 옵션이다. 리드 상황에서 가장 효율적으로 시간을 보내며 기습모드를 유지할 수 있는 역시 유일한 길이기에, 알제리 전에서 그의 실전감각을 한 번 쯤 점검하고 갈 수 있는 상황이 꼭 오기를 희망한다.

그렇다면 2014년 월드컵 알제리의 예상 조 세 경기 성적은? 알제리를 포함한 모로코, 이집트, 튀니지 등 북아프리카 축구가 모두 일정수준 이상을 보여주는 것은 사실이다. 선수수급 등 유럽축구와의 교류도 활발한 편이다. 문제는 창의력이다. 단단하기는 한데, 무언가 팬들의 심장을 관통하는 전류가 부족하다는 것이 소생의 평가다. 알제리는 쉽게 지지는 않을 것이다. 그러나, 예선 세 경기에서 승리를 거둘 가능성은 커 보이지 않는다. 알제리의 세 경기는 모두 한 골 차 이내에서 승부가 날 공산이 크고, 1무2패가 소생이 생각하는 알제리의 예상성적이다. 알제리는 우리 조에서 가장 적게 득점하고 실점도 그다지 많지 않은 팀이 듯 하다.

사족(蛇足) 둘: 당시엔 국가대표 선수가 외국진출 하는 것을 '국부유출', 혹은 '대표팀 전력 저하'로 인식하는 분위기가 없지 않았다. 차범근, 허정무 때는 말할 것도 없고, 선동렬(宣銅烈)이 일본 프로야구 주니치에 진출할 무렵에도 사정은 마찬가지였다. 구단은 선수를 보낼 의사가 거의 없었다. 보다 못한 스포츠신문 야구팀장들이 모여 '한국야구의 세계화와 선수 본인을 위해 선동렬이 일본에 가는 것이 대의에 맞다'고 합의하고, 다음날 아침 모든 스포츠신문 1면에 '선동렬 일본 간다, 주니치 입단 확정, 구단도 한국야구와 선수의 미래를 위해 흔쾌히 동의'라고 제목을 뽑았다. 이것이 저 유명한 '선동렬 지상발령(紙上發令) 사건'이다.

제3차전 : 2014년 6월 26일 한국 대 벨기에

–벨기에와 한국 축구의 인연

54년 첫 출전 이후 86년부터 8회 연속 본선진출. 통산 아홉 차례나 월드컵 무대를 밟다보니, 대한민국의 역대전적표(歷代戰績表)엔 본선에서만 여러 차례 마주친 팀들이 적지 않게 보인다. 월드컵 본선무대에서 태극전사와 가장 많이 대면한 팀은 지난 대회인 2006년 남아공 월드컵 챔피언 스페인이다. 90년 첫대결에선 황보관(皇甫官)의 35미터 캐논 동점포가 터졌지만(전반 스코어 1-1) 결국 후반전에서 수비가 무너지며 1-3으로 힘 한 번 써보지 못하고 우리가 졌고, 94년엔 막판 7분 사이에 두 골을 몰아치며 2-2 무승부를 이끌어 냈다. 캐논포 롱슛으로 첫 골을 넣고, 서정원(徐正源)의 동점골을 어시스트하며 1골 1도움으로 펄펄 날았던 이 경기의 히어로가 바로 홍명보다. 2002년 8강전은 0-0 무승부 후 대한민국의 PK승.

두 번 마주친 팀은 하나 둘이 아니다. 54년(0-9패)에 만난 터키는 2002년 3-4위 전에서(2-3패) 재회하며 '최장 간격 시간차 재회'를 기록했고, 86년에 처음 만난 이탈리아와는 매번 한 골 차 승부를 펼쳤다. 86년엔 2-3패, 2002년엔 연장전 끝에 2-1승. 두 번 모두 조별리그에서 대면한 아르헨티나는 우리에게 두 번 다 쓴 잔을 안겼고(86년 1-3(박창선), 2010년 1-4(이청용)), 또 다른 남미의 강호 우루과이는 우리로부터 연속해서 꼭 한 골씩만 달아나며 '아쉬운 맛'을 남긴 팀이다. 90년엔 종료직전의 헤딩골로 0-1, 빗속에서 치러진 2010년 16강전에선 1-2(이청용).

94년 3-0으로 앞서다 막판 한국의 파상공세에 흔들리며 가까스로 3-2(황선홍, 홍명보) 승리를 챙겼던 독일은 2002년 상암에서 열린 준결승전에서 단 한 번의 찬스를 골로 연결하며 1-0의 스코어로 결승 티켓을 가져갔다.

2014년 조별리그 추첨결과 우리와 세 번 째 맞대결을 펼칠 팀이 나왔다. 유럽의 '붉은 악마' 벨기에다. 82년 개막전에서 전대회 우승팀 아르헨티나를 1-0으로 물리치며 가능성을 보였던 벨기에는 86년엔 일약 4강에 오르며 자국의 축구역사를 새로 쓴다. 21세의 축구천재 마라도나를 막기 위해 벨기에 수비수 일곱 명이 늘어선 저 유명한 사진은 82년 대회의 상징이 됐다. 86년 멕시코 월드컵 벨기에의 히어로는 엔조 시포다. 출생지는 벨기에지만 이탈리아 부모 사이에서 태어난 까닭에 이탈리아와 벨기에가 서로 데려가려고 막판까지 경쟁했던 공격형 미드필더. 멕시코에 1-2로 첫 판을 지고 이라크를 2-1로 잡은 뒤 기사회생, 파라과이와 2-2로 비기며 조 2위로 16강 진출. 90분을 2-2로 치고받은 뒤 연장전에서 엎치락뒤치락 처절하게 맞서다 벨기에가 가까스로 4-3으로 물리친 상대가 바로 이번 월드컵에서 한 조에 편성된 러시아다. 당시 출전국명은 소련. 8강전은 스페인과 1-1로 비긴 뒤 승부차기에서 5-4로 승리. 준결승에선 마라도나에게 페널티박스 안에서만 수비 여섯 명이 돌파당하는 기가 막힌 골을 포함, 두 골을 내주며 0-2 패. 3-4위전은 90분을 2-2로 마치고 연장전에 두 골을 더 넣은 프랑스의 승리.

자, 이제 한국과 벨기에의 인연을 파헤쳐 보자. 1990년 6월 12일 베로나. 셰익스피어의 비극 〈로미오와 줄리엣〉의 무대인 도시. E조 개막전이던 이 결전의 출연자는 한국과 벨기에였다. 한국의 스타팅멤버엔 두 명의 대학생 선수의 이름이 있었다. 그렇다. 이 경기는 홍명보와 황선홍의 월드컵 데뷔전이다. 건국대 4학년의 장신공격수 황선홍은 예선 때 혜성처럼 나타나 수많은 득점을 올리며 이탈리아 행 티켓 획득에 적지 않은 공을 세웠지만, 홍명보는 지역예선 출전 없이 본선 직전 깜짝 발탁으로 승선한 경우다. 월드컵 아시아예선 내내 중앙수비수의 중책을 맡아 전 경기를 출장했던 조윤환은 '상대적으로 스피드가 쳐져 유럽 팀을 상대하기엔 적합지 않다'는 이유로 하차하고 홍명보가 대신 그 자리를 채웠던 것. 황과 홍의 백넘버는 그때부터 No.18과 No.20이었다. 백넘버 이야기가 나온 김에 덧붙이자면 차범근의 대표팀 백넘버는 9번에서 11번으로, 허정무는 15번에서 17번으로 바뀌었다. '11번' 이회택은 대표팀 마지막 경기가 된 78년 월드컵 예선에서 그 번호를 후배 차범근에게 양보하고 13번을 달았다.

아래 위 붉은색 경기복의 한국과 아래 위 흰색의 원정경기복을 입고 나온 벨기에. 전체적으로 밀렸으되 전반전을 0-0으로 버틴 한국은 52분 골키퍼 실수로 한 골을 허용했다. 시포의 롱패스가 한국 진영으로 날아왔는데, 골키퍼 최인영은 이 볼을 처리하려 페널티박스 바깥까지 뛰어 나왔다. 벨기에 공격수 드그리세가 딱 반걸음 빨랐다. 달려 나오는 최인영을 의식해서 로빙볼로 띄워올린, 인사이드로 제기 차듯 걷어 올린 어정쩡한 슛이 우리의 골문 쪽으로 높고 느리게 비행했는데, 날아가는 공을 끝까지 쫓아가며 어떻게든 걷어내려 애쓰던 수비수가 바로 홍명보였다. 공은 우리 골문 오른쪽 모서리 아래쪽을 통과하며 네트를 출렁였다. 69분, 드 볼프의 장쾌한 15미터 중거리슛이 우리 골문 오른쪽 상단을 다시 한 번 흔들며 최종 스코어는 2-0.

98년 대회 때는 우리가 벨기에의 발목을 잡고 '간접복수'에 성공한 경우다. 역시 E조였던 당시의 '경우의 수'는 다음과 같다. 한국은 멕시코에 1-3, 네덜란드에 0-5로 패해 이미 탈락 확정. 벨기에는 네덜란드와 0-0, 멕시코와 2-2로 비겨 2무승부 승점 2점. 멕시코는 1승1무 승점 4점에 5득점 3실점. 벨기에가 한국을 이기고 멕시코가 네덜란드에 패하면 무조건 벨기에 16강 진출. 벨기에가 한국을 세 골 차 이상으로 물리치면, 멕시코가 네덜란드와 비기더라도 벨기에 16강 진출. 벨기에가 한국을 두 골 차로 물리치고 멕시코가 네덜란드에 지면 벨기에 진출, 비기면 다득점 계산. 예컨대, 벨기에는 한국을 무조건 이겨야 하는 절체절명(絕體絕命)의 상황이었다, 비기면 그야말로 탈락이 확정되는. 6월 25일 생 에티엥 구단의 홈인 파리 시내의 파르크 데 프랑스 경기장. 전반 7분 닐리스의 골이 들어갈 때만 해도 벨기에의 16강행은 틀림없어 보였다. 13분 코너킥에 이어 뒤로 흐른 볼을 논스톱으로 직격한 슛이 한국의 크로스바를 때릴 때만 해도 한국은 곧 무너질 것처럼 보였다. 더구나 한국은 2패 후 프랑스에서 기술위원회를 열어 차범근 감독을 현지해임하고, 김평석(金平錫) 코치를 임시감독으로 삼아 지휘봉을 맡긴 '흔들리는 팀'이 아닌가. 그러나, 축구는 역시 '예측이 불가능한' 경기였다. 상대 공격수의 발길에 머리를 들이대며 온 몸으로 저지선을 구축하던 이상헌과 이임생의 '붕대투혼'이 태극전사들의 정신에 불꽃을 지폈다. 그래, 차기 월드컵 개최국이 3패로 물러선대서야 체면이 말이 아니지. 다음 대회에 출전하는 태극전사들을 위해서라도, 86년 이탈리아 전부터 이어진 본선 6연패의 사슬은 이 경기에서 끊고 가야지. 71분, 왼쪽 깊숙한 지점에서 올라온 하석주의 프리킥을 유상철이 감각적인 슬라이딩 슛으로 밀어 넣으며 1-1. 남은 시간 한국은 허둥대는 벨기에를 상대하며 충분히 추가골을 뽑을 수 있었고 나름대로 찬스도 많았지만 추가득점은 이뤄지지 않았다. 종료휘슬이 울리며 그대로 멕시코의 16강 확정. 90+5분에 에르난데스의 동점골이 터지며 히딩크 감독이 이끌던 네덜란드와 2-2로 비긴 멕시코는 한국 대 벨기에 전의 경기 결과에 상관없이 자력으로 16강에 진출했지만, 한국 대 벨기에 전이 끝난 90+3분에 이미 멕시코 벤치와 국민들은 '16강 진출 확정'의 기쁨을 만끽하고 있었다.

논어에 나온다.

好仁不好學 其蔽也愚

호인불호학 기폐야우

어진 것을 좋아하면서 배우기를 좋아하지 않으면 그 폐단은 어리석음이다.

好知不好學 其蔽也蕩.(陽貨/8)

호지불호학 기폐야탕

지혜를 좋아하면서 배우기를 좋아하지 않으면 그 폐단은 독선(獨善)이다.

어리석음(愚) 이란 무엇일까? 이한우가 번역한 주희의 풀이다. "(어리석음이란) 함정에 빠뜨릴 수 있고 속일 수 있는 부류와 같은 것"이다. '즉 배움이 없이 인(仁)을 좋아하기만 하면 쉽게 함정에 빠지고 기만당할 수 있다'는 뜻이다. 탕(蕩)은 무법자처럼 행동하다, 방탕하다, 탕진하다 라는 뜻이다. 이한우는 好知不好學 其蔽也蕩을 "사람을 평하고 논하기를 좋아하기만 하고 배움은 좋아하지 않는다면 그 폐단은 쓸데없는 데 시간과 노력을 탕진하는 것이 된다"라고 해석한다. 어느 쪽으로 풀이하든, 핵심은 '배우지 않으면 발전을 도모할 수 없다'라는 것이다. 배움이야말로 인간을 인간답게 하고, 인간의 신체와 정신을 보다 나은 단계로 끌어 올리는 가장 확실한 방법이다.

1990년만 해도 한국축구는 세계 축구의 변방이었다. 1990년 월드컵 출전 선수 명단을 보면 유럽리그 선수는 고사하고, 외국클럽 소속 선수나 경험자를 단 한 명도 보유하고 있지 않은 '외딴 섬' 같은 나라였다. 86년에는 레버쿠젠 소속의 차범근, 전 PSV 소속의 허정무, 지금은 사라진 미국 최초의 프로축구리그 NLSL 시카고 스팅스에서 활약하다 84년 럭키금성(현 FC 서울) 창단멤버로 귀국한 조영증 등이 있었다. 90년 멤버 가운데 가장 먼저 유럽으로 이적한 선수는 92년 분데스리가 보쿰으로 건너간 김주성(金鑄城)이다. 그렇다. 한국축구가 선진기술을 배우기를 좋아하지 않은 것은 아니나, 세계 축구를 현장에서 배우고 접할 기회가 없었다. 사정이 그랬기에, 우리 식으로 실력을 기르면 세계무대에서 어느 정도는 통할 수 있으리라 품었던 막연한 믿음이 우리가 가졌던 자신감의 전부였다. 우물 밖의 세상은 역시 넓고 험했다. 9승 2무, 30득점 1실점이라는 아시아 예선 기록을 보고 유럽 전문가들이 '미지의 가능성이 충만한 팀'이라고 추어주었으나 결과는 참담했다. 3전 3패, 1득점 6실점으로 씁쓸한 귀국.

벨기에가 H조 최강 전력이라는 사실에는 재론의 여지가 없다. 중앙 수비수 뱅상 콤파니(28 · 맨체스터시티) · 공격형 미드필더 에당 아자르(23 · 첼시) · 골키퍼 티보 쿠르투와(22 · 아틀레티코 마드리드) · 중앙 미드필더 악셀 비첼(25 · 제니트) · 측면 미드필더 케빈 데 브루잉(23 · 볼프스부르크)는 모두 소속 팀의 주축멤버다. 1986년 엔조 시포가 이끌며 4강 신화를 썼던 벨기에는 이번 대회에서 8강 이상을 꿈꾼다. 그렇지만 약점도 있다. 주공격수 크리스티안 벤테케(24 · 아스톤빌라)는 4월 훈련 도중 아킬레스건 파열로 월드컵 출전 불가다. 국적 문제로 벨기에와 잉글랜드 사이에서 고민하던 '맨유의 젊은 피' 아드난 야누자이(19)는 예비 엔트리에 이름을 올렸다. 마크 빌모츠(45) 감독이 벤테케의 대체요원으로 야누자이 선발을 검토 중이라고 한다.

브라질월드컵 유럽예선을 10경기 18골 4실점으로 통과한 벨기에는 32개 출전국 가운데 공수 밸런스가 가장 잘 짜여진 팀이라는 평가를 받는다. 펠라이니(194cm) · 빈센트 콤파니(193cm)로 이어지는 장신 군단은 세트피스에서 벨기에가 활용할 수 있는 가공할 무기다. 둘 다 점프력이 좋아 어느 누구만을 집중마크할 수도 없다. 다만, 알제리와 마찬가지로, 상대적으로 20대 초중반의 선수들이 많아 큰 무대의 경험이 적다는 점이 벨기에의 약점이다. 지난해 11월 일본(2-3 패)과의 친선 경기, 그것도 홈경기에서 측면수비의 약점을 드러내며 역전패를 당했다는 것도 우리에게는 희망을 품게 하는 데이터다. 야누자이를 뽑지 않는다면, 벨기에의 원톱은 무조건 로멜로 루카쿠(21 · 에버턴)다. 잉글랜드 프리미어리그 에버턴의 간판 공격수이기도 한 그는 신장 190㎝에 100㎏에 육박하는 거한이다. 그럼에도 불구하고 위치선정 능력이 좋고 파워가 대단해 '제2의 드록바', '제2의 비에리'로 불린다. 몸싸움을 마다하지 않는 거친 스타일이라 우리 수비진의 위험인물 1호다. 거구에도 불구하고 활동량이 적지 않은 편이지만, 순발력과 스피드는 다소 쳐진다는 것이 현지의 평가다. 다만, 발목과 허벅지의 근육이 유연해서 슈팅 타이밍을 포착하는 능력이 탁월해 이 단점을 보완한다. 슬쩍 찬 것 같은데 힘이 실려 날아오는 공에 상대 골키퍼들이 당황하는 경우가 한 두 번이 아니다. 공을 몸 근처에 붙들어 매는 능력도 좋아 때로는 수비진들을 반박자 따돌리고 슛을 날리기도 한다. 루카쿠는 축구가족이다. 콩고민주공화국 출신의 아버지 로저 루카쿠(47)는 벨기에에서 프로축구 선수로 활약했고, 콩고 국가대표 경력이 있다. 동생 조던 루카쿠(20)도 벨기에 안더레흐트 소속으로 현재 KV

우스텐드에 임대 중이다. 포지션은 왼쪽 수비수.

벨기에와 일본전을 바탕으로 분석을 해보면, 한국이 내세울 수 있는 무기는 공격형 미드필더다. 구자철이 가운데 서고, 양 옆으로 손흥민과 이청용이 출진한다. 김보경도 언제든지 출격 대비다. 구자철은 별명이 '구줌마'다. 아줌마처럼 세세한 것을 일일이 섬세하게 챙긴다고 동료들이 붙여준 별명이다. 사실은, 경기 스타일도 '구줌마'다. TV화면이 잡지 않는 곳에서 구자철의 플레이가 빛을 발한다. 히딩크 감독이 필자에게 알려준 '축구보는 법'이 있다. '공이 없는 곳'을 보라는 이야기였다. 우리가 공격을 할 때는 수비수들의 대비태세를 보고, 우리가 수비를 할 땐 공격진의 움직임을 살피라는 것이다. 구자철은 그런 의미에서 넘버원이다. 수비와 공격을 연결하고 양 옆으로, 그리고 좌우로 침투패스를 찔러주는 능력이 있다. 때로는 본인이 득점을 올리며 직접 해결을 하기도 한다. 기성용–하대성이 뒤에 서고 구자철이 앞에 선 '중원의 삼각편대'가 있기에 손흥민과 이청용의 스피드가 빛을 발할 수 있다.

90년 첫대결로부터 어느덧 24년이 흘렀다. 우리는 그 시간을 KTX처럼 달려왔다. 홍명보의 경험과 복수심, 그리고 이제 '우물 안'을 벗어나 마침내 '선진화'에 눈 뜬 한국축구의 가능성에 기대를 건다. 6·25 참전 16개국 가운데 하나인 벨기에에게 마음속에서 우러나는 감사를 표하며 양 팀의 선전분투와 페어플레이가 어우러진 멋진 공연을 기대하는 바이다.

사족(蛇足): 출전 선수 명단을 보며 옛 추억에 잠겨보자.

90년 벨기에 전: 최인영, 홍명보, 구상범, 최강희, 정용환, 박경훈, 노수진(이태호), 김주성, 이영진(조민국), 황선홍, 최순호.

98년 벨기에 전: 김병지, 홍명보, 최성용(이임생), 이상헌(장현석), 이민성, 김태영, 유상철, 하석주, 김도근(고종수), 최용수, 서정원

사족(蛇足) 2: 우리나라에서 가장 유명한 벨기에 사람은? 아마도 동화 속 인물인 '프란다스의 개'와 '네로'가 아닐까? 벨기에는 상공업이 발달한 북부의 플랑드르와 농업을 주로 하는 남부의 발룬 지역으로 나뉘어 있는데(두 지방에서 사용하는 언어도 다르다), '프란다스'는 '플랑드르'의 일본식 발음이다. 발룬 지방에 사는 네로가 아침마다 우유배달을 다니던 도시가 플랑드르 지역의 안티워프다. 벨기에식 발음은 안티베르펜. 다이아몬드 집산지로 도매상과 가공업자들이 몰려있는 이 아름다운 고도(古都)에 축구로 발을 디딘 한국인이 있었다. 2000/01 시즌 안티워프 FC에서 활약하며 10골을 득점(PK 3골 포함)한 설기현이다.

그렇다면 소생이 예상하는 대한민국의 2014 월드컵 최종성적은? 1승 2무 혹은 그 이상의 성적으로 16강 진출. 16강전에서도 왠

지 지지는 않을 것 같은 예감이 든다. '그대도 드디어 냉철함을 잃고 희망사항과 전문성을 혼동하기 시작했다'고 사석에서 선배 한 분이 지적해 주셨는데, 그래도 예감은 예감 아닌가. 참고로 소생의 공개적으로 발표했던 '예감'은 역대 월드컵에서 두 번 맞고 한 번은 틀렸다. 자, 이제 드디어 월드컵이다.

논어를 축구로 풀다

초판 1쇄 인쇄 2014년 6월 5일
초판 1쇄 발행 2014년 6월 10일

지은이 | 장원재

펴낸곳 | 북앤피플
대 표 | 김진술
펴낸이 | 맹한승
디자인 | 박원섭

등 록 | 313-2012-117호
주 소 | 서울시 마포구 신촌로 196-1 이화빌딩 502호
전 화 | 02-2277-0220
팩 스 | 02-2277-0280
이메일 | jujucc@naver.com

ISBN 978-89-97871-12-4 03690